철학상담으로 가는 길

PHILOSOPHICAL COUNSELING

| 노성숙 저 |

고통의 의미를 탐색하는
철학적 대화

학지사

아헨바흐 추천사

게르트 B. 아헨바흐(현대 철학상담의 창시자)

유럽에서 한국으로 보내는 짧은 편지
: 사유의 길이자 경험의 길로서 "철학상담으로 가는 길"을 기록한 노성숙 교수의 책에
  대한 서문

차라리 여기에 놓여 있는 책을 '만남들'에 대한 기록이라고 말하는 편이 낫지 않을까? 실제로 이것이 본질적이라고 할 수 있기 때문인데 이는 이 책에 대해 독일어로 요약된 내용을 읽고 나서 받게 된 인상에서 나온 것이다. 저자는 자신이 철학실천의 힌트를 얻은 것이 무엇보다도 '이론'이거나 혹은 인쇄물들의 건조한 분위기가 아니라 사람들과의 만남이었다고 말한다. 그런데 이것은 매우 좋은 일이다. 왜냐하면 이러한 길 위에 있는 철학은 사람들 사이에서 그리고 그들의 걱정들, 고민들, 비애들로 입증되기 위해서, 세미나에서의 무균실 같은 분위기, 그리고 거기서 주도되는 이론적이고, 어느 정도는 '위생학적(hygienischen)'이기도 한 담론들을 벗어나고 있기 때문이다. 이 길은 일찍이 키케로(Marcus Tullius Cicero)가 소크라테스(Socrates)에게서 증명한 바로 그것이다. 그는 소크라테스를 칭송

하면서 다음과 같이 말했다. 소크라테스는 사람들로 하여금 "그들의 삶, 도덕, 선, 악에 대해 묻도록 하기 위해서 철학을 하늘에서 끌고 내려와 도시에 정착하게" 했던 자였고, 그렇기 때문에 당연하게 "철학의 아버지"라고 간주된다.

실제로 철학실천을 시작하게 한 것은 소크라테스의 유산인데, 물론 다음과 같은 부차적인 차이가 있기는 하다. 즉, 철학실천가[철학상담자]는 사람들로 하여금 숙고하도록 강요하기 위해서 옛적에 아고라에서의 그 노인처럼 사람들의 길을 가로막거나 떼를 지어 흩어져 다니지 않는다. 오히려 철학실천가[철학상담자]는 자기편에서 사람들[내담자들]의 방문을 받는 셈이다. 이 방문은 사람들을 괴롭히고 있는 것들에 대해 공동으로 숙고하고, 잘못된 길로 접어들 수 있는 삶이 어떻게 하면 다시금 좋은 궤적을 되찾았다고 할 수 있을지를 곰곰이 생각하기 위한 것이다. 그리고 때로는 '되찾는' 것만이 아니라, 삶이라는 것이 도대체 어떻게 하면 그 자체의 궤적으로 돌아갈 수 있는지와 같은 물음이 관건이 되기도 한다. 이와 동시에 상담에서 어떤 목표와 임무 혹은 과제와 천직 등이 손님[내담자]에게 생겨난다. 이러한 것들은 그를 이끌어 가고, 그에게 용기를 주는 자기 신뢰를 발견하도록 한다. 이 자기 신뢰는 확신을 가지고 자신의 삶에 형식과 틀을 가져오기 위해 반드시 필요하다.

또한 이 책의 저자에 대해서는 그녀가 '사람들에게 가는 도상에' 있다고 말할 수 있을 것이다. 다시 말해서 실천하는 여성철학자로서 그녀는 모두에게 타당하고, 유일하게 '올바른', 즉 지금 오직 '경우에 따라 적용되기만' 하면 되는 방법을 지녔다고 착각하지 않는다. 오히려 그녀는 찾아오는 사람들[내담자들] 각자가 전적으로 개별화된 전제들을 발견하도록 요구한다는 사실을 알고 있다. 그 전제들 아래서 이들 각자는 그 어느 것으로도 대체될 수 없는 한 사람으로서 그 자신의 세계와 환경 안에서 이해될 수 있으며 무엇보다 자신의 입장에서 이해될 수 있다는 사실을 안다.

이로써 철학실천가[철학상담자]에게 기대되는 것은 유례없이 복잡한 일이며 높은 요구 수준이라서 그 수준이 우선 철학실천가 각자에게 — 최고의 철학자들 자신에게까지 — 지나친 요구가 된다. 여기에 덧붙이자면, 이처럼 지나치게 요구된다는 것을 의식하는 것이 가장 적절하다. 이러한 의식은 전문가로서, '정통한 사람'으로서 혹은 '전문분야의 사람'으로서 몇몇 방법과 이론을 다루는 것을 배우면서 사람들에게 정당화하는 불손함과 오만함을 방지한다.

무엇보다도 사람들 각자는 하나의 세계 그 자체라고 보는 것이 타당하다. 그[내담자]를 돕기 위해 그의 세계 안으로 따라 들어가기를 원하는 사람은 한편으로 세계에 대한 경험이 많아야 하며, 다른 한편으로 내담자의 세계 안에서 — 마치 처음으로 그 집 앞으로 다가서서 자신의 눈을 비로소 여는 듯이 — 이리 저리 둘러보는 것이 필요하다. 이렇게 철학실천가는 최초의 그리고 초기 철학자들에게 관건이었던 바로 그것, 즉 놀라움을 그 자신의 방식으로 다시 한 번 배우게 된다.

Gerd B. Achenbach

Kurzer Brief aus Europa, abgeschickt nach Korea zum Geleit des Buches
von Soung–Suk Nho, das ihren "Weg zur Philosophischen Praxis"
als Denk– und Erfahrungsweg dokumentiert.

Oder sollte ich besser sagen, es sei die Dokumentation von Begegnungen, was hier vorgelegt wird? Denn in der Tat ist dies das Wesentliche, wie ich den Auszügen, die ich von diesem Buch in deutscher Kurzfassung lesen konnte, entnehme: Es sind nicht in erster Linie "Theorien" oder in die trockene Atmosphäre von Druckseiten eingesperrte Gedanken, wodurch die Autorin auf die Spur der Philosophischen Praxis gebracht wurde, sondern es war die Begegnung mit Menschen. Und das ist gut so, denn auf diesem Wege entkommt die Philosophie der oftmals sterilen Atmosphäre in den Seminaren und den dort geführten theoretischen, gewissermaßen "hygienischen" Diskursen, um sich unter den Menschen und ihren Sorgen, Nöten und Kümmernissen zu bewähren. Es ist der Weg, den einst Cicero dem Sokrates bescheinigte, als er ihm rühmend nachsagte, er sei es gewesen, der "die Philosophie vom Himmel heruntergeholt und in den Städten angesiedelt" habe, um die Menschen zu nötigen, "nach ihrem Leben, den Sitten und dem Guten und Bösen zu fragen" – weshalb er zu

Recht als "Vater der Philosophie" gelte.

In der Tat ist dies das Erbe des Sokrates, das die Philosophische Praxis antritt, mit der einen – freilich nicht nebensächlichen – Differenz: Der philosophische Praktiker schwärmt nicht aus oder kommt, wie einst der Alte auf der Agora, den Menschen in die Quere, um sie zur Nachdenklichkeit zu zwingen, sondern er wird seinerseits von ihnen aufgesucht, um gemeinsam mit den Bedrängten nachzudenken und sich mit ihnen zu besinnen, wie ein möglicherweise in die Irre laufendes Leben zurück in eine gute Bahn finden mag. Und oftmals nicht nur "zurück", sondern die Frage ist, wie ein Leben überhaupt in seine Bahn kommt, indem unserem Gast in der Beratung ein Ziel oder ein Auftrag, eine Aufgabe oder Bestimmung aufgeht, die ihn leiten, ihm Mut machen und zu jenem Selbstvertrauen finden lassen, das nötig ist, um zuversichtlich das eigene Leben in Form und Fassung zu bringen.

Und dennoch läßt sich von den Bemühungen der Autorin dieses Buches sagen, sie sei "unterwegs zu den Menschen", was soviel heißt wie: Als praktische Philosophin wähnt sie sich nicht im Besitz der für alle gültigen, einzig "richtigen" Methode, die nun nur noch "von Fall zu Fall anzuwenden" wäre. Sondern sie weiß: Jeder Mensch, der sich an uns wendet, fordert uns heraus, die ganz und gar individualisierten Voraussetzungen zu finden, unter denen er als dieser unvertretbar Eine in seiner Welt und seinen Umständen verstanden werden kann und er sich seinerseits verstanden weiß.

Was damit vom philosophischen Praktiker erwartet wird, ist freilich von beispielloser Komplexität und begründet ein Anspruchsniveau, das zunächst einmal wohl jeden – und selbst den besten Philosophen – überfordert. Und ich füge an: Dieses Bewußtsein, überfordert zu sein, ist das einzig angemessene; es bewahrt vor der Überheblichkeit und Einbildung, einem Menschen schon gerecht zu werden, indem man als ein Fachmann, als "Experte" oder "Professioneller" lernte, mit ein paar Methoden oder Theorien zu hantieren.

Vielmehr gilt: Jeder Mensch ist eine Welt für sich. Und das heißt: Wer ihm in diese Welt hilfreich folgen will, hat einen Blick nötig, der einerseits wohl welterfahren ist, andererseits aber in jener Welt des anderen sich umsieht, als träte er zum ersten Male vor das Haus und schlüge erstmals seine Augen auf. Der philosophische Praktiker lernt so auf seine Weise noch einmal, was die Sache der ersten und frühen Philosophen war: das Staunen.

프롤로그

– 철학상담으로 가는 나의 길 –

철학상담에 이르는 여정의 시작

철학상담을 알게 된 첫 순간은 2006년 8월 초순으로 거슬러 올라간다. 바깥세상은 폭염이 계속되는 전형적인 한여름의 더운 날씨였다. 그 당시 나는 번아웃이 된 상태로 여주에 있는 한 수도원에서 개인 피정을 하고 있었다. '뭔가 내가 잘못한 게 있지 않을까?'라는 질문만 자꾸 머릿속을 맴돌고, 스스로 직면하고 있는 고통의 이유와 정체를 좀 더 분명하게 파악하고 싶었다.

그곳에서 나는 우연히 매리노프(Lou Marinoff)의 『철학으로 마음의 병을 치료한다』라는 책을 지니고 있었다. 그 안에 제시된 'PEACE(Problem, Emotion, Analysis, Contemplation, Equilibrium)'라는 방법을 나 자신의 실존적 문제에 적용시켜 보았다. 물론 고민하던 문제가 다 해결되지는 않았지만, 철학을 배운 것이 직접적으로 삶의 고통을 해결하는 데 조금이라도 도움이 됐다는 사실이 기쁘고 흥미로웠다.

그 책을 읽다 보니 현대에 철학상담을 시작한 사람이 아헨바흐(Achenbach)라고 나와 있었다. 그리고 그 책의 맨 뒤에 전 세계 철학상담자들의 이메일 주소와 전화번호가 실려 있었다. 나는 아헨바흐의 것을 찾아서 곧바로 그에게 나를 소개하는 메일을 보냈고, 그의 철학상담에 어떤 형태로든지 참여하고 싶다고 했다. 그런데 답장이 오지 않아, 또다시 용기를 내어 그에게 전화를 걸었다. 아헨바흐는 솔직히 독일어로 의사소통이 되지 않을까 봐 답신을 망설이고 있었다고 했다. 그러면서 혹시 다음 해 1월에 베르기쉬 글라드바흐(Bergisch Gladbach)에서 열리는 철학상담 워크숍에 참석해 보는 게 어떻겠냐고 말하며 즉시 나를 초대했다.

2007년 1월 중순 나는 독일 프랑크푸르트로 향했다. 비행기 안에서 나는 철학상담 세미나 준비를 위해 칸트(Immanuel Kant)의 『실용주의적 관점에서 본 인간학(Antropologie in pragmatischer Hinsicht)』을 열심히 읽으며, 그가 지닌 인간에 대한 철학적 이해, 철학상담적 태도 등을 익히기에 바빴다. 그런데 도착 시간 즈음 프랑크푸르트 공항에 착륙하려던 비행기가 갑자기 하늘로 치솟는 것이 아닌가. 비행기의 흔들림이 심해지고, 옆 사람이 토하는 것을 보며 나는 순식간에 죽음의 공포를 느꼈다. 다행히 흔들림이 잦아들면서 비행기는 프랑크푸르트 공항에 무사히 착륙했다.

그런데 문제는 비행뿐만이 아니었다. 폭설로 인해 독일 전역에 기차가 끊겨 버린 것이다. 나는 프랑크푸르트 공항의 택시정거장에 가서 엄청나게 긴 줄의 맨 앞에서부터 쾰른에 갈 사람을 찾았다. '피아(Pia)'라는 이름의 20대 초반 여성이 자기도 쾰른에 가면 좋은데 지금으로선 어쩔 수 없지 않느냐며 그냥 프랑크푸르트의 유스호스텔(Jugendherberge)에 가서 자려고 한다고 말했다. 나는 그녀로부터 얼른 유스호스텔 전화번호와 주소를 건네받고, 다행히 방을 예약할 수 있었으며, 그녀와 함께 택시를 타고 유스호스텔로 향했다. 그녀는 내게 적시에 나타난 어여쁜 수호천사였다. 마침내 방 열쇠를 받고 방 안에 들어섰을 때, 창밖에는 마인(Main)강이 유유히 흐르고 있었고, 멀리 성당과 프랑크푸르트의 상징인 높다란 건물들이 보였다.

다음 날 프랑크푸르트 중앙역에 나갔을 때, 나는 기차들이 뒤엉켜 있는 혼돈의 상황을 목격했다. 커다란 전광판에 쾰른행 열차는 모두 '취소되었다(ausfallen)'고 나와 있었고, 열차시각을 알리는 안내방송의 정보는 자꾸만 바뀌고 있었다. 나는 하는 수 없이 위기안내소(SOS- Service)라는 간판 앞의 긴 줄에 서 있었다. 그러다 우연히 내 뒤에 있던 율리아(Julia)도 쾰른에 가려는 것을 알게 되었고, 함께 수소문하여 쾰른행 기차에 올랐다. 그녀는 쾰른에 있는 영화학교 선생님이라고 했다. 우리는 어느새 오래전부터 알고 지낸 친구처럼 그 전날 경험한 황당한 폭설과 그로 인해 겪은 어려운 교통 상황에 대해 얘기를 나누었다. 쾰른으로 가는 기차 안에서 나는 친절한 율리아에게서 쾰른의 생활에 필요한 다양한 정보를 얻을 수 있었다.

아헨바흐와의 첫 만남과 철학상담전문가 교육과정

쾰른 중앙역에서 다시 열차를 갈아타고 드디어 베르기쉬 글라드바흐로 향했다. 마침내 아헨바흐의 '철학실천(Philosophische

Praxis)'이라는 간판 앞에 섰을 때, 내 가슴은 설렘과 두려움으로 가득 차 있었다. 나는 쿵쾅거리는 심장소리를 들으며 초인종을 눌렀다. 여비서이자 지금은 부인이 된 실비아(Sylvia)가 문을 열어 주었고, 이어 아헨바흐가 환하게 웃으며 맞이해 주었다. 따뜻한 커피와 케이크를 함께 나눠 먹으며 나는 한국에서부터 떠나온 짧고도 긴 비행 여정과 그동안 겪었던 일에 대해 장황하게 늘어놓았다.

2007년 1월 베르기쉬 글라드바흐에서 처음으로 참석한 철학상담전문가 교육과정

이 첫 만남 이후로 나는 아헨바흐의 철학상담전문가 교육과정을 모두 이수했고, 오늘날까지 그 관계를 이어 오고 있다. 그가 철학상담을 시작한 뒤 26년이 지나서 처음으로 개설한 2년여의 철학상담전문가 교육과정에 나는 2년 차로 입문했다. 그리고 2007년 여름부터 2008년 여름까지 만 1년여 동안 쾰른에서 생활하면서 심화코스도 했고, 이와 동시에 기초과정 2기 교육과정생들과 내가 놓쳤던 첫 1년 차 공부도 다시 할 수 있었다.

2009년 1월 베르기쉬 글라드바흐에서 철학상담전문가 교육과정을
모두 마치고 아헨바흐 박사님과 함께

1기생 중에서 스위스인 두 명을 제외하고는 내가 유일한 외국인이
었던 반면에, 2기생 중에는 두 명의 이탈리아 여성과 한 명의 오스트
리아 남성이 있었다. 철학상담전문가 심화과정의 절반은 한국을 오가
면서 완주했다. 한국에서 오가는 것이 정말로 번거롭고 힘든 여정이
었지만 그럼에도 아헨바흐, 그리고 철학상담을 함께 공부해 온 친구
들과의 교제를 지속하고 싶은 열망이 컸기에 끝까지 해낼 수 있었다.

아헨바흐의 철학상담전문가 교육과정을 소개하자면, 내가 처음
참석한 철학상담전문가 기초과정은 베르기쉬 글라드바흐에서 2007
년 1월 19일부터 21일까지 열린 주말 블록 세미나였다. "경외심이
란 무엇인가라는 질문에 대한 대답(Zur Beantwortung der Frage: Was
ist Ehrfurt?)"이라는 제목으로 아헨바흐의 금요강좌가 진행되었다.
그는 칸트의 경외심을 '철학상담의 열정(pathos)'이라고까지 강조했
다. 인간에 대한 수수께끼와 경외심을 남겨 놓으려는 그의 의도가

내게 매우 깊이 와닿았다. 이러한 칸트 해석에 대해 반대하는 여자 목사님의 발언으로부터 시작해서 다양한 의견이 오고 가는 종합토론이 있었고, 다시 세미나실로부터 3층으로 자리를 옮겨서 늦은 시간까지 와인을 곁들인 자유토론이 이어졌다.

그리고 나서 이틀에 걸쳐 칸트의 인간학, 크니게(Adolf F von Knigge)와 그라시안(Baltasar Gracian)에 대한 집중세미나를 했다. 먼저 아헨바흐의 강연과 학우들의 발제를 통해 선별된 철학 텍스트 안에 담긴 인간에 대한 이해, 인간 교제에서의 태도, 타인에 대한 이해 등과 같은 오늘날의 철학상담에 필요한 주제를 도출한 후, 우리는 그러한 주제에 대해 철학상담의 입장에서 자유롭게 각자의 의견과 경험을 나누었다.

철학상담전문가 교육과정에는 이처럼 주말에 열리는 블록세미나 이외에도 한 주 동안 집중적으로 열리는 세미나들이 있다. 그중에 하나를 소개하자면, 2007년 6월 24일에서 30일까지 스위스 질스마리아(Sils Maria)에서 열린 "철학실천의 길을 준비한 자로서의 니체"라는 제목의 세미나를 들 수 있다. 이 세미나는 아직도 내게 다층적인 면에서 매우 인상 깊게 남아 있다. 개인적으로는 학기 말인데다가 암스테르담에서 취리히행 비행기가 호우로 취소되고 연기되는 바람에 또 한 번 여행상의 어려움을 겪었다. 게다가 취리히에서 질스마리아까지는 기차, 버스 등을 계속 갈아타야 해서 질스마리아의 세미나 장소에 도착하기까지는 한국에서부터 꼬박 이틀이 걸렸다. 그 시간 동안 내 머릿속에는 '내가 왜 이런 힘든 길을 가고 있는 것일까?', '나는 철학상담이라는 것을 통해 무엇을 찾고 있는 것일까?'

라는 질문이 계속 떠나지 않았다.

질스마리아의 집중세미나에서는 니체(Friedrich Wilhelm Nietzsche)가 제시한 심리학적 통찰, 철학적인 지혜의 개념, 새로운 사유의 스타일 등에 대해 집중적으로 공부했다. 철학상담의 입장에서『비극의 탄생』,『인간적인, 너무나 인간적인』,『아침놀』,『차라투스트라는 이렇게 말했다』등을 함께 읽고 자유롭게 토론했다. 또한 그곳에 있는 '니체 하우스(Nietzsche Haus)'도 방문했고, 그곳 주인장의 친절하고도 상세한 안내에 따라 니체가『차라투스트라는 이렇게 말했다』를 저술한 방을 둘러볼 수 있었다. 한나절은 모두 함께 질바플라나 호숫가의 한 바위 앞까지 산책을 했다. 그 바위는 '영원회귀 바위'라고 불리는데, 니체는 커다란 호숫가를 산책하다가 그 바위 옆을 지날 때에, 갑자기 '영원회귀'라는 사상이 마치 번개를 맞은 것처럼 머릿속으로 내려왔다고 한다. 우리는 그 바위 앞에서 니체가 겪었던 고통과 이곳에서의 자기 치유에 대해 돌이켜 보는 철학적 성찰의 시간을 가졌다.

2007년 질스마리아에서 열린 철학상담전문가 과정 중 질바플라나 호숫가에서 니체를 기리며

이와 같이 철학상담전문가 교육과정은 주로 베르기쉬 글라드바흐에서 열리는 주말 블록 세미나들과 유럽 전역의 특별한 장소에서 한 주 동안 열리는 집중 세미나들로 구성되어 있었다. 함께 공부하는 것만이 아니라 식사를 하고, 음악회나 전시회, 박물관을 가기도 했던 경험이 무엇보다 내게는 인상 깊게 남아 있다. 에어푸르트(Erfurt)에서 열린 니체 주간 집중 세미나의 한나절은 니체가 살로메와 사랑을 나누었던 타우텐부르크(Tautenburg)를 방문하는 것으로 꾸며지기도 했으며, 목사님과 작가 한 분이 그곳의 중요한 장소들 앞에서 니체와 살로메의 사상과 사랑에 대해 안내해 주기도 했다. 그 덕분에 나는 철학 전공 공부과정에서는 맛볼 수 없었던 것들, 즉 삶의 현장에 녹아 있는 철학사상가들의 텍스트뿐만이 아니라 그들이 살았던 장소와 그 시대의 문화와 예술, 주변 풍광 등을 함께 경험할 수 있는 매우 소중한 기회를 얻을 수 있었다.

독일에서의 철학상담: 생생한 만남과 철학적 교제

인간의 삶이란 그 얼마나 예측할 수 없는 일들로 가득 차 있는가? 나는 간혹 철학상담을 시작하도록 이끈 내 개인적인 계기와 철학상담의 길로 접어든 그 첫 여정에서 만난 사람들을 돌이켜 보곤 한다. 특히 한국에서 '철학상담'이라는 이름을 표방하고 걸어갈 길이 보이지 않을 때마다 그랬다. 각자가 철학상담에 관심을 갖게 되는 계기는 매우 다양할 것이다. 나는 앞이 캄캄하다고 여겼던 실존적 위기에 책을 통해 철학상담을 만났다. 또한 아헨바흐를 만나러 가던 내 개인적인 여정과 철학상담전문가 교육과정에서는 다채로운 사람들과 구체적인 만남이 있었으며, 생생한 교제를 나눌 수 있었다.

내가 어찌할 수 없었던 폭설처럼 우리는 간혹 '운명'이라고 말하는 예기치 않은 어려움, 전혀 생각지도 못한 난제에 직면한다. 그러다 그 어려움을 함께 겪으며 대화할 수 있는 귀한 사람들을 만나기도 한다. 같은 어려움을 지니면 쉽게 친해질 수 있는 것일까? 프랑크푸르트 공항의 택시정거장에서 만난 피아와 프랑크푸르트 중앙역에서 만난 율리아처럼, 생전 처음 만났지만 서로의 정보를 나누고 함께 어려움을 해결하는 경우도 있다.

또한 아헨바흐의 철학상담전문가 교육과정에서 함께 공부한 친구들과의 만남과 폭넓은 교제도 잊을 수가 없다. 주말 블록세미나나 한 주간의 집중세미나는 주로 오전 두 세션, 오후 두 세션, 저녁 한 세션과 와인으로 이어지는 뒤풀이 등 일정이 매우 빡빡했다. 또한 숙소는 호텔인 경우도 있었지만, 주로 개신교의 교육센터나 천주교의 피정센터, 유서 깊은 수도원 등이어서 때로는 공동 샤워실과 공동 화장실을 써야 하는 불편한 경우도 많았다.

주말 내내 혹은 한 주일 내내 단지 공부만 하는 것이 아니라 모두가 온종일 함께 생활해야 한다는 것은 매우 밀접한 인간관계를 체험하는 새로운 기회이기도 했다. 때로는 환경적으로 불편함도 있었지만, 지금도 쉬는 시간에 나눈 대화, 혹은 이탈리아 북부의 시골에서 한밤중에 세미나를 하다 말고 밖으로 나와 경험했던 환상적인 반딧불 무리, 또한 하늘의 총총한 별을 보며 함께 나눈 대화는 마치 영화 속의 주요 장면처럼 생생하게 남아 있다.

2008년 5월 철학상담전문가 교육과정 중의 2기생들과 함께

2008년 7월 철학상담전문가 교육과정 중의 1기생들과 함께

이렇게 함께 3년여의 시간을 보내게 되면 각 친구들의 습관이나 장단점을 훤히 알게 될 뿐 아니라 각자가 겪은 삶의 변곡점도 함께 나누게 된다. 특히 각자 진행하고 있는 철학상담 관련 활동에 대한 어려움도 자연스럽게 얘기하곤 했다. 그것은 철학상담의 이론과 실천이 따로 분리된 교육이 아니었다. 그야말로 철학을 삶으로 가져올 수 있는 주제를 탐색하고, 그 텍스트를 읽고 토론하는 일종의 생활공동체 경험이었으며, 새로운 방식의 공부시간이었던 것이다.

나는 철학상담을 공부하기 위해 아예 쾰른에서 일 년 동안 살기도 했다. 그 기간 동안 철학상담전문가 교육과정만이 아니라 아헨바흐가 일반인을 상대로 하는 온갖 세미나에도 되도록 많이 참여했다. 도대체 어떤 사람들이 철학상담에 관심을 가지며 어떤 주제에 대해 어떻게 접근하는지가 궁금했기 때문이다. 이 과정에서 철학상담에 관심 있는 20대부터 80대에 이르는 다양한 세대의 일반인, 즉 대학생, 현역 의사와 은퇴한 의사, 심리치료사, 철학자, 신학자, 교사, 종교인, 문학가, 예술인, 정치가, 출판인 등 정말로 다채로운 사람을 만날 수 있었다.

2008년 5월 에어푸르트에서 일반인 대상으로 열린 철학상담세미나

무엇보다 아헨바흐와의 만남도 그때까지 경험했던 독일의 다른 교수들과 사뭇 달랐다. 박사학위를 마칠 때까지의 공부는 소위 밖에서 하는 공적인 철학 공부와 집에서 이루어지는 사적이고 일상적인 삶의 분리가 당연시되었다. 물론 그 이전에도 프라이부르크 대학에서 박사 지도교수인 구쪼니의 집에서 정기적으로 열린 박사과정 콜로키움을 경험한 적이 있기도 하다. 그러나 논문지도교수와의 만남

에서는 철학박사 논문을 위한 공부가 주였고, 개인적인 교제는 제한적 차원에 그쳤다.

이와 달리 아헨바흐와의 교제에서는 철학상담 공부와 삶이 분리되지 않았다. 교육과정 동안에도 여러 번 초대받아 주말을 함께 보내거나 크리스마스 분위기를 연상시키는 질베스터(Silvester) 파티에 가기도 했다. 무엇보다 독일에 갈 때마다 가족처럼 반겨주었다. 2015년 여름 "현존재분석과 철학상담"에 관한 블록 세미나에 참석하러 갔을 때에도, 나는 호텔에서 묵겠다고 말했지만, 아헨바흐는 나를 새로 이사한 자기 집에 초대하여 함께 지내면서 세미나에 참석하는 것을 당연하게 여겼다. 이처럼 아헨바흐와 함께했던 철학상담 공부는 그야말로 철학 텍스트 연구 및 토론을 넘어서서 생활을 함께 나누는 경험이 어우러지는 독특한 만남과 생생한 교제의 연속이었다.

2015년 8월 베르기쉬 글라드바흐에서 열린 현존재분석 세미나

철학상담전문가 교육과정을 마치고 귀국해서부터 지금까지 나는 아직도 철학상담이라는 난제를 풀어 나가기 벅차서 책을 출간하는

것을 미루어 왔다. 그런데 누구보다도 학생들의 끊임없는 요청이 마음을 움직였고, 가까이 지켜봐 주신 분들의 독촉을 더 이상은 버텨 낼 수 없었다. 모두 감사드리며 기억해야 할 분들이다. 오래전 서울대학교에서 열린 한국상담학회의 주제발표를 마친 후, 처음 만나 뵈었던 학지사 김진환 사장님께서 기꺼이 책 출간을 제안하셨다. 오랫동안 기다려 주셨음에 감사드린다. 인문상담학연구소 이나라 연구원은 내 원고에서 학회마다 다른 방식으로 기술되었던 각주와 참고문헌 등을 통일된 양식으로 꼼꼼히 정리해 주었고, 어색한 표현을 바로잡아 주었다. 아울러 학지사 편집부의 강대건 대리님은 꼼꼼한 교정 작업으로 책의 형태를 잘 갖추도록 해 주셨다. 그 노고에 따뜻한 고마움을 전한다. 한국에서 낯선 '철학상담'의 첫 학문적·실천적 장을 마련해 주신 한국상담대학원대학교의 이혜성 총장님께 깊은 감사의 마음을 전해 드린다. 아울러 나의 아이디어와 난제에 대해 언제든지 열정적인 토론을 아끼지 않은 남편 박승찬 교수에게 특별한 감사를 전하고 싶다. 척박한 현실에 부딪힐 때마다 쉽게 얼어붙는 마음을 녹여 주면서도 신나게 대화하며 다시 일어나 걷게 해 주었다.

독일에서 철학상담전문가 교육과정 중 내담자로 상담을 받았을 때, 아헨바흐가 해 준 마지막 말이 떠오른다. "자 이제 말이 준비되었으니, 타고 떠나라!" 철학상담이라는 세계로의 여행은 시작되었고, 여전히 그 깊은 산속에서의 모험은 계속되고 있다.

2018년 9월

노성숙

차 례

제2부 | 개인과 사회공동체의 치유를 모색하는 철학상담

제4장 세월호를 통해 본 개인의 고통에 대한 성찰과 치유 ······ 165

서론 철학상담의 도전적 과제들

　한국 사회에서 철학상담은 많은 도전적인 과제를 지니고 있다. 나 역시도 오랫동안 쌓아온 철학이라는 학문적 작업을 삶의 실제 현장에서 활용할 수 있다는 사실이 너무나 좋아서 철학상담을 시작하였지만 그 구체적인 작업을 전개하며 마주했던 어려움은 여전히 진행 중이다. 내가 이미 겪었고 부딪혔던 몇 가지 어려움을 정리해 보면서 이를 이 책에서만이 아니라 앞으로 풀어나갈 과제로 삼고자 한다.

　먼저, 철학상담의 수요라는 측면에서 한국과 독일이 보이는 사회문화적 환경의 차이는 매우 컸다. 독일에서 내가 참여했던 일반인을 위한 철학상담 세미나는 한국인의 관점에서 볼 때 매우 학문적이고 이론적이라고 여겨질 정도로 일반인의 기본적인 인문학적 소양이 높았다. 반면에 한국에서의 철학상담에 대한 관심은 단지 철학과 관련된 새로운 직업개발 혹은 상담이나 심리치료적 접근으로서의 새로운 도구이자 수단이 되는 아이템으로 부상했을 뿐이다. 또한 독일에서 철학상담의 내담자들은 주로 의사, 심리치료사, 일반인들로 나뉘는데, 한국에서는 의사나 심리치료사들의 관심이 확연히 적은 게 사실이고, 일반인들에게 아직도 상담은 거의 '심리상담'으로 대표되고 있다. 아울러 '철학상담'이라고 하면, 사주나 역학 등을 활용한 인생 풀이나 운명 상담 정도로 생각하기 쉽다.

나아가 한국의 학계에서 철학상담은 철학과 상담심리학, 교육학과의 사이에서 서로의 학문적 경계를 확인하고 그 영역을 구분 짓는 데 여전히 급급하다. 물론 북미나 유럽에서도 이러한 주제에 대한 논쟁이 없었던 것은 아니다. 그렇지만 한국에서의 주 논점은 철학과 심리학에서의 그 학문적 영역을 공고히 하면서도 상호 보완하려고 시도하는 데 있다기보다는 상담과 심리치료에서의 새로운 실천 영역과 직업 영역에서 우위를 점하고자 하는 배타적인 경쟁관계를 전제로 하고 있다. 나는 상담이 과연 심리학, 교육학, 철학 등의 각 학문적 영역의 배타성과 그중 한 학문의 우월성에 근거해야 하는지에 대해서 회의적이다. 이에 대한 학문적 논쟁보다는 내담자 개인혹은 '인간'에 초점을 맞추고 삶의 현장에 다가서는 '대화'를 이끌어가기 위해 각 학문이 지닌 독특성에 주목하며 상호 협력한다는 것은요원한 것일까?

철학상담의 이론과 실천의 간극에서 나오는 난제

이러한 문화적 수요의 차이나 기존 상담영역과의 경쟁구도보다도 내가 생각하는 오늘날 철학상담이 직면한 가장 큰 난제는 이론과 실천의 간극에 있다. 철학상담이 아헨바흐에게서 '철학실천(Philosophische Praxis)'으로 시작된 데에는 필경 사변적 이론보다는

'실천'이라는 삶의 맥락이 더욱 강조되고 있다는 점은 분명하다. 그러나 이는 철학상담이 한편으로 기존의 철학적 전통 속에서 전해내려 온 이론 중심성에서 벗어나려는 시도일 뿐, 철학상담에서 이론이 아예 필요 없다거나 이론은 뒷전이라는 것이 결코 아니다. 상담 현장에서 내담자와 대화할 때에 그 개인의 눈높이를 맞추면서도 그가 인간으로서의 보편성과 개별자로서의 고유성을 동시에 지니고 있다는 사실을 이해하는 것은 매우 핵심적이라고 할 수 있다. 그런데 이를 위해서 역사적으로 축적되어 온 철학 이론과 다양한 철학 사상으로부터 배울 수 있는 것은 너무나도 많다. 이는 철학상담의 장에서 이루어지는 강의나 세미나, 집단 프로그램에서도 마찬가지이다. 기존의 철학사적 지식, 다양한 철학적 주제와 인간에 대한 철학적 이해 등에 담긴 깊은 통찰력이 없이는 철학상담 집단 프로그램을 아예 구성조차 할 수 없을 것이다.

그런데 여기서 더욱 근본적인 문제는 철학상담의 이론이 다양한 상담 및 심리치료 이론과 같이 실증주의적 방식으로 이해되거나 구성될 수 없다는 데에 있다. 심리상담이나 심리치료가 의학적 임상 모델을 따라 주로 심리검사, 진단과 처방으로 표준화된 데에 편승하여 철학상담도 이와 같은 방식으로 구성하려는 움직임도 많이 있다. 다시 말해 철학상담이 철학만의 고유한 영역이라고 표방하면서도, 철학상담의 영역에서 의학이나 심리치료에서의 실증주의적 방식과 치료중심의 임상 모델을 뒤따라가려는 경향이 빈번하게 나타나고 있다. 그런데 과연 단 하나의 철학이론이나 정형화된 모델만으로 내담자 개인이나 집단을 환원시켜서 실증주의적으로 설명하는 것이 철학적 대화의 장점일 수 있을까? 다른 학문들과 차별화될 수 있는 철학적 이해의 고유함을 찾아내고, 이를 상담 및 실천으로 접목시킬 수 있는 방식에 대한 좀 더 진지하고도 심층적인 접근이 필요한 것은 아닐까?

철학상담의 방법론에 대한 고민도 마찬가지이다. 아헨바흐 박사가 철학상담의 방법을 "방법이 없는 방법(No Method Method)"이라고 명명한 것도 기존의 상담영역에서 통용되는 실증주의적 요구를 고스란히 반영한 하나의 예라고 할 수 있다. 아헨바흐는 철학상담이 근세 이후의 자연과학적인 혹은 사회과학적인 하나의 방법론에 종속되어서는 안 되며, 오히려 개별자들에게 적용될 수 있는 다양한 방법론을 개발할 수 있어야 한다고 주장한 바 있다. 그런데 이러한 입장은 오히려 방법론이 없다는 주장에 불과하며, 그에 따라 임의의 방법을 모두 허용하고 말 것이어서 철학상담의 고유한 영역을 밝힐 수조차 없게 만든다는 비판에 부딪히고 말았다.

철학상담 연구의 어려움

철학상담에 대한 연구는 어떻게 이루어져야 할 것인가? 이 질문은 현장에서 개인상담과 집단 프로그램을 진행하는 철학상담자로서만이 아니라 그 현장을 뒷받침하며 철학상담 이론을 새롭게 구축하는 연구자이자, 석박사과정을 양성해야 하는 교육자로서 내게 매우 다급하고도 실천적인 고민을 안겨 준다. 또한 연구 성과물을 학술지에 투고할 경우, 기존의 연구 동향이나 절차를 따르지 않으면 게재되기 어려운 것도 현실이다. 특히 석박사과정에 있는 학생들의 경우, 기존의 연구 방법론과 참고문헌들에 의거하지 않고는 아예 심사를 통과할 수도 없다. 학문적 연구로 학생들을 지도해야 하는 입장에서 앞으로 철학상담의 이론과 연구가 어떤 방향으로 가야 할지는 아직도 많은 고민 중에 있으며 함께 풀어 나가야 할 큰 숙제라고 여긴다.

이론과 실천의 간극에서 철학상담이 직면하고 있는 난제만큼이나 철학상담의 연구에 있어서도 많은 어려움이 즐비해 있다. 철학상담이 학계 안에서 성과물들을 내기 위해서는 상담학계와 철학계에서 통용되고 있는 연구 방식과 과연 어떻게 접목되어야 하는 것일까? 철학상담 연구가 직면하고 있는 문제는 그 연구가 철학의 맥락에서 혹은 상담의 맥락에서 어떤 의미를 지녀야 하는지에 대한 근본적인 것에서부터 구체적으로 어떤 논문의 형태 및 형식을 갖추어야 할 것인지에 대한 매우 구체적인 것에 이르기까지 폭넓게 펼쳐져 있다.

먼저 상담학계의 맥락과 연관 지어 볼 때, 기존의 상담연구에서는 사회과학적인 양적 연구가 주를 이루고 있다. 양적 연구는 상담의 현장에서 나오는 주제들을 각 변인들 간의 인과관계를 통해서 설명하고, 자연과학의 근간을 이루는 통계와 구조 방정식 등으로 풀어내려는 것이다. 상담연구에서 양적 연구의 제목들은 주로 하나의 독립변인이 다른 종속변인에 미치는 '영향' 혹은 '효과'에 대한 것들이 많다. 물론 이러한 단선적인 인과관계를 매개변인으로 좀 더 복합적인 설명을 하기도 한다.

이에 반해 최근 들어 사회학, 교육학, 간호학 등에서 이러한 양적인 방식으로 사회현상이나 개인을 설명하는 것에 한계가 있다는 비판적인 문제의식들이 생겨났다. 상담학계에서도 상담에서 다루는 개인의 주관적인 내면세계와 이를 둘러싼 복합적인 경험의 다층적인 의미를 단순히 몇몇 변인에 의해 단선적인 인과관계로 설명하는 것에 무리가 있다는 지적이 나타났다. 이미 문화인류학, 간호학, 사회학, 교육학 등에서 '질적 연구'에 대한 관심이 많아졌으며, 상담학계에서도 상담의 고유성을 질적 연구로 밝혀 보고자 하는 새로운 학문적 연구 동향들이 생겨나고 있다. 상담에서의 질적 연구는 문화인류학과 교육학, 간호학 등에서 이루어진 문화기술지를 고스란히 답습하는 차원에서 시작하여 내러티브 탐구, 생애사 연구, 자문화기술지, 근거이론, 실행 연구, 현상학적 연구, 해석학적 연구 등으로 계속 새로운 연구 방법들이 질적 연구의 형태로 다양하게 제시되고 있다.

상담 학계의 맥락에서 철학상담 프로그램에 대한 효과성 연구를 양적 연구로 진행하거나, 또는 개인상담 혹은 집단상담으로 이루어진 철학상담에 대해 질적 연구의 방식으로 심층적인 연구를 해 나가는 것도 앞으로 철학상담의 연구에 있어 중요한 방식 중 하나일 수 있다. 나 역시도 질적 연구를 함께 시도해 보기도 했고, 최근에는 현상학적, 해석학적 질적 연구에 큰 관심을 가지고 있다.

그런데 철학계에서 이루어지고 있는 철학상담 연구는 여전히 오리무중 속에 있으며, 다양한 방식이 시도되고 있다. 기존의 상담학계에서 이루어진 양적 연구의 방식을 고스란히 따와서 "○○이 ○○에 미친 영향", 혹은 "효과"라고 이름 붙인 연구들도 있다. 그런데 과연 철학적 개념과 주제가 최근 상담학계에서도 벗어나고자 하는 단선적인 인과관계로 환원될 수 있는 것일까? 또한 자신의 상담사례를 실증적인 사례로 제시하는 것만으로 철학상담이라고 주장하는 논문들도 있다. 최근 상담학계에서는 상담 자체의 윤리성에 대한 각성이 이루어지고 있으며, 특히 질적 연구에서 상담사례에 접근할 때에도 윤리적인 고려를 철저히 해야 한다는 교육이 이루어지고 있다. 그런데 철학상담의 논문에서 사례들을 제시할 경우, 이러한 윤리적인 각성과 고려들을 얼마나 담고 있을까?

그렇다고 철학상담의 연구가 기존의 철학연구에서처럼 철학사적인 맥락에서 철학적 주제와 개념에 집중하는 문헌학적 차원에만 머물러도 되는 것인지에 대해서도 진지한 고민이 필요하다. 철학상담의 입장에서 철학사를 거슬러 철학적 주제와 개념들을 선별하고 그 활용방안을 찾는 것은 매우 중요한 작업임에 분명하다. 그러나 이러한 연구가 자칫 이론적인 논쟁이나 이론의 논리적 명료성만을 중심에 놓고 있는 것은 아닌지에 대한 비판적인 성찰을 게을리해서는 안 될 것이다. 다시 말해서 철학상담의 입장에서는 이론이 핵심이라기보다는 삶이 핵심이고, 그 삶에서 엉킨 복잡한 문제들을 이해하기 위해서 철학적 개념, 주제, 사상 등이 중요성을 지닌다. 따라서 기존의 철학적 주제나 개념에 대해 연구한다고 하더라고 그것이 지닌 '철학상담적 함의', '그 복잡한 삶을 최대한 이해하려는 의도에서의 실천적 함의'를 이끌어 낼 수 있어야 한다.

철학상담의 구체적인 연구 방식으로는 두 가지를 제안해 볼 수 있다. 우선적으로 기존의 철학 사상에서 나오는 핵심 주제나 개념을 철학상담의 면밀한 도구로 준비한 뒤에, 철학상담의 사례를 철학상담자의 눈으로 이해해 볼 수 있을 것이다. 또는 이와 정반대로 이해를 필요로 하는 복잡한 삶의 현상이나 생생한 사례 등을 먼저 제시한 뒤에, 이를 철학상담의 입장에서 이해하려는 시도를 감행할 수도 있다. 그런데 이와 연관해서는 철학이 경험적인 사례를 일차적으로 건져 올리는 데에 장점이 있는 것은 아니기 때문에 기존의 양적 연구나 질적 연구에서 이루어진 사례 분석을 적극적으로 활용하는 것도 좋은 방식일 수 있다. 그러한 삶의 현장에 대한 양적인 데이터와 질적인 자료 정리가 준비되어 있을 경우, 그것으로부터 '철학상담적 함의나 이해'를 이끌어 내는 것을 철학상담만의 고유한 작업으로 삼을 수 있다. 다시 말해서 철학과 상담, 상담과 철학 그 사이를 끊임없이 오가면서도 '철학적 이해'가 지닐 수 있는 장점을 살려 갈 수 있을 것이다.

이 책을 통해서 제시하고자 하는 바는 무엇인가?

이 책은 지금까지 내가 독일의 현대철학과 철학상담을 공부한 이후부터 상담자이자 연구자로 활동해 오면서 늘 고민해 왔던 지점에 대한 중간 결과물이며 철학상담의 이론과 실천의 간극을 메우려는 몇 가지 단서들로 이루어졌다. 또한 한국 학계의 학술지에 게재했던 것들을 보완하고 수정한 결과물들도 더해졌다. 나 개인적으로는 늘 한국과 독일의 철학상담, 철학상담의 이론과 실천, 철학상담과 심리상담 등의 경계 사이에서 서성거린 경험의 흔적이라고 할 수 있다. 한편으로 독일에서의 철학상담과 관련된 경험들, 즉 아헨바흐의 교육과정, 독일의 철학상담 학회와 세미나들이 있지만, 다른 한편으로 한국 사회에서 철학실천, 철학상담, 철학치료 등의 용어 정리부터 시작된 철학 학회들에서의 경험들이 담겨 있다. 나 자신의 연구만이 아니라 지도학생들의 연구에서도 항상 상담학과 철학의 두 학문적 경계 영역 사이에서 주제들과 연구방법론을 고민해야 했다. 하다못해 연구성과물을 학회지에 게재하거나 책을 출간하는 과정에서 구체적으로는 상담심리학, 상담학과 철학에서의 참고문헌과 각주처리 방식의 상이함에도 적응해야 했다.

흔히 교과서적인 책이나 세미나 제목은 '○○ 이론과 실제'의 이름을 갖는다. 그런데 과연 철학상담의 이론과 실제를 어떻게 명확히 구분할 수 있을까? 철학상담의 '이론'이 지니고 있는 대상이 자연과학이나 사회과학에서처럼 객관적이고 물리적인 대상으로 분류되고 정의될 수 있을까? 그리고 그 대상에 대한 '실제', 즉 실증주의적인 사례 제시를 통한 증거 기반(evidence-based)이 도대체 얼마나 가능할까? 특히나 상담에서 '비밀 보장'은 최우선이어야 하는데 아무리 내담자의 동의를 얻어 낸다고 하더라도 과연 윤리적으로 어디까지 노출해도 되는 것일까? 그리고 그 연구물과 책은 과연 누구를 위한 것일까?

한편으로는 기존의 학계에서 허용되는 것들, 그리고 교육을 위해 불가피하게 요구되는 것들, 다른 한편으로는 현장에서 경험한 것들과 나의 내면에서 꼬리를 물고 올라오는 질문들에 답하기 위해서 나는 어쩔 수 없이 그 사이에서 계속 좌충우돌할 수밖에 없었다. 그러나 그 가운데 단 한 가지 가장 근원적으로 분명한 나의 목표는 철학상담의 이론과 실천 중에 그 어느 한편으로만 환원시키거나 다른 하나를 종속시키는 방식이 아니라 양자의 간극을 메우려 부단히 노력해야 한다는 것이었다.

아울러 철학이라는 학문이 지닌 이론의 엄밀성을 가지고 실제의 삶을 진단하기보다는 철학상담자의 입장에서 이론을 통해 모두 설명할 수 없는 내담자의 삶, 현장의 생생함을 가장 중심에 놓고 더 가깝게 다가서고자 노력하고, 그 삶을 이해하기 위해 철학 사상들을 찾지 않으면 안 된다는 것이었다. 따라서 내담자를 만날 때나 집단 프로그램을 구성할 때에 가장 먼저 그 개인과 현장에 초점을 맞추면서도 최적화된 철학적 이해를 찾아내기 위해 면면히 철학적 이론과 사상들을 들추어 보아야 했다.

그런데 실제로 철학상담에 대한 연구를 스스로 진행하기도 하고, 또한 학생들을 지도해 오면서 직면했던 가장 큰 어려움은 어떻게 하면 이론적 사변성이나 실증성 일변도를 벗어날 수 있을까에 있었다. 기존의 철학계에서 이루어진 철학연구들처럼 단지 철학사상가의 이론이나 개념들을 논증적으로 다루는 데 그치거나, 실증적인 사례를 증거로 제시하는 데에만 급급하고 싶지 않았다. 최근 상담계에서 이루어지고 있는 질적 연구의 방식을 따르는 것이 하나의 대안일 수 있겠지만, 철학상담의 연구가 전적으로 질적 연구에 국한될 수도 없는 노릇이다. 그렇다면 무엇이 철학상담의 연구로 적절할 수 있을까?

지금까지 내가 택한 방식은 우선적으로 철학적인 이론이나 주제에 집중하더라도 철학상담을 통해 만나는 삶의 현장을 염두에 두고 그 함축성을 이끌어 내는 것이었다. 또한 사례연구에서도 사례의 주인공인 개인의 인권을 어떻게 하면 최대한 보장할 수 있을지 고민하지 않을 수 없었다. 따라서 내담자가 상담과정에서 사적으로 내밀하게 표현한 것이 아니라 이미 출간된 개인 자료이거나 적어도 인터넷을 통해서 공개한 개인의 자료들을 철학상담의 입장에서 해석해 보는 방식을 선택했다. 철학상담자라는 사실을 학계에서 증명하고 인정받기 위해서 불가피하게 사례를 활용한다고 하더라도 상담자로서 윤리적인 감수성을 발휘하지 않으면 안 된다는 점을 끊임없이 유념하고자 노력했다.

이러한 노력의 일환으로 이 책의 제1부에서는 철학상담에 대한 가장 기본적인 이해를 제시하고자 했다. 아헨바흐의 철학적 구상을 소개하고, 라하브(Ran Lahav)의 세계관해석을 비판적으로 독해해 보았다. 아울러 한 개인의 구체적인 고통을 가다머의 해석학적인 입장에서 이해해 보고자 시도했다. 제2부에서는 개인의 고통을 사회공동체와의 연관성 속에서 고찰해 보고자 시도했다. 기존의 상담이나 치료들이 주로 고통의 원인과 병인을 개인적 속성으로 환원시켜서 설명하는 데에 반해, 철학상담은 개인의 고유성을 이해하는 데서 출발하면서도 개인의 고통을 사회공동체와의 연관성 속에서 비판적으로 바라보고 해석하는 작업을 수행하는 데에 그 독특성을 지닌다고 할 수 있다.

제 1 부

철학상담에 대한 기본 이해

최초의 철학상담자는 소크라테스이지만, 현대에 최초로 철학상담을 시작한 사람은 아헨바흐이다. 제1부에서는 우선적으로 현대 철학상담의 창시자인 아헨바흐를 중심으로 철학상담이 시작된 학문적 배경과 역사적인 발단을 추적해 보고자 한다. 나아가 영어권을 중심으로 철학상담을 수용하고 시작했던 라하브의 '세계관해석'에도 집중해 볼 것이다. 최근 들어 라하브는 내담자 개인의 '세계관해석'보다는 '철학적 친교(philosophical companionship)'에 몰두하고 있다고 하지만, 철학상담에서 세계관의 검토는 매우 필수적이어서 그 의미를 심화시키고 확장해 볼 필요가 있다. 따라서 한편으로는 기존의 상담이나 심리치료 영역에서 이루어지고 있는 세계관 검토와의 차이점을 파고들어 가면서 철학상담만의 고유한 지점을 밝혀 볼 것이다. 또한 다른 한편으로 가다머(Hans Georg Gadamer)의 고통에 대한 이해와 해석학을 중심으로 구체적인 고통의 사례에 접근해 보고, 철학상담이 해석학과 맞닿을 수 있는 접점을 고찰하고자 한다.

'아헨바흐의 철학실천'으로서의 철학상담[1]

1. 철학과 삶

'철학'은 서양의 고대 그리스에서 유래하는 '필로소피아(philosophia)'의 일본식 번역어이다. 우리말로 '철학(哲學)'이라는 단어는 뒤에 붙는 '학(學)'으로 인해 학문으로 먼저 인식하게 되지만, 그리스에서의 '필로소피아'는 필로(philo)에서의 '사랑'과 소피아(sophia)에서의 '지혜'가 결합된 단어로 '지혜에 대한 사랑'이라고 옮겨 볼 수 있다. 이 말을 처음 사용한 소크라테스는 "신이 저로 하여금 지혜를 사랑하며(철학하며) 또한 저 자신과 남들을 캐물어 들어가면서 살아야만 한다고 신이 지시"(Platon, 2008, p. 145, 28e)했다고 말했다.

여기서 소크라테스가 말하는 철학은 학문이라기보다는 '지혜에 대한 사랑'을 말하며, 그에게 신이 내려준 소명은 '자기 자신과 남

---

1) 노성숙(2010). 인간다운 삶을 위한 철학적 대화로의 초대: 철학상담의 배경과 발단. 가톨릭대학교 인간학연구소: 인간연구, 19, 197-234. (초고는 2009년 6월 20일 한국철학상담치료학회 창립학술대회에서 발표된 논문)

들에게 캐물어 가면서 살아가는 활동', 즉 '철학함(Philosophieren)'을 의미한다. 아테네 시민들과의 일상적 삶 속에서 끊임없이 질문을 제기하고 지혜를 갈구하며 대화하기를 주저하지 않았던 소크라테스는 인간다운 삶을 위한 철학자의 진정한 열정을 고스란히 보여주었다. 그런데 오늘날 강단에서의 철학은 과연 소크라테스가 말한 '필로소피아'와 얼마나 맞닿아 있을까?

나 역시도 '철학'에 대한 강의를 시작할 때면, '철학'이라는 말이 고대 그리스에서의 '필로소피아'에서 유래하며, 그것이 지닌 일상적 삶 속에서 '지혜에 대한 사랑'과 '철학함'의 활동이 무엇보다 중요하다는 점을 강조하고는 한다. 서양철학의 역사를 가르치다보면, 어느새 삶에서 유리되어 마치 철학의 박물관에 박제된 밀랍인형과 같은 철학자들의 사상을 설명하는 데에 치중하게 된다. 거대한 철학자들이 내놓은 다양한 인식의 견고한 사상체계들은 매우 치밀한 이성적 설명을 요구한다. 그런데 이러한 설명들이 삶에서 점점 멀어진다고 느끼게 될수록 정말로 '나는 지금 여기서 철학이라는 이름으로 무엇을 하고 있는 것일까'라는 질문이 꼬리를 물고 생겨난다.

칸트는 『논리학』 서문에서 '학교개념에 따른 철학(Philosophie nach dem Schulbegriff)'과 '세계개념에 따른 철학(Philosophie nach dem Weltbegriff)'을 구분했다. 전자는 '이성인식의 충분한 축적과 그 인식들의 체계적인 연관성'이 속하는 '숙련됨(Geschicklichkeit)'의 학설이고, 후자는 '우리의 이성을 사용하는 것에 대한 최고 준칙'의 학문으로 '유용성(Nützlichkeit)'과 '지혜'의 학설을 말한다. 칸트는 전자에 종사하는 자를 '이성기술자(Vernunftkünstler)', 후자에 종사하는 자를 '실천적 철학자(der praktische Philosoph)', '지혜의 선생(der Lehrer der Weisheit)'이라고 명명했다(Kant, 1983, pp. 446-447, A 23-25).

이러한 칸트의 구분을 통해서 보자면, 나는 '학교개념에 따른 철학', 즉 이성적 인식과 그것들의 체계적인 연관성을 토대로 하는 사변철학을 가르치고 있었다고 할 수 있다. 그럼에도 철학 강의의 처음과 마지막에 나는 '세계개념에 따른 철학'에 대한 향수와 더불어 소크라테스가 보여 준 '철학과 삶'의 긴밀한 연관성을 강조해왔다. 철학이 생겨난 곳도 삶이고, 철학이 되돌아갈 곳도 삶이었기 때문이다.

그런데 지나온 역사 속에서 철학이 '학교개념에 따른 철학'으로 고착되면서 한편으로 학문적 엄밀함과 이성적 논리의 숙련됨을 더욱 잘 갖출 수는 있게 되었지만, 다른 한편으로 철학이 적용될 수 있는 삶의 영역은 점점 축소되어 온 것이 사실이다. 결과적으로 오늘날 철학은 더 이상 일반 사람들과 소통할 수 조차 없게 되었으며, 철학학자들은 자신들끼리만 알아들을 수 있는 전문성으로 더욱 강력하게 스스로를 무장하고 있다.

이러한 학문적 맥락에서 마치 철학의 박물관을 기행하는 전문적 강의를 되풀이하면서, 나는 '철학사상의 전통 안에 놓여 있는 그 깊은 통찰력과 지혜를 일상적 삶 속에서 새롭게 되살릴 수 없을까'하는 철학자로서의 고민에 점점 더 깊숙하게 빠지고 말았다. 그 가운데 철학학자와 철학자, 혹은 가르치는 학문으로서의 철학과 실제 삶에서 철학함의 실천적 활동 사이에서 느끼는 균열감은 철학공부를 시작한 이후 계속 해결될 수 없는 난제로 남았다.

1981년 아헨바흐(Achenbach)가 창안한 '철학실천(Philosophische Praxis)'이 바로 이러한 균열감을 극복하려는 하나의 시도이자 도전이라고 여겼기 때문에, 나는 '철학상담'에 큰 관심을 갖게 되었다. 아헨바흐는 철학이 본래 지니고 있었던 활기와 삶의 긴밀한 연관성을 되찾기 위해 노력했다. 즉, 그동안 대학 강단의 높은 장벽에 갇혀 있던 철학의 빗장을 열고 일반인들에게 다가갔으며, '철학자'로서 그들과 대화를 나누기 시작했다. 그리하여 그는 개념에 의한 엄밀성의 요구에 충실한 학계의 철학에서 벗어나서, 일상적 삶 속에서 개인들과 역동적 만남을 가졌고, 그들과의 철학함을 통해서 지혜에 대한 사랑을 일깨워 왔다.

이번 장에서는 아헨바흐의 '철학실천'이 과연 무엇인지, 즉 그것이 어떻게 시작되었으며 전개되어왔는지에 대해 천착하고자 한다. 이를 위해 2절에서는 오늘날 '철학상담'이 새롭게 시작되는 배경에 대해 폭넓게 알아 보고자 한다. 무엇보다 최근 정신치료와 심리치료에서 철학에 대한 새로운 쓰임이 생겨나고 있었는데, 그 이유가 무엇이며 왜 철학적 인간이해를 필요로 했는지를 밝혀볼 것이다. 또한 이러한 철학의 바깥영역에서 철학이 요구되는 것과는 달리 철학 내부에서 감지되어 왔던 철학 스스로의 위기는 과연 무엇이며 왜 그토록 그 위기가 심각하게 간주되었는지도 살펴볼 것이다. 3절에서는 이러한 폭넓은 시대적 배경으로부터 창안된 아헨바흐의 '철학실천'에 대해 본격적으로 고찰하고자 한다. 철학의 시대적 위기에서 비롯된 그의 문제의식은 무엇이며, 그가 말하는 '철학함'의 의미가

무엇인지, 나아가 그가 왜 '프락시스'라는 용어를 통해서 '실천'의 의
미를 내세우고 있는지를 알아볼 것이다. 4절에서는 이러한 '철학실
천'이 여타의 상담들과 어떻게 구별되면서 '철학상담'으로 자리매김
하는지에 대해 숙고해 보고자 한다. 철학상담의 고유한 영역은 과
연 어디에 놓여 있으며, 철학상담에서 내담자는 어떤 존재로 간주되
는지, 또한 상담자로서 철학자가 전개해나가는 철학적 대화의 독특
성은 무엇인지에 대해 논의해 보고자 한다. 흔히 '철학실천', '철학치
료', '철학카운슬링', '철학상담' 등의 용어들이 혼용되고 있는데[2], 나
는 이 글에서 '철학상담'이라는 용어를 통칭으로 사용할 것이며, 그
이유에 대해서는 차후의 논의에서 밝힐 것이다.

2. 현대 철학상담이 대두되는 폭넓은 배경

1) 정신치료와 심리치료에서 환원론적이고 결정론적인 인간관
   의 문제점

오늘날 우리는 의료의 전문화 및 상담과 치료의 전문화가 더욱 가
속화됨으로써 각종 다양한 '치료'들이 범람하는 시대에 살고 있다.
이러한 시대적 분위기를 반영하듯이 철학상담은 '철학치료'라고 명
명되기도 하는데, 그로 인해 철학상담이 정신치료나 심리치료의 한
분과로 오해되는 일들이 벌어지기도 한다. 그런데 이러한 오해는
철학상담자들의 자기주장에서 비롯되기보다는 정신치료 혹은 심리

---

2) 이진남(2009, p. 355)은 철학상담, 철학치료, 철학교육, 철학카페라는 네 분야를 구분
   하고, 이 분야를 아우르는 대표용어로 '철학실천'을 제안했다.

치료를 담당하고 있는 의사 및 심리치료사들이 그들 자신의 학문적 지식이 지닌 실질적인 제한성을 의식하고, 그들의 영역을 확장 및 심화시키려는 과정 속에서 전통적으로 철학의 영역에 속했던 내용들을 적극 활용하려는 시도에서 드러났다.

예를 들면, 엘리스(Albert Ellis)의 합리정서행동치료(Rational, Emotive Behavior Therapy)와 벡(Aaron T. Beck)의 인지행동치료(Cognitive Behavioral Therapy)는 철학의 인지적 요소들을 치료에 구체적으로 활용한다. 또한 프랭클(Victor Frankl)은 의료만으로 해결될 수 없는, 소위 '임상을 뛰어넘는 문제들(meta-clinical problems)'이 단순히 신경증적인 징후라기보다는 인간들이 지닌 철학적 문제임을 인식한 뒤, 실존주의 철학을 적극 수용하여 '로고테라피(Logotherapie)'를 창안한 바 있다. 이를 통해 그는 프로이트(Sigmund Freud)의 정신분석이나 행동주의 치료가 지닌 한계를 넘어서고자 했다.

프로이트의 정신분석은 신경질환을 어떤 정신역동의 결과로 보고 이에 대해 다른 정신역동을 가동시키는 반작용을 시도함으로써, 즉 일종의 건강한 감정전이의 관계를 통해서 환자를 치료하고자 한다. 반면, 행동주의 치료는 신경증을 특정한 학습, 조건화 과정의 탓으로 보기 때문에 신경증에 대한 재학습, 조건변화 등을 치료에 활용한다. 그런데 프랭클은 정신분석이 신경증의 가면을 벗겨 내었고, 행동주의가 신경증을 비신화화하는 데에 기여한 점은 충분히 인정하지만, 양자가 여전히 환원주의적 시도를 함으로써 그 한계를 벗어나지 못하고 있다고 비판했다. 그에 의하면, 인간의 현실은 단순히 조건화의 과정이나 조건반사된 결과로만 이해될 수 없으며, 특히 인간들의 '의미를 향한 소리 없는 절규(the unheard cry for meaning)'를 귀담아 듣지 않는다면 현대사회의 집단신경증(mass neurosis), 사회원인성 신경증(sociogenic neurosis)은 결코 치료될 수 없을 것이다 (Frankl, 2005, pp. 10-15).

이밖에 실존주의적 인간이해에 입각하여 정신분석 및 기존의 정신치료 비판한 심리학자로 메이(Rollo May)를 들 수 있다. 그는 정신치료 및 심리치료를 담당하고 있는 사람들이 "진찰실이나 상담실에서 이론적인 공식으로는 도저히 진정시킬 수 없는 불안을 겪고 있는 위기에 처한 개인들의 순수한 실재에 직면했을 때", 자신들이 인간을 이해하는 방법에 큰 결함이 있음을 경험한 바 있다고 고백하고, 이는 "과학적 연구로 극복할 수 없는 문제"라고 주장했다(May, 1983, p. 37). 그보다 앞서 이미 많은 정신의학자나 심리학자들이 정신분석에서의 인간에 대한 개념이 지닌 한계와 난점을 자각하고는 있었지만, 특히 메이는 좀 더 근원적으로 문화적이고 사회적 차원에서 실존주의와 정신분석이 공유하고 있는 시대적 배경을 검토함으로써 기존의 인간관을 폭넓게 비판했다. 그는 인간을 주관이나 객관의 양자택일로 볼 것이 아니라, 실제 살아 있고, 실존하는 인간으로 보아야 한다는 실존주의적 통찰에 동의하면서, 정신분석의 한계를 넘어서서 자신만의 '실존적 심리학(Existential Psychology)'에 근거한 치료를 새롭게 제안했다. 그의 실존적 심리치료는 인간을 '인간다운' 존재로 만드는 것을 이해하는 데에 기초하며, 그에 따라 보다 깊고 폭넓은 '존재론적' 차원에서 인간을 이해할 수 있도록 하는 운동이고, "심리치료를 기술적 이성과 동일시하려는 경향에 저항하는 운동"(May, 1983, p. 87)이다.

이외에도 로저스(Carl Rogers), 매슬로(Abraham Maslow) 등으로 대표되는 '인본주의 심리학'은 기존의 정신치료나 심리치료, 즉 과학적 실증주의의 행동주의나 정신분석이 기반으로 하는 '인간이해'에 진정으로 인간을 인간답게 만드는 가장 중요한 것들이 빠져 있음을 강력하게 비판하고 나섰다. 로저스는 인간과 모든 유기체에 대한 근본적인 신뢰에 근거하여, "인간은 자기 자신을 이해하고, 자기 개념, 기본적인 태도, 자기 주도적인 행동을 변화시킬 수 있는 방대한 자원을 자신 안에 갖고 있으며, 어떤 토양(정의 내릴 수 있는 촉진적인 심리적 태도)이 제공되기만 한다면 그 자원을 일깨울 수 있다"(Rogers, 2007, p. 131)고 주장했다. 그는 인간의 성장을 촉진하는 토양을 위한 세 조건을 다음과 같이 말했다. 첫째, 진정성(genuineness), 진실성(realness), 일치성(congruence), 둘째, 무조건적인 긍정적 관심(unconditional positive regard), 셋째, 공감적 이해(empathic understanding)이다. 로저스의 이와 같은 새로운 접근법은 기존의 지시적 상담과 달리 '비지시적 상담', '내담자-중심치료', '인간-중심상담'이라는 이름으로 많은 사람에게 새로운 상담과 치료의 기반을 마련했다.

나아가 실존 심리학을 제창한 바 있는 메이와 인본주의 심리학으로부터 많은 사상적 영향을 받은 얄롬(Irvin D. Yalom)은 실제 자신의 치료과정 속에서 실존적 통찰력의 중요성을 깨닫고, 프로이트주의자들의 정신역동과는 달리 실존적인 정신역동을 강조하기에 이르렀다. 그는 인간존재의 '깊은 구조'에 내재되어 있는 궁극적인 관심을 네 가지, 즉 '죽음', '자유', '소외', '무의미'로 구분했다. 그러고 나서 이러한 네 가지 궁극적 관심이 실존적 정신역동의 본체를 이룬다고 보고, 이와 연관된 '실존주의 심리치료(Existential Psychotherapy)'를 제안했다.

이상에서 살펴본 프랭클, 로저스, 메이, 얄롬 등의 정신의학자들과 심리치료사들은 단순히 기존의 의학적 지식과 프로이트의 정신분석이 성취해 온 작업의 의미를 전적으로 무시하려고 시도한 것이 아니라, 그러한 작업의 문제점들을 밝혀내고 환자들에게 더욱 잘 다가갈 수 있는 치료를 제안하려는 것이었다. 왜냐하면 정신분석은 애초에 틀에 박힌 의료사업에 대항해서 비판적인 저항으로 시작되었지만, 점차 그와는 반대로 '인간들을 매우 의심스럽게 만드는 치유기술, 효과적이고, 고도로 전문화된 치유기술의 명령에 복종하게 되었으며, 그러한 진보의 결과로 현대의 의학이 인간을 하나의 퍼즐 조각들로 파편화시키거나 혹은 부분들로 분석적인 해체를 감행하는 지경'(Achenbach, 2010, p. 152)에 이르렀기 때문이다.[3]

그런데 앞서 언급한 이들과 이들 보다 앞서서 현존재분석(Daseinanalysis) 혹은 실존분석(existential-analysis)을 의료에 적용시킨 빈스방거(Ludwig Binswanger)나 보스(Medard Boss), 그리고 인본주의 심리학자들은 이와 같이 인간을 부분들로 파편화시키는 '의학적'이고 '심리적인' 표준과 기술만으로는 인간이 겪는 심리적 장

---

3) 얄롬은 인간에 대한 자신의 신조를 다음과 같이 말했다. "인간은 그 자신의 부분들의 합보다 더 위대하다"(Yalom, 2007, p. 36).

애, 혹은 심리적으로 유발된 신체적 장애들을 근원적으로 치료할 수 없다는 사실에 실제로 직면한 당사자들이었다. 물론 이들이 이러한 한계를 극복하기 위해서 채택한 해결책들은 각기 다르지만, 그럼에도 이들은 기존의 의학적, 심리학적 방법론이나 그에 기반한 전문기술이 환원주의적이고, 결정론적인 인간관을 전제로 하고 있음이 문제가 있다는 데에 인식을 같이 했다. 따라서 이들은 이러한 제한성을 벗어나기 위해, 의학이나 심리학적 지식을 넘어서는 인간이해, 즉 좀 더 근원적이고 포괄적인 철학적 인간이해를 필요로 하게 되었으며, 그에 기초하여 환자들을 더욱 잘 치료하려는 새로운 시도들을 감행해 왔던 것이다.

2) 전통철학의 몰락과 철학의 위기

철학 밖으로부터 철학상담에 대한 새로운 필요들과 기대들이 생겨나고 있다는 점은 매우 고무적인 반면에, 철학 내부에서 제기되고 있는 학문으로서 철학의 위기에 대한 비판적 문제의식은 매우 심각하게 전개되었다. '무엇을 위해 철학이 필요한가?'(Wozu Philosophie?)라는 질문은 비단 오늘날 철학계 밖에서 철학이나 철학자들에게 던지는 질문이 아니다. 이미 철학을 담당하고 있는 학자들 자신도 '철학'의 위상에 대한 질문을 매우 전면적으로 다룬 바 있다. 예를 들어, 1962년에 아도르노(Theodor W. Adorno)는 한 라디오 방송에서 "무엇을 위해 여전히 철학이 필요한가?(Wozu noch Philosophie?)"라는 질문을 던지고 이에 대한 강연을 했다. 그는 이 강연의 서두에서 철학을 직업으로 가진 교수들로부터는 이러한 질문에 대해 아무것도 얻을 것이 없다고 솔직히 고백했다. 왜냐하면 그들이 부정적인 입장을 취하게 될 경우, 자신의 이해관계를 해칠 위험이 있기 때문이다. 그럼에도 그 작신 역시 철학교수였던 아도르노는 과감하게 이 질문에 도전했다.

그런데 철학을 담당하는 철학학자 스스로가 왜 이러한 질문을 하게 되었을까? 학문이란 곧 철학을 의미하던 학문의 발생사로부터의 영예는 이미 과거의 일이 된지 오래되었고, 철학으로부터 다양한 분과학문들이 계속 독립을 선언하고 나섰으며, 그 가운데 철학도 역시 전문적 학문의 한 분과로 재정립되는 역사를 거쳐 왔다. 이 과정 속에서 철학은 "대략 칸트가 죽고 나서 실증주의적인 학문들, 특히 자연과학들과의 불화로 인해 스스로를 의심스럽게 여기게 된 이후, (……) 공적인 의식 속에서의 첫 분과로서 인문학적 교양개념의 위기에 굴복하게 되었다."(Adorno, 1977c, pp. 459-460) 철학은 자연과학적인 객관성과 검증가능성에 기반한 실증주의적 학문이 아니다. 따라서 실증주의를 토대로 하는 학문들이 쏟아내는 '전문화된 기술'을 갖추지 못한 철학은 여전히 의심스러운 학문이 되고 만 것이다.

철학의 전통적인 고객들도 떨어져 나간 지 오래다. 아헨바흐는 전통적으로 철학의 큰 고객이었던 국가, 교회, 개별 학문들이 떠나간 것이 철학으로 하여금 이러한 위기에 빠져들게 했다고 주장했다. 이러한 고객들이 "철학자들의 두뇌로부터 나오는 작업들에 더 이상 관심을 가지지 않게 된 이래로, 철학기업은 순수한 자기소모를 위해 재고품이나 생산하고 있다"(Achenbach, 2010, p. 149)는 것이다. 나아가 학문으로서의 철학을 오늘날 더 큰 위기로 몰아넣은 것은 또 다른 시대적 요구들이 생겨남으로써 철학의 무용함이 조장되고 있기 때문이다. 즉, 한편으로 대학에서의 철학이 전지구적 자본주의의 경제에 걸맞는 상품으로서의 가치를 창출해 내지 못하고 있으며, 다른 한편으로 정보화를 통한 다른 학문들과의 실용적 교류에도 적합하지 않다고 판단되었기 때문이다. 따라서 오늘날 전지구적 자본주의와 정보화의 환경 속에서 철학은 더 이상 아무런 수요도 창출할 수 없는 무용한 학문으로 낙인찍히고 말았으며, 다른 개별 학문들과의 경쟁 속에서도 그 위력을 발휘할 수 없는 지경에 처하게 되었다. 그리하여 철학은 순수하게 사변적인 작업들만을 생산해 내고, 그것들을 그 스스로 소모하는 폐쇄적인 수요와공급의 상황에 놓이고 말았다.

물론 분과학문으로서의 철학은 대학 제도 안에 정착되는 과정 속에서 분업화와 전문화의 기준을 피해갈 수 없었으며, 사회로부터 나오는 각종 실증적이고 실용적인 요구들로부터도 자유로울 수 없었다. 그렇다면 그러한 상황에 처한 철학의 현실을 누구보다도 잘 체험하고 있는 철학학자들 스스로가 자신의 학문적 대상인 '철학'을 의문시함으로써 '무엇을 위해 철학이 필요한가'라는 질문을 던진다는 것은 과연 무엇을 의미하는가? 아헨바흐는 이러한 질문이 담고 있는 "자기 스스로에 대한 몰두의 작업 안에 어떤 병리적 계기가 박혀 있으며, 이는 곧 위기의 표시"(Achenbach, 2010, p. 138)라는 립베(Hermann Lübbe)의 주장에 주목했다. 그리고 한 걸음 더 나아가 그는 이와 같이 철학자 스스로가 철학에 대해 갖는 관심을 하나의 '징후'로 평가하면서, 이러한 징후 속에서 파악될 수 있는 변증법적 모순을 밝혀내고자 했다. 이러한 '징후'의 저변에 놓인 변증법은 다름 아닌 철학의 위기를 천명하고 있는 철학자가 "자신에게 고유한 문제에 전념하고 있기는 하지만, 동시에 그 문제를 그의 문제로 파악하는 것을 피할 수 있다는 데에 있다. 즉, '철학이 무엇일 수 있는가'라는 질문 속에 '철학자인 우리 자신이 무엇인지 혹은 무엇일 수 있는가'라는 질문, 우리를 압박하면서도 우리가 떨쳐버린 그 질문이 한편으로는 들어 있고, 다른 한편으로는 잘 회피되어 있을 수 있다."(Achenbach, 2010, p. 139)는 것이다.

그렇다면 왜 철학자들은 '철학'이 처한 전반적인 위기를 문제삼으면서도, 철학자로서의 그 자신은 문제삼지 않고 있는 것일까? 립베는 그 이유가 우리 자신을 철학자라고 고백할 때에 뭔가 망설임과 수치스러운 감정을 갖게 되는 것과 연관이 있다고 보았다. 나아가 그는 철학자들이 표명하고 있는 이 같은 자기불신감이 '철학공부를 통해서 시민으로서의 전문가적인 자질'을 얻지 못했다는 사실에서 기인한다고 주장했다(Achenbach, 2010, p. 140). 여기서 우리는 립베의 지적에서처럼 철학자들이 느끼는 수치심이나 자기불신감이 곧 시민으로서의 오점 혹은 결점으로 자각되는 것이 단지 '독일적'인 현상에 국한될 것인지 묻지 않을 수 없다.

아헨바흐는 철학 그 자체를 문제시 하는 목소리가 철학을 과대평가하면서도 철학자로서의 자신은 과소평가하는 철학자의 균열감에서 기인된다고 보았다. "우리는 우리자신을 수치심 없이는 "철학자"로 부르지 못할 만큼 철학을 너무 높게 생각한다. 그리고 그러한 관점하에 놓이면서, 우리는 우리 스스로에 대해 너무 나쁘게 생각한다."(Achenbach, 2010, p. 142) 그런데 아헨바흐에 따르면, 철학자들이 이러한 균열의 상태로부터 벗어나지 않는 한, 철학을 '실천'에로 이끄는 길은 계속 막혀 있을 수밖에 없다.

아헨바흐는 이처럼 우리 자신을 분열시키고, 화해하지 못하게 하는 철학을 "요구-철학(Anspruchs-Philosophie)"이라고 명명했고, 그러한 철학개념에 의존한다면 결코 '철학실천'이 불가능하다고 역설했다. 그는 이러한 요구철학의 종말, 니체의 용어로 표현하자면, '세계를 부정하는 철학', '형이상학적 허무주의'의 종말을 벗어남으로써 "철학실천"이 새롭게 시작되어야 한다고 주장했다. 나아가 그는 이러한 철학실천을 구체적으로 실행에 옮기기까지 했는데, 철학함을 실천할 수 있는 자신만의 공간을 마련하고 그곳에서 일반 사람들과 대화를 나누는 작업, 즉 오늘날 우리가 '철학상담'이라고 부르는 작업을 시작하기에 이르렀다.

이와 같이 현대 사회의 폭넓은 배경에서 볼 때, 우리는 한편으로 오늘날 정신의학에서의 정신치료와 심리치료가 한계에 부딪히면서, 인간과 세계의 소외된 관계를 회복하기 위한 철학적 이해의 필요성이 철학 밖에서 새롭게 부상했으며, 또 다른 한편으로 철학이 학문적 위기에 처하면서 철학내부로부터 철학자 스스로 자성적인 성찰을 통해서 쇄신의 계기를 마련하고자 하는 전환점에 서있음을 알 수 있다. 바로 이러한 철학안팎의 요구와 필요성 및 기대에 부응하고자 '철학상담'이 생겨났는데, 그렇다면 과연 철학상담은 어떤 의미에서 '철학적' 상담이며, 철학의 새로운 '실천'일 수 있을까? 다음 절에서는 아헨바흐의 '철학실천'을 중심으로, 그가 전제로 하고

있는 철학상담의 근본적인 의미에 대해서 본격적으로 고찰해 보고
자 한다.

3. 아헨바흐의 철학실천이란?

1) '철학함'의 독특한 사유활동

1981년 아헨바흐의 '철학실천'으로부터 새롭게 시작된 철학상담
은 오늘날 매우 다양한 양상을 띠고 있으며, 이 모두가 과연 하나의
'철학상담'으로 불릴 수 있을지조차 의심스러울 정도로 광범위하게
전개되고 있다. 물론 철학상담을 하나로 통합할 수 있는 정의나 이
론은 없으며, 다양한 사회적, 정치적, 문화적 맥락에 따라서 철학상
담이 다채롭게 전개될 수 있고, 또 전개되어야 할 것이다. 그렇다면
우리는 아헨바흐의 '철학실천'이 어떤 의미에서 철학상담의 근간이
될 수 있는지 명확하게 밝혀 보아야 한다.

우선적으로 아헨바흐의 '철학실천'에서 철학은 곧 '철학함'의 의
미에서 출발한다. 그런데 여기서 '철학함'이라는 동사적 의미의 활
동성은 그 활동의 주체없이는 불가능하다는 점을 유념할 필요가
있다. 마크봐르트(Odo Marquard)는 독일의 한 저명한 철학사전에
'철학실천'이라는 항목을 기술하면서, 이를 "철학자의 실천에서 발
생하며, 전문적으로 감행되는 철학적 인생상담"(Marquard, 1989,
p. 1307)이라고 정의내렸다. 마크봐르트에게서 '철학적'이라는 것은
'철학의 현재적 형태'를 말하는데, 이와 같이 철학의 현재를 보여 주

는 구체적인 형태는 '철학자'라는 장치를 떠나서는 성립될 수 없다. 따라서 '철학실천'에서의 철학이 과연 무엇인가라는 질문은 '철학자란 누구인가'라는 질문으로 넘어가는데, 아헨바흐는 이 질문이 오랫동안 회피되어 왔다는 점에 비판적으로 주목했다.

철학자의 '철학함'은 단순히 철학에 '대하여' 언급하는 활동이 아니다. 하이데거(Martin Heidegger)도 주지했듯이, 예를 들어서 '철학이란 무엇인가'라는 질문 자체는 이미 하나의 철학적 질문이다. 이 경우, 철학 밖으로부터의 관점은 존재하지 않는다. 따라서 이에 대한 "답변은 단지 철학함의 답변"(Heidegger, 2003, p. 19)을 통해서만 도달될 수 있다. 즉, '철학이 무엇인가'라는 질문은 이미 그 질문을 던지는 자와 불가분의 관계를 맺고 있으며, 질문자 스스로 자신의 성찰적인 사고과정을 통해서 답변을 구해나가야 한다.

그런데 이와 같이 철학자가 하는 사고 속에 성찰적 작업으로서의 철학함은 이중적인 측면을 지닌다. 한편으로 철학은 헤겔(Georg Wilhelm Friedrich Hegel)이 말한 바와 같이 "그의 시대를 사상 속에 파악한 것"(Hegel, 1996, p. 26)이라는 의미에서 사유하는 주체가 역사적으로 형성되어 온 것을 정신적으로 포착한 것, 즉 사유된 것으로서 확정적이게 만드는 것을 의미한다. 그리고 또 다른 한편에서 철학은 철학함의 활동을 통해서 철학자가 한 걸음 더 나아가는 사고의 과정, 즉 사유의 성과물로서 이전에 고착된 것들을 해체하고 다시금 사고하는 것을 통해서 새롭게 나아가는 활동을 말한다. "철학은 사고가 해체되는 것을 구해내려는 필사적인 노력"(Adorno, 1998, p. 35)이기 때문이다. 이와 같이 볼 때, 철학실천에서 철학자의 철학함은 한편으로 전통으로부터 전해져 온 사유된 것과 다른 한편으로 무전제적인 자유로움을 동시에 지닌다고 할 수 있다.

또한 아헨바흐의 철학실천이 지향하고 있는 '철학자의 철학함'이라는 활동은 오늘날 흔히 우리 주변을 장악하고 있는 치료나 상담 등에서 드러나는 '이론–실증주의'에 대한 강력한 저항감을 담고 있으며, 그러한 작업들이 전제로 하고 있는 "이론과 메타이론의 구분"(Achenbach, 2010, p. 38)의 폐지를 목표로 한다. 따라서 철학실천에서는 '이론과 실천'의 구분은 그 자체로 의미가 없으며, 철학실천에서 '철학적인 것'만을 따로 떼어서 이론적으로 분리시켜 고찰할 수 없다. 나아가 철학실천에서 철학함의 실천 또는 사고의 운동은 한편으로 보편적인 것, 즉 언어적인 개념으로 포착된 문제와 다른 한편으로 특수한 것, 즉 그러한 문제에 대해 사유하는 단독자가 구체적으로 당면하고 있는 사태의 사이에서 역동적으로 움직인다. 이처럼 어떠한 특수한 사태를 논리적으로 검토한다는 것은 항상 그 사태와 연관되어 있는 당사자인 구체적인 인간에 대한 검토를 동반한다. 하이데거도 역시 이미 소크라테스로부터 전승되어온 이 사실에 주목했다. "왜냐하면 내가 단지 그 문장을 검토하려 했지만, 거기서 나, 즉 물음을 묻고 있는 자이자 대답하는 자가 검토되고 있다는 것이 발생하기 때문이다."(Heidegger, 1992, p. 13)

린트제트(Anders Lindseth)도 철학자는 단지 '철학을 재현하며 구체화할 경우에만' 철학실천가가 될 수 있다고 주장했다. 여기서 철학자의 철학함은 "그 자신의 개별적인 철학함이기는 하지만 동시에 철학함이며, 이로써 어떤 보편적인 것"이고, "바로 개별적으로 표현된 철학이 철학실천"(Lindseth, 2005, p. 169)인 것이다. 따라서 '철학실천의 대상'에 대해서 따로 떼어 말하는 것은 불가능하며, 철학실천의 사태는 단지 구체적이고 개별적으로 말할 수 있을 뿐이다. 그렇다면 철학실천을 직접적으로 시작한 아헨바흐에게도 이러한 구체적이고 개별적인 의미가 있었을까?

아헨바흐는 예술가, 작곡가, 작가, 시인과 마찬가지로 철학자에게서도 "특정한 사람에 대한 주의력"(Achenbach, 2010, p. 600)이 포기될 수 없다고 말한다. 베토벤의 작품에서의 악절은 베토벤만의 유일함을 담고 있고, 파울 클레의 그림은 클레만의 특징을 지닌다. 우리가 그의 작품이라는 것을 인식하게 되는 것은 그의 특정한 기술, 색에 대한 선호도, 재료들 등으로 설명될 수 없는 그만의 독특함이 그 작품에 스며들어 있기 때문이다. 이와 마찬가지로, 철학함에서도 철학을 행하는, 살아 있는 구체적인 한 인간 그 자체가 중요하며, 철학함을 통해서 그 인간이 삶과의 연관성으로부터 질문을 던지면서 '철학을 행위로 옮기는 것(das Tun der Philosophie)'이 시작된다고 말할 수 있다. 그런데 혹자는 예술이나 철학을 하는 것에 대해서 마치 그 동인이 이미 심리적으로 규정되어 있는 것처럼, 예를 들어 어린 시절의 부모와의 관계나 오이디푸스 콤플렉스를 통해서 설명될 수 있는 것처럼 주장한다. 또는 예술가나 철학자가 그의 역사적 조건에 의해서 온전히 규정되는 존재라고 간주되기로 한다.

그러나 아헨바흐는 우리가 '철학함'을 시작할 때, 개별적인 존재의 독특함에 유념하면서 '왜 네가?', '왜 그가?' 더욱이 '왜 내가?'라는 질문들을 던져야 한다고 주장했다. 그러면서도 그는 이러한 질문에 대한 답변이, 예를 들어 예술가나 철학자들에게 그때마다 특수한 '나'에 대한 '심리적인' 설명으로 환원되어서는 안 된다고 단호히 말했다. 오히려 그러한 질문에 대한 답변은 자라나기도 하고 때로는 파괴될 수도 있는 새싹과 같이 나에게 독특한 역동적 규정성 속에서 움직이며, 실제로 살아온 내 삶의 전제들을 총체적으로 되돌아보는 작업을 수반한다는 것이다. 왜냐하면 바로 그 전제들 아래서비로소 '왜 내가?'라는 질문이 의미있게 받아들여지기 때문이다. 여기서 이러한 전제들을 진지하게 성찰한다는 것은 예술가나 철학자를 우연적인 환경의 결과로 보아야 한다는 것을 말하는 것이 결코아니다. 그들은 그러한 삶의 전제조건들로부터 그 자신의 고유함이나 성격에 부합하는 그들 자신만의 독특한 삶의 길을 지나왔으며(Achenbach, 2010, p. 606) 이를 존중하지 않으면 안 되기 때문이다.

그렇다면 왜 다른 사람이 아닌 아헨바흐, 왜 하필 그가 '철학실천'의 이름으로 철학상담을 시작했을까? 그는 '왜 내가?'라는 질문, 즉왜 그 자신이 새로운 형태로서의 철학함, 즉 철학실천을 시작했는지에 대해 스스로 묻고 구체적인 답변을 시도했다. 앞서 말한 바와 같이 자신의 '철학실천'은 그 자신이 살아온 삶의 전제조건, 즉 68학생운동이라는 독일에서의 사회·문화적인 맥락과 밀접하게 연관되어있으며, 이러한 삶의 맥락으로부터 그 자신만의 성격, 즉 그의 개별적이고 구체적인 실재가 '철학실천'을 구상해내고 새롭게 시작하도록 했다고 고백했다(Achenbach, 2010, p. 607). 그렇다면 이와 같이그의 구체적이고 개별적인 철학함을 그는 왜 '실천'이라고 명명했으며, 일반적인 의미의 '치료'나 '상담'과 어떻게 구분하고자 했는지를 살펴볼 차례이다.

2) 프락시스에서 '실천'의 의미

이제, 철학실천이 "철학자의 실천에서 발생하며, 전문적으로 감행되는 철학적 인생상담"(Marquard, 1989, p. 1307)이라고 할 경우, 여기서 과연 '실천'이 어떤 의미인지를 고찰하고자 한다. 어느 한 철학자의 실천은, 그와 그의 대화 상대자 사이에서 발생하는 구체적이고 개별적인 철학함을 의미한다. 그런데 이는 그저 다양한 철학자들의 개별적이고 임의적인 삶의 실천에 그치는 것은 아니다. 물론 내담자는 철학에 대한 전문적인 관심을 가지고 있지 않은 일반적이고 평범한 사람들이기는 하지만, 그 사람들과의 교제를 통한 상담은 철학적 능력들에 의해 조직적으로 규정된 시도라고 할 수 있다(Macho & Heintel, 1991, p. 67).

그런데 아헨바흐는 왜 자신의 철학적 조언을 철학'치료' 혹은 철학'카운슬링'이라는 말로 표현하는 것을 꺼리고, 철학'실천'임을 강조했을까? 그가 '실천'이라는 개념을 강조하는 첫 번째 이유는 독일어의 '프락시스'(Praxis)라는 용어가 그 사회의 맥락에서 지니는 독특한 의미와 연관된다. '프락시스'는 문제를 가진 사람들이 찾아오는 직접적인 장소(Ort)이자 공간(Raum)인 동시에 그 공간에서 펼쳐지는 의료, 심리치료, 상담 등의 실질적인 활동(Tätigkeit)을 포괄적으로 의미한다. 따라서 철학 '프락시스'는 독일어의 현재적 사용에서 심리치료나 의료에서의 치료행위이자 치료장소, 즉 상담소나 병원을 의미하는 '프락시스'와 연관하여 '철학' 고유의 차별성과 자립성을 고려한 용어이다.

예를 들어, 만일 "어떤 사람이 철학 '프락시스'를 열었다"거나 "철학 '프락시스'에 다녀왔다"라는 말을 독일어로 듣게 될 경우, 철학 '프락시스'라는 것이 내용적으로 무엇을 의미하는지는 모르더라도, 심리상담자 및 심리치료사나 의사와 마찬가지로 철학자가 활동을 하고, 내담자가 찾아 갈 수 있는 독립된 장소로서 '프락시스'와 거기서 펼쳐지는 철학적인 활동으로서의 '프락시스'를 곧바로 연상할 수 있다. 따라서 아헨바흐는 여타의 상담들과 경쟁하는 장소이자 활동으로서의 '프락시스', 즉 실천이라는 용어를 의도적으로 사용했다. 그렇다면 이제 철학자의 '프락시스'가 단순히 존재한다는 사실만이 아니라 제반 상담과의 내용적 차이를 보여 주어야 하는 과제가 생겨난다. 과연 철학실천에서 여타의 '프락시스'와 차별화될 수 있는 '철학'만의 고유함은 무엇일까? 이 질문은 하나로 명확하게 답변될 수 없으며, 여전히 앞으로 풀어 나가야 할 과제를 담고 있다. 철학자만이 할 수 있는, 즉 철학적 전통에서 전승되어온 지식과 지혜들을 적극 활용할 수 있는 '프락시스'의 다양한 내용이 계속해서 개발되고 있기 때문이다.

또한 아헨바흐는 '실천'이라는 용어를 여타의 상담이나 치료와 차별화하기 위해 노력하면서, '실천'이라는 용어 속에 철학만의 좀 더 근원적인 배경이 담겨있는 두 번째 의미를 되살려 내고자 시도했다. 기존의 철학적 전통 속에서 이미 '실천'이라는 개념은 이론과의 관계성 속에서 규정되어 왔다. 그 역사를 거슬러 올라가 보면, 중세에 확립되는 학문분류는 이론과 실천의 관계에 대해 이미 그 이전의 고대로부터 유래하는 두 전통을 이어받고 있다. 첫 번째 전통은 중세 시대에 플라톤의 것으로 알려져 있던 학문 분류인데, 이 분류에서는 철학(philosophia)이 세 가지, 즉 도덕적(moralis) 윤리학(ethica), 자연적(naturalis) 자연학(physica), 이성적(rationalis) 논리학(logica)으로 구분된다. 키케로는 이 분류를 '플라톤의 것으로' 소개했지만, 사실 이 분류는 플라톤주의자 크세노크라테스의 것으로, 주로 스토아학파와 신플라톤주의자들이 사용했다. 누구보다도 아우구스티누스(Aurelius Augustinus Hipponensis)가 이 분류를 전수하면서 중세에 널리 퍼졌다. 두 번째 학문분류의 전통은 아리스토텔레스(Aristoteles)에서 유래하는 이론적-사변적 학문과 실천적 학문에 대한 구분을 그 출발점으로 삼는다(박승찬, 2003, pp. 53-59). 아리스토텔레스는 최초로 학문을 두 분야로 분류했다. 첫째는 사변적인(speculativa) 학문으로 자연학, 수학, 형이상학(신학)이 있고, 둘째는 실천적인(practica) 학문으로 윤리학, 경제학, 정치학이 있다. 나아가 그는 『영혼론』과 『형이상학』 제II권에서 사변학과 실천학이 그 목적에 따라 차이가 나며, 전자의 목적은 진리인 반면, 후자의 목적은 행위라고 보았다. 이러한 아리스토텔레스의 학문분류는 이후 토마스 아퀴나스(Thomas Aquinas)에게 수용되어 학문의 목적만이 아니라 학문의 대상을 고려하는 방향으로 더욱 세분화되었다.

고대로부터 내려오는 이러한 학문 분류의 전통을 생각할 때, 아헨바흐의 '실천'이라는 개념은 오늘날 철학이 사변적이고, 이론적인 학문만으로 치우쳐서 삶과의 연관성을 잃어버린 현실을 비판할 뿐 아니라, 이론과 실천이 통합되었던 철학의 근원적 의미를 상기시키려는 의도를 지닌다. 다시 말해서 그의 '철학실천'은 철학이 통합적이고 근본적인 학문이었음을 상기시키는 동시에 철학이 사변적인 학문과 실천적인 학문으로 구분된 이후, 실천적 학문으로서의 철학이 지니던 '실천'의 의미조차 오늘날 사라져 버리고 말았음을 통렬하게 성찰하고자 했던 것이다. 이처럼 아헨바흐는 플라톤적인 전통에서의 '도덕적인 윤리학'이나, 아리스토텔레스 전통에서의 인간의 행위와 연관되는 실천학, '실천적 학문'으로서 윤리학, 경제학, 정치학이 함의하고 있는 '실천'의 폭넓은 의미를 오늘날 철학함 안에서 새롭게 되살려 내고자 했다.

또한 아헨바흐의 철학실천에서 '실천'에 대한 세 번째 강조점은 '실천화된 철학(praktisierte Philosophie)'에 있다. 여기서 '실천화된'이라는 것은 단순히 실천적 문제들'에 대한' 숙고, 즉 실천철학을 말하는 것이 아니라, 실제로 철학자가 실천적으로 행위하는 것을 의미한다. 오토 미셸(Otto Michel)의 경구처럼, "철학실천은 인식을 행위로 옮기는 것"(Achenbach, 2010, p. 189)이며, 특히 철학자의 실천은 철학자가 '실천적으로 되고, 실천적이라고 평가되는 것'이어야 한다. 물론 마르크스(Karl Heinrich Marx)도 이미 철학의 실천을 강력하게 요구한 바 있다. 그는 포이에르바흐에 대한 열한 번째 테제에서 "철학은 세계를 단지 다양하게 해석해 왔다. 그것을 변화시키는 것이 관건일 것이다"(Marx, 1983, p. 7)라고 주장했다. 그는 이 테제를 통해서 철학자들이 지녀온 관념론적 태도를 비판하고 철학의 실천적 쇄신을 꾀했다. 이러한 철학의 새로운 태도에서 여태껏 관념론의 대상이었던 "전체는 단지 개념(Begriff)의 사태이기를 그만 두고, (여하튼 그 의도에 있어서) 움켜쥘 수 있는 것(Zugriff)의 대상이 된다."(Achenbach, 2010, p. 150)

그런데 우리는 여기서 마르크스가 철학자의 새로운 태도로서의 '실천'을 강조한 바 있지만, 이러한 새로운 철학자는 여전히 전체, 즉 '세계'를 구심점으로 삼고 보편적인 것과 거대한 기획을 위한 전문 가로 활동하고 있음을 알 수 있다. 즉, 마르크스와 같은 철학자들은 여전히 '지구적 실천의 전문가이자 세계사의 이론가'였던 것이다. 이에 반해 아헨바흐는 오늘날 이와 같은 근대의 기획으로서 '실천적 의도의 역사철학자', '거대한 스타일을 가진 치료사'의 추락은 불가 피하다고 진단했다. 그런데 근대적 실천의 효용성이 없어졌다고 해 서 철학이 과연 쓸모없어졌다고 할 수 있을까? 아헨바흐에 따르면, 철학은 과거처럼 거대한 규모에 대한 조언자가 될 수는 없지만, 이 제부터 작은 것들에 대한 조언자, 즉 '개인들에게 대화의 파트너'가 될 수 있는 새로운 가능성에 직면해 있다.

아헨바흐는 이러한 개별적인 철학'실천'의 가능성에 주목하면서, 마르크스를 넘어서서 훨씬 더 거슬러 그리스철학에까지 관심을 옮 겨갔다. 그리고 당시 그리스에서 철학적 진리의 근원적인 의미가 단순히 올바른 인식이나 올바른 행위만이 아니라, 현자로서의 철학 자가 추구하는 '지혜'를 지향하고 있었다는 사실을 상기했다. 지혜 에 대한 사랑이야말로 철학함의 본래적 의미이며, 철학자는 다름 아 닌 "침착하면서도 명철하게(gelassen und abgeklärt) 삶의 운명적 시 련들을 견디어 내는 현자(der Weise)"(Achenbach, 1987, p. 13)가 아니었던가?

개인들과 함께 하는 구체적인 철학실천은 '사고가 동반된 경험'을 통해서 지혜에 대해 말하는 것을 꺼리지 않아야 할 것이다. 칸트도 '실천적 철학자'가 다름 아닌 '지혜의 선생'이자 '본래적인 철학자'라고 말했다. "왜냐하면 철학은 우리에게 인간이성의 최종 목적을 보여 주는 완전한 지혜의 이념이기 때문이다."(Kant, 1983, p. 447, A 24) 그렇다고 해서 칸트 자신이나 아헨바흐가 곧바로 자신들이 그런 의미의 본래적 철학자나 실천적 철학자이며, 그러한 철학을 즉각적으로 보여줄 수 있다고 결코 주장한 것은 아니었다. 왜냐하면 인간은 단지 그러한 지혜를 찾아나서는 과정에 있는 존재들에 불과하기 때문이다(Achenbach, 2001, pp. 96-97). 그렇다면 철학이 고유하게 간직해온 철학적 지혜, 즉 아리스토텔레스가 말한 바에 따라 행위와 관련하여 중용을 결정하는 기능을 수행하는 실천적 지혜(phronesis)와 학문적 인식(episteme)을 통합한 철학적 지혜(sophia)를 추구하면서, 상담자로서의 철학자들이 일반인인 내담자들과 어떻게 구체적으로 철학적 대화를 나눌 것인가? 또한 그 대화가 여타의 상담과 어떻게 다르게 전개될 수 있을까?

4. 철학실천으로서의 철학상담

1) 내담자의 문제에 대한 철학상담의 통합적 접근

지금까지 아헨바흐의 '철학실천'이 전제하는 '철학함'의 독특한 의미와 상담자로서 '철학자'의 중요성, 그리고 그가 말하는 '실천'이 강조적 의미를 살펴보았다. 이제 그가 말하는 철학실천으로서의 철학상담이 여타의 상담과 달리 어떻게 전개되는지 좀더 구체적으로 고찰하고자 한다.[4] 그는 철학실천에서 내담자를 '조언을 구하는 자'(Ratsuchende), '방문자'(Besucher), '손님'(Gast)이라고까지 칭했다. 이는 기존의 의료 및 심리치료에서 문제를 가지고 상담을 하러 오는 사람들을 '병자', '환자'로 취급하던 태도를 비판적으로 문제삼은 결과이다. 그런데 앞서 2절에서 살펴본 바와 같이 이미 기존의 정신분석이나 다른 심리학 안에서도 이러한 비판적 접근이 시도된 바 있다. 그렇다면 아헨바흐의 철학실천도 이와 유사한 하나의 시도에 불과할 뿐인가 하는 의문이 생겨난다.

심지어 아헨바흐는 자신에게 상담하기 위해서 오는 사람들을 '의뢰인'(Klient)이라고 부르는 것까지도 꺼렸다. 왜냐하면 이 용어는 오늘날 법률상담이나 심리상담 등에서 널리 사용되고 있는데, 그 자신의 철학상담이 마치 그러한 상담과 마찬가지로 어떤 '특정한' 전문 영역을 담당하고 있지 않았기 때문이다(Achenbach, 2010, p. 77). 그가 들었던 예를 쉽게 이해할 수 있도록 각색해서, 어려운 결혼생활로 인해 우울한 '김민수'라는 한 남성의 예를 들어 보자. 그리고 김민수가 자신이 처한 상황으로부터 해결책을 찾기 위해 여러 노력

---

4) 이영의(2009, pp. 387-408)는 아헨바흐의 철학상담이 심리치료와 차별화하는 과정에서 임상적 측면을 최소화함으로써 한계를 지닌다고 주장했다. 그런데 과연 철학상담의 영역에서 임상적인 적용을 강조하고 방법론을 차별화하는 것이 철학상담의 고유하고도 새로운 가능성인지에 대해서는 앞으로 더욱 비판적인 논의를 필요로 한다. 한편 김석수(2009, pp. 65-96)는 심리치료와 철학상담의 상호협력적 관계를 말했다.

을 기울인다고 가정해보자. 그는 가장 먼저 변호사를 찾아가서 결혼생활의 어려움들과 걱정거리들을 늘어놓으면서 이야기를 시작할 것이다. 그런데 그는 현재 이혼을 염두에 두고는 있지만, 그 이전에 아직 자신에게 무엇이 문제인지 그리고 정말로 이혼을 할 것인지에 대해 확실한 결론을 내리지는 못한 상태에 있다. 이 경우에 유감스럽게도 변호사는 그가 이혼을 결정내리도록 도움을 줄 수는 없다. 단지 그가 이혼을 결정내리고 난 다음에, 구체적으로 법률적인 사항을 진행해야 할 때에야 직접적인 도움을 줄 수 있을 것이다.

이제 김민수는 결혼생활의 문제점들로 인해 무력감과 절망감, 급기야는 불면증에 시달리게 되면서 의사를 만나러 갈 수 있다. 그리고 그 의사는 환자가 겪고 있는 장애, 즉 우울증으로 인한 불면증을 차단, 혹은 약화시킬 수 있는 방도를 찾을 것이다. 그런데 김민수가 의사의 처방에 따른 약으로 신체적인 안정이나 수면을 취할 수 있게 되었다고 하더라도, 그가 애초에 지니고 있었던 걱정거리는 여전히 남아있을 수밖에 없다. 즉, 아내에 대한 실망감을 가지고 있으면서도 동시에 아내를 잃을 것에 대한 불안감에 사로잡힌 채, 그의 신체적인 장애를 감소시키는 것만으로는 그의 진정한 회복을 기대할 수는 없기 때문이다. 의사는 그의 상태에 대한 차도를 지켜보면서 약물치료와 병행하거나 혹은 이제 약물치료를 그만두고, 심리치료를 받을 것을 추천할 수 있다. 그리하여 그는 심리치료사에게 인도되어 친절한 안내를 받으면서, 자신의 어려움들, 즉 어린 시절에 받은 상처와 그 이후 남겨진 심리적 상흔들에 대해서 토로할 수 있게 될 것이다. 그렇다면 이와 같이 그의 심리적, 혹은 정서적 장애가 치료

되고 나면, 그는 과연 결혼생활의 어려움과 그 해결책으로서 떠오른 이혼문제를 해결할 수 있을까?

이러한 가명인 김민수의 사례에서처럼 각 전문가들은 본인들의 담당영역으로부터 자신의 '환자' 혹은 '의뢰인'에게 접근한다. 즉, 법률가는 "당신의 이혼 문제를 담당합니다"라고 말하고, 의사는 "당신이 다시 건강해지기를 바랍니다"라고 하며, 심리치료사는 "당신이 자신의 심리적 장애들을 이해하고 다루고자 한다면, 당신을 치료하도록 하지요"라고 말할 것이다(Achenbach, 2010, p. 80). 여기서의 각 전문가들은 '이혼', '건강의 회복', '심리적 기분의 안정' 등, 소위 사회적으로 인정되는 정상적인 기준에 따라 자신의 '환자' 또는 '의뢰인'이 적응할 수 있도록 각 전문분야별로 노력하는 사람들이다. 그렇다면 이와 같은 전문분야나 학문적 분과의 하나로 '담당영역'을 가지고 있지 않은 철학상담자는 과연 어떤 조언이나 상담을 전개할 수 있을까?

아헨바흐는 철학상담자가 하나의 전문분야나 담당영역을 가지고 있지 않는 것이 당연하며, 그렇기 때문에 오히려 바로 그 지점에서 철학상담을 시작할 수 있다고 주장했다.[5] 왜냐하면 이와 같이 "각각의 개별 학문들은 각각의 특정한 담당영역으로 자신을 전문화하는데, 이를 통해서 우리가 예로 들었던 그 남자의 복합적인 문제를 하나의 관점의 지배 아래에 두도록 강요하고"(Achenbach, 2010, p. 80), 그의 문제를 각각의 전문 담당영역에서 이미 이전에 있었던 경우들 중의 하나로 환원시킴으로써 다루기 때문이다. 앞서 언급했던 김민수의 예에서처럼 각 전문가들은 그들의 전문분야의 한 관점으로, 즉 전문화된 방식으로만 개입하고 있으면서도 그 제한성을 스스로 인식할 필요조차 느끼지 않는다. 이와 달리 철학상담은 철학 고유의 근원적인 탁월함에 토대를 두고 있는데, 이는 각각 분과학문들의 사유가 편협되고 고착화되고 있는 것을 해체하고 통합적으로 다룰 수 있도록 한다.

아헨바흐에 따르면, 철학상담자로서 철학자는 기존의 상담자들이 어떤 특정한 영역, 전문적인 것을 담당한 것과는 달리 "보편적인

---

5) 철학실천은 개별 학문과 달리 '울타리를 넘어선 대화'이며, "정원울타리가 없는 영역"(Gebiet ohne Gartenzaun)에서 움직인다(Zdrenka, 1997, p. 28).

것과 개괄적인 것에 대한 (또한 이미 이성적으로 사고된 것의 풍부한 전통에 대한) 전문가이기도 하고, 모순적인 것과 일탈적인 것 그리고 특히 강조하자면, 개인적이고 일회적인 것에 대한 전문가이다."(Achenbach, 2010, p. 17) 따라서 철학상담자는 김민수가 가지고 있는 문제를 각각 개별적인 전문분야들로 국한해서 하나의 경우로 진단하고 처방하는 것이 아니라, 그의 복합적인 문제 그 자체를 하나의 경우, 그 자신만이 지니고 있는 '개인적이고 일회적인' 독특한 문제의 한 경우로 보고, 새롭게 사유를 시작할 수 있다.[6] 즉, 그의 복합적인 문제는 즉시 하나의 '장애'로 진단되거나 그에 따른 처방적 답변이 주어짐으로써 해결될 수 있는 것이 아니다. 오히려 그는 철학상담을 통해서 자신의 문제가 과연 무엇인지조차 좀 더 근원적인 의미에서 '철학적으로' 성찰하는 지점, 다시 말해 문제의 답을 찾고자 사고의 운동을 이제 막 시작해야 하는 지점에 놓일 수 있다. 따라서 "이와 같이 특수한 인생상담을 '철학적으로' 만드는 것은, 우선적으로 대화로서 고유한 역동성에 따라 무의식적으로 전개되는 과정의 전제조건들에 대한 성찰을 하는 것이다. 철학적인 인생상담은 그것이 ─ 잘 되어가기를 원하는 ─ 조언을 '주는' 한에서 철학적인 것이 아니라, 조언을 찾게 하는 그러한 욕구가 스스로 문제를 만드는 한에서 철학적이다."(Achenbach, 2010, p. 39)

그런데 이와 같은 철학상담의 세팅 안에서 기존의 '병자', '환자' 혹

---

6) 그렇기 때문에 철학함으로부터 얻어지는 것은 "회람되고 복제될 수 없는 답변"이며, "삶의 문제들에 대한 답변들은 오로지 구체적인 경험의 맥락에서만 의미를 지닌다. (……) 통찰들과 지혜의 비극은 기술적 지식의 사례들처럼 그것들을 나중에 적용하기 위해서 수집하는 것이 불가능하다는 사실이다."(Boele, 1995, p. 42)

은 '의뢰인'으로서 자신을 이해해 온 내담자들은 혼란을 경험할 수 있다. 왜냐하면 철학상담자와의 대화가 그들의 기대를 벗어나 있을 수 있기 때문이다. 그렇다면 내담자들의 소망이나 기대가 충족되지 않았으므로 그들은 그저 실망만 할 뿐일까? 아헨바흐는 자신의 경험을 돌이켜 볼 때에 오히려 철학상담자와의 대화를 통해서 내담자 자신의 소망이 전개되고, 구분되고, 확장되면서 새로운 국면을 맞이하게 된다고 말했다. 따라서 철학실천을 다르게 표현하면, "겨냥된 실망, 기대의 혼란이고, 또한 이와 같이 과정의 동인들—그리고 사고의 동인들—의 방식 속에서 이미 관심이 결정되는 일이 아니라, 관심들에 대한 일이고, 동기에 의해 이미 결정된 사유가 아니라 동기들을 숙고하는 것, 즉 문자 그대로의 의미에서의 성찰(Reflexion)이다."(Achenbach, 2010, p. 39) 그렇다면 과연 이러한 철학적 성찰은 구체적으로 어떻게 전개되는가?

2) 내담자의 주체적 자기성찰을 돕는 철학적 이해와 깊은 존중

내담자가 겪고 있는 일상적 고민은 개인적 취향, 인간관계에서의 갈등, 사회적 관습, 도덕적 가치평가 등이 얽혀 있는 혼란스러운 이야기들이다. 철학상담자는 우선 이와 같이 혼란에 빠져 있는 내담자가 건네는 이야기들을 주의 깊게 잘 듣고, 그가 처해 있는 상황에 대해 구체적인 질문들을 던지고, 추체험(追體驗)하면서 철학상담을 시작할 수 있다. 그리하여 내담자로 하여금 때로는 옆으로 제쳐 놓았던 것들을 다시금 진지하게 재고하게 하고, 그가 자명하다고 여겼던 것들이 실제로는 전혀 이해되지 않은 채 방치되어 있었다는 것을 깨닫게 하기도 하고, 그가 정당화했던 의견들을 반추하면서 그 안에 담긴 오류가 없었는지를 비판적으로 재검토하게 한다. 이러한 철학함의 과정에서 물론 개념분석, 개념들의 근본적 연결망에 대한 성찰, 비판적 사고, 전제들의 검토, 대화, 유토피아적 사고 등의 철학적 기술을 사용하는 것도 중요하지만, 그 대화를 더욱 창조적으로 이끌고, 비전을 개발하기 위해서 철학자들만의 훌륭한 도구, 즉 "지적인 민첩함, 유연한 마음, 전제들과 함축들에 대한 경계심"(Hoogendijk, 1995, p. 163)을 적절히 사용할 줄 알아야 한다.

아헨바흐는 이러한 철학실천으로서의 철학상담을 '자유롭고 이성적인 대화'라고 단적으로 말했다. 한편으로 이 대화가 자유로운 이유는, 여타의 상담과 달리 "편협되지 않고, 고착화되지 않은 정신, 깨어있고 열린 문제의식, 모순이나 갈등을 제거하지 않고 오히려 본질적으로 그것들에 의해서 움직이는, 즉 다른 말로 하면, 생기있고, 구체적인 사고"(Achenbach, 2010, p. 156)가 전개되기 때문이다.[7] 또다른 한편에서 철학상담에서의 대화는 '이성적으로' 이야기하는 방식으로 진행되는데, 여기서의 이성은 방법론에 종속되는 기술적, 도구적 이성이 아니라 단순한 감각만으로는 도달될 수 없는 예리함을 갖춘 이성이면서도, 헤겔이 말한 "생각하는 가슴을 가진 이성적임"(die Vernünftigkeit des denkenden Herzens)이다. 따라서 아헨바흐가 말하는 "철학실천의 유토피아는 이성적인 영혼(vernünftige

---

7) 아도르노는 "정신의 자유(Freiheit des Geistes)"야말로 철학의 고유한 개념이며, 그 때문에 철학의 전문화가 어렵다고 주장했다(Adorno, 1977c, p. 460).

Seele) 혹은 민감하게 느끼는 이성(empfindende Vernunft)이다."
(Achenbach, 2010, p. 157)

이와 같이 볼 때, 아헨바흐가 자신의 내담자를 기존의 상담적 세팅에서처럼, '병자', '환자', '의뢰인'이라고 부르지 않은 것은 철학실천으로서의 철학상담이 갖는 독특성을 일깨우려는 의도였음을 알 수 있다. 그렇다고 해서 다른 전문적 치료나 상담들이 필요가 없다거나 그것들이 무용하고 철학상담만이 그 모든 것을 대체할 수 있다고 오해해서는 결코 안될 것이다. 앞서 논의한 김민수의 예로 되돌아가 본다면, 그는 철학상담자와의 철학적 대화에서 진정한 자기성찰을 통해서, 이전에는 고려하지 못했던 것들을 새롭게 검토할 수 있다. 즉, 철학상담에서 그는 각 전문분야들에서 제한적으로만 관찰할 수 있었던 것들을 넘어서서 자신의 문제를 하나의 통합된 형태로 이해하고, 그와 같이 하나의 형태로서 '자신이 주체가 되는' 문제로 접근할 수 있게 된다. 그리고 나서, 그는 의사와 상의해서 불면증을 누그러뜨릴 수 있는 수면제를 당분간만 더 필요로 할 수 있으며, 어린 시절의 가족 안에서의 상처에 대해 심리치료사와의 상담을 더욱 집중적으로 할 수도 있고, 이혼의 절차가 어떻게 되는지에 대해 구체적인 법률상담을 원할 수도 있다.

여기서 가장 중요한 것은 내담자가 자신을 회피한 채 그의 문제를 각각의 분야별 전문가에게 편파적으로 내맡기기만 하는 것이 아니라, 우선 그것을 '자신만의 고유한 문제'로 인식하는 데에 있다. 그 후 철학상담자와 함께 열린 마음을 가지고 새로운 관점에서 자신의 문제를 바라보며 스스로 교정해가는 사유활동을 전개하고, 그럼으

로써 계속해서 새로운 '자기이해'에 도달할 수 있게 된다. 철학은 스스로의 '자유로운 확신'을 통해서만 영향력을 발휘할 수 있으며, 이를 위해 "그것은 각자와 다시 처음부터 시작해야 하며, 각자에게 새롭게 증명되어야 한다. 왜냐하면 어떠한 사람도 다른 이를 대신해서 믿어 줄 수 없으며, 또한 다른 이를 대신해서 확신에 찰 수 없기 때문이다."(Achenbach, 2010, p. 157)

물론 내담자의 문제는 철학상담을 했다고 해서 금방 다 해결될 수도 없고 또 해결되지도 않으며, 여타의 상담이나 치료의 도움을 당분간 좀 더 필요로 할 수도 있다. 그럼에도 철학상담은 내담자 스스로 자신의 문제를 대하는 태도와 확신을 변화시킬 수 있으며, 자신의 고통이나 외로움이 모두 제거되지도 또 제거될 수도 없지만 그것들을 견딜만하게 만들 수는 있다. 이처럼 철학실천에서 관건이 되는 것은 문제를 모면하거나 '구체적인 경우들에 준비완료된 철학을 적용하는 것이 아니라, 그와 반대로 구체적인 문제들을 생산적으로 함께 사고하려 시도하는 것'(Achenbach, 2010, p. 130)이기 때문이다.

그런데 내담자의 진정한 변화는 어디로부터 시작될까? 아헨바흐에 따르면, 내담자의 가장 큰 요구 중에 하나는 '가능한 한 제대로 이해받는 것'이다. "이해받는 것, 그것은 인간들을 움직이는 가장 높고도 가장 광범위한 요구이다. 다른 사람에게서 충분하게—즉, 섬세하고, 강조적으로 그리고 모든 우려들까지를 포함해서—이해된 사람은 외롭지 않다."(Achenbach, 2010, p. 26) 이와 같이 내담자 각자를 개별적 존재로서의 깊은 이해와 존중으로 대하기 위해서, 아헨바흐는 철학실천에 온 내담자를 여타의 상담에서처럼 '병자', '환자', 혹은 '의뢰인'이라고도 부르고 싶어 하지 않았던 것이다. 최근 다른 상담적 접근들에서도 상담자와 내담자의 평등한 관계를 강조할 뿐 아니라 '의뢰인'에 대한 최대한의 예우를 갖추려는 움직임들이 많이 생겨나고 있는 것도 사실이다. 그러나 그 어떤 상담에서도 자신의 내담자를 '손님'이라고 칭하지는 않는다. 따라서 아헨바흐가 '방문자' 혹은 '손님'이라는 칭호를 가장 선호하는 데에는 그의 철학실천이 지닌 상담으로서의 세팅이 여타의 상담과 다르다는 사실, 즉 철학상담자가 내담자를 최대한 존중하고 있음을 드러내기 위한 것임을 알 수 있다.

3) 철학상담자의 자기개방과 상담(相談)으로서의 철학적 대화

한편 아헨바흐가 철학상담을 '철학실천'이라고 주장한 데에는 기존 카운슬링의 틀에서처럼 상담자가 마치 객관적인 위치를 차지하듯 자신을 전혀 관여시키지 않고 권위적 전문가로서의 역할을 담당해온 것과 차이를 두기 위한 것이기도 하다. 상담자로서 철학자는 객관적 위치를 권위적으로 차지한 채 내담자에게 조언하며 인식을 위한 거리를 취하지 않는다. 오히려 '실천하는' 철학자는 내담자의 말을 주의 깊게 경청할 뿐만 아니라 그 청취 안에 자기 자신을 들여다 놓는다. 아헨바흐는 독일어 표현으로 '철학상담'이 하나의 조언을 하는 형태(eine Form von Beratung)라고 묘사할 수 있는데, 이때에 '조언하다(beraten)'라는 독일어 동사의 재귀적 의미가 '철학실천'으로서의 철학상담을 매우 잘 드러낸다고 말했다. "나는 내담자로 오는 누군가에게 조언한다(Ich berate 'mich' mit jemandem)"는 독일어 문장에서처럼, 철학상담자는 조언을 하는 데에 '자기 자신을'(mich) 포함시키고 있다. 아헨바흐는 상담자인 나 스스로가 그 조언에 관여함으로써 자기를 개방하고 함께 성찰하는 과정이 너무도 중요하며, 바로 그 점에서 기존의 카운슬링이 지닌 세팅과 다른 철학상담의 차원이 열린다고 강조했다.[8]

이와 같이 볼 때, 철학상담은 상담자의 '객관적 거리두기'와 더불

---

8) 2009년 1월 12일 아헨바흐와 직접 나눈 개인적인 대화에서 참조.

어서 이론의 보편적 틀이나 객관적 방법론에 근거한 '권위적인 개입'이 아니라, 앞서 살펴본 바와 같이 상담자로서 아주 구체적인 형태인 철학자의 근원적인 자기개방과 그것에 근거한 상호적인 만남, 즉 상호성에 기반한 대화임을 잘 알 수 있다. 무엇보다 여기서 상담 활동을 구체적으로 펼치고 있는, 즉 '살과 뼈를 지닌 존재'인 철학자 없이는 철학실천에 어떠한 생동감도 불어넣을 수 없다. 또한 그 철학자가 단순히 다른 사람과 대체될 수 있는 상담자 중의 한 사람이 아니라 지금 여기서 주의깊은 경청을 통해 철학적 조언을 하고 있는, 즉 자기를 개방하며 관여하고 있는 구체적인 존재자임이 강조된다.[9]

한걸음 더 나아가 아헨바흐는 기존의 카운슬링과는 달리, 철학적 대화를 통해 상담자와 내담자가 동등한 입장에서 함께 문제를 고민하는 '사유의 동반자'의 입장을 취한다고 주장했다. 그에 따르면, "철학실천의 중심은—마치 타원의 중심과 마찬가지로— 이중적인 중심이며, 전체는 말하자면 하나의 형태인데, 그 형태는 두 초점의 균등한 관계로부터 생겨난다."(Achenbach, 2010, p. 92) 이와 같은 '타원'의 비유를 통해서 우리는 철학상담의 중심이 '이중적'이면서도 하나의 형태를 유지하고 있음을 깨닫게 된다. 철학상담은 두 개인이 하나의 형태로서 전체, 곧 하나의 상담활동을 형성하는데, 그 상담의 형태는 이중적 초점으로서의 두 개인들이 균등하게 지속적으로 작용하면서 생겨난다.[10]

---

9) 상담자의 자기개방과 경청의 연관성에 대해서는 노성숙(2009, pp. 26-29) 참조.
10) 상담자와 내담자의 평등한 관계에 대해서는 노성숙(2009, pp. 22-26) 참조.

우리나라에서 통용되는 '철학상담(哲學相談)'이라는 용어는 이와 같이 철학자의 자기개방과 철학적 대화의 상호 평등한 관계를 매우 잘 담고 있다. 변혜정은 여성주의상담의 특성을 기존의 상담과 차별화하면서, 상담의 원래적 의미이자 새로운 의미를 상/담이라는 명칭을 통해서 재발견하고자 했다. 그녀는 상담이 다름아닌 "'서로 말하기(相談)'이며, 서로 잘 말하려면 듣기가 필수적이기 때문에 듣기를 강조"(변혜정, 2006, p. 259)하지 않을 수 없다고 주장했다. 다시 말해서 '상담(相談)'이라는 용어는 '서로 말하고 듣기'이며, 이를 위해서 상담자는 권위를 벗고 상호성을 촉진시키도록 노력해야 하며, 상담자와 내담자는 평등한 관계에서 서로를 존중하면서 상대방의 이야기에 최대한 귀 기울이고 '서로 말하기'를 시도해야 할 것이다. 그렇다면 '서로 말하고 듣기'는 어떤 형식 속에서 가장 잘 전개될 수 있을까?

아헨바흐는 그의 철학실천이 하나의 '초대'라는 형식을 취한다고 말했다. 먼저 '초대자'는 손님을 기쁘게 맞이하고 '환대(Gastfreundschaft)'하며, 특유의 친절함으로 대할 뿐 아니라 되도록 손님이 편안히 머무를 수 있도록 섬세하게 배려한다. 각 개별 손님들의 취향에 따라서 그 친절함과 배려는 각각 다른 양태로 나타날 것이다. 이에 반해 '손님'은 집주인의 초대에 응한 자이며, 멀거나 가까운 길을 통과해서 초대 장소에 이르게 된다. 그는 도착과 함께 친절한 안내를 받고 손님으로서 환대받을 권리를 지니게 되며, 그에 따라 초대한 집주인의 환대를 즐기며 시간을 보낼 수 있을 것이다.

이와 같이 철학상담을 '초대'라는 형식에 비추어 볼 경우, 우리는 단순히 그 안에서 전개되는 철학적 대화 내용의 성공 여부에만 매달 려서는 안 될 것이다. 집주인은 방문한 손님의 특성을 최대한 섬세 하게 이해하려고 애쓰고, 그 손님이 편안하게 느끼도록 존중하며 대 해야 하지 않을까? 또한 손님은 이러한 집주인의 배려와 환대를 기 쁘게 잘 받아들이고, 무례하게 행동하지 않으려고 노력하게 될 것이 다. 그렇게 되면 양자는 '초대'라는 형식을 유지하기 위해서 최대한 서로를 이해하고 존중하려는 태도를 취할 것이고, 이러한 구체적인 만남 속에서 설레임, 반가움, 호기심, 즐거움, 아쉬움 등을 각자 느 끼기도 하고 그 섬세한 감수성을 서로 주고받을 수 있을 것이다. 때 로는 이와 같이 자신이 존중되고 이해받았다는 만남 그 자체가 자신 의 어려움을 견딜 수 있게 만들 뿐 아니라 각자의 삶을 다시금 활기 차게 살아가도록 기운을 북돋아 줄 수 있다. 그러면서도 아헨바흐는 자신의 철학실천에서 손님들을 "철학적으로 이미 정해진, 하나의 궤 도로 데려오는 것이 아니라, 그로 하여금 그 자신의 길을 계속 가도 록 하는 것"(Achenbach, 2010, p. 16)이 관건이라고 힘주어 말했다.

5. 철학상담의 새로운 시작

지금까지 철학상담이 시작된 철학안팎의 배경을 폭넓게 알아보는 데에서 시작하여, 아헨바흐의 '철학실천'에 대한 구상이 어떤 문제 의식과 내용을 담고 있는지를 고찰한 뒤, 그의 철학실천으로서의 철 학상담이 여타의 상담과 달리 어떻게 구체적으로 전개되는지를 살 펴보았다.

끝으로 '철학상담'이라는 용어가 앞으로 정착될 경우, 생겨날 수 있는 우려와 새로운 과제에 대해서 잠시 숙고해 보고자 한다. 첫째로 '철학상담'이라는 용어는 한국 사회의 문화적 맥락에서 사주, 역학 등에 의한 인생상담과 쉽게 혼동될 수 있다. 물론 이러한 혼동이 철학상담의 본뜻을 제대로 알리고 계몽시키는 것을 통해서 자연스럽게 없어질 수 있다고 쉽게 생각할 수도 있다. 그럼에도 그에 앞서서 이러한 인생상담과의 근원적인 차이점을 짚어 볼 필요가 있다. 무엇보다 먼저 자신의 삶으로부터 나온 어려움이나 자신의 문제들을 자기 스스로 짊어지거나 해결하려는 노력을 기울이지 않고 이미 정해진 결정론적 운명에 내맡길 뿐 아니라 때로는 미래의 행동까지도 그 원리에 따라 결정짓고 그대로 따르려는 삶에 대한 근본 태도에 대해, 철학상담은 매우 비판적인 태도를 취한다. 물론 살다보면, 개인의 힘으로 도달할 수 없는 한계도 많이 느끼고, 설명이 불가한 일들도 많이 겪게 된다. 그리하여 때로 '운명'이라는 이름으로 받아들일 수밖에 없는 일들도 경험하곤 한다. 그러나 철학상담에서 가장 중요한 것은 내 삶의 운명조차도 남이 규정해 주는 매뉴얼대로가 아니라 내 스스로 짊어지려는 태도, 삶의 불확실성조차 스스로 견디어 내는 태도를 취하는 데에 있다.

두 번째로 아헨바흐의 '철학실천'이라는 의미에서 살펴본 바와 같이, 구체적인 철학함과 실천의 중요성, 지혜에 대한 사랑과 윤리적인 덕을 중시하는 현자로서의 철학자, 사유의 동반자와 나누는 철학적 대화 등은 비단 서양철학에서만이 아니라 동양철학에서도 많은 사상가들과 사례들 속에서 발견할 수 있다. 따라서 철학상담을 어떻게 하면 한국 사회의 지나온 역사와 독특한 문화적 맥락에 맞게 소화하고 새롭게 전개해 갈 것인지 더욱 다양하게 고민해야 할 것이다.

이제 상담자로서의 철학자들은 그동안 쌓아온 학계의 높다란 벽을 허물고 세상과 소통하고자 하는 변곡점에 서 있다. 더 이상 철학자들끼리만 알아듣고 이해할 수 있는 전문용어로 이루어진 폐쇄적인 사변을 제시하는 것이 아니라, 일상적인 삶의 고민과 갈등, 위기 등에 처한 내 이웃들과의 새로운 철학적 만남과 대화를 시작하려 한다. 칸트가 "나는 무엇을 해야 하는가?(Was soll ich tun?)"라고 물었다면, 오늘날 철학상담자로서 우리 각자는 지금 여기서 "나는 도대체 무엇을 하는가?(Was tue ich eingentlich?)"라는 질문을 던져 보자.

비록 내담자의 삶이 더 이상 앞으로 나아가지 못해 정체되어 있다고 하더라도 그만의 독특한 내면세계를 함께 들여다보고 사유하는 여행을 떠나기 위해서 철학상담자로서 나는 얼마만큼 활짝 열린 태도를 지녀야 할 것인가? 철학상담자로서 나는 과연 손님으로 방문한 내담자의 이야기를 그의 입장에서 깊이 존중하고 한껏 수용하면서도 철학사상에서 건져 올린 지혜와 통찰력을 바탕으로 새롭게 이해할 준비가 되어 있는가? 내담자의 주체적인 자기성찰을 독려하기 위해 전개되는 철학적 대화가 철학사의 오랜 역사 속에서 '지혜에 대한 사랑'을 품고 있었다는 것을 잊지 않는다면, 때로 길을 잃고 난관에 부딪히더라도 함께 사유하며 대화 나누는 것만으로도 서로의 삶을 풍요롭게 할 수 있다는 희망을 지닐 수 있을 것이다. 인간다운 삶을 살기 위한 철학상담의 길은 이미 오래전에 마련되었고 나는 이제 막 그 길을 이어 걸으며 새로운 골짜기로 접어들고 있다.

제2장 '세계관해석'의 심화와 확장으로서의 철학상담
– '소크라테스 대화'를 중심으로 –[1]

1. 세계관해석으로서의 철학상담

우리가 경험하는 생애의 주요사건들, 예를 들어 대학입학, 결혼, 출산, 취업, 퇴직 등은 우리 각자로 하여금 새로운 사회적 역할을 감당하도록 한다. 특히 한국 사회에서는 나이 혹은 사회적인 역할에 따라서 주어진 삶의 목표들이 마치 매뉴얼로 정해져 있기나 한 것처럼 누구나의 일상적 지침으로 작동한다. 물론 십대 청소년에게 대학입시는 모든 삶의 최종 목표이지만, 대학에 진학하고 나면 그 목표는 이내 다른 목표로 바뀐다. 우리 모두는 각 연령대별로 계속되는 삶의 숙제를 안고 살아가는데, 예를 들어 이십대에는 구직을 통한 일자리 잡기와 구애를 통한 결혼하기, 삼십대와 사십대는 성별 역할에 따라서 자녀 교육과 부모봉양에 전념하기, 오십대는 퇴직을 앞두

---

1) 노성숙(2016). '세계관해석'의 심화와 확장으로서의 철학상담: '소크라테스 대화'를 중심으로. 한국하이데거학회/한국해석학회: 현대유럽철학연구 제40집, 1-36.

진학 취업 결혼 양육 퇴직 ?

고 노후설계와 자녀의 혼인 준비 등의 역할에 따른 숙제가 주어진다.

그런데 우리는 과연 이러한 사회적 역할을 단지 성실히 수행하는 데에서 자신의 정체성을 찾고 삶의 의미를 발견할 수 있을까? 이러한 삶의 여정을 두고, 흔히 심리치료와 심리상담에서는 인간이라면 이루어야 할 발달과업의 목표를 '일과 사랑'[2]이라고 믿고, 그 발달과업의 도달정도만이 중요한 삶의 지표라고 여기곤 한다. 그런데 과연 '일과 사랑'이 삶의 목표인지조차 확실하지 않을 경우, 혹은 '일과 사랑'이 도대체 왜 삶의 목표가 되어야 하는지 스스로 납득할 수 없을 경우, 우리는 과연 어떻게 해야 하며, 이러한 고민에 대해 누구와

---

2) 프로이트가 말했다고 전해지는 '심리적으로 건강한 사람'에 대한 정의는 '사랑할 수 있고, 일할 수 있는 자'이다. 그런데 많은 사람이 알고 있는 '일과 사랑'에 대한 프로이트의 말은 실제로 정확한 전거를 찾을 수가 없다고 한다. ("Zitate", 2015년 12월 10일 인출).

얘기 나눌 수 있을까? 이러한 고민은 목표를 향해 나아가고 있을 때도 제기될 수 있지만, 더욱 심각한 문제는 아무리 '일과 사랑'에서 성공했다고 하더라도 인간은 단지 그것에 만족하지 않을 수 있으며, 오히려 더욱 심각하게 삶의 총체적 위기에 빠질 수 있다는 사실에 있다. 그렇다면 삶의 발달과업의 최종 목표를 이루었는데도 왜 사람들은 그러한 발달과업의 성취에 만족하지 못하고 삶의 총체적 위기에 빠지는 것일까? 예를 들어, 톨스토이(Lev Nikolayevich Tolstoy)는 50세를 전후로 작가로서의 '일'에서 전 세계적인 명성을 얻었을 뿐 아니라, '사랑'에서도 가정을 꾸리고 부인과 아이들을 남부럽지 않게 키우면서도 삶의 아주 깊은, 총체적인 위기에 빠지고 말았다.[3]

이러한 삶의 전면적인 위기, 즉 나이와 역할에서 사회적으로 주어지는 목표 그 자체와 자신의 삶이 송두리째 뒤흔들릴 때, 혹은 각 연령대별로 주어진 목표를 이루었지만, 오히려 더 깊은 삶의 위기에 빠졌을 때, 우리는 누구와 얘기할 수 있을까? 물론 심리치료와 심리상담에서 각각의 치료기법이나 전문 영역에 따라서 도움을 받을 수 있지만, 각 개인이 처한 삶의 총제적인 난국은 이러한 심리치료 및 심리상담과는 사뭇 다른 차원의 형태의 '철학적' 대화를 필요로 한다.

1981년 독일에서 시작된 아헨바흐(Achenbach)의 '철학실천(Philosophische Praxis)'[4]은 개인들에게 기존의 심리치료 및 상담

---

3) 톨스토이는 자신의 삶의 위기에 대해 『참회록』을 통해 다음과 같이 기술하고 있다. "5년 전부터 매우 괴이한 상태가 내부에 일어나고 있었다. 어떻게 살아야 하는가, 무엇을 해야 하는가 하는 도무지 짐작이 가지 않는 회의의 순간이, 생활의 운행이 정지해 버리는 것 같은 순간이 나를 찾아오게 된 것이다. 그러면 나는 근심 속에 깊숙이 가라앉는 것이었다." (Tolstoy, 2007, p. 32).
4) 1981년부터 2009년까지 독일에서 전개된 '철학실천'의 역사와 경험에 대해서는

과는 또 다른 차원에서, 즉 대안적 상담의 형태로 철학적 대화의 기회를 제공해 왔다. 그런데 그는 자신이 철학상담을 만들어 낸 것이 아니라, 이미 철학상담이 태어나 있었다고 고백한 바 있다 (Achenbach, 2010, p. 233). 이는 학계에 있는 학자나 교수들이 철학 이론을 제시하려고 이러한 기회를 기획한 것이 아니라 오히려 삶의 전면적인 위기에 봉착한 사람들이 철학자들을 대화 상대자로 찾고 있었다는 것을 말해 준다. 즉, 기존의 상담이나 심리치료를 받았던 사람들 중에서 자신의 문제를 '진단과 처방'이 아닌 또 다른 대안적 틀로 해결하고 싶어 하는 사람들이 생겨났으며, 딱히 심리상담이나 심리치료를 받을 필요는 없지만 삶의 전면적인 위기나 삶의 전환기 에 중요한 결정을 앞두고 자신의 생각을 정리하고 싶은 실존적 위기 에 처했을 때, 일반인이 철학적 대화를 원했다는 사실이다. 이와 같 이 오늘날 서구나 북미에서 철학상담은 기존의 심리상담이나 심리 치료의 '대안'으로 받아들여지고 있다. [5]

그런데 삶의 위기를 '철학적'으로 다룬다는 것은 과연 어떤 의미 를 지니며, 왜 '철학적 대화'가 기존의 심리치료나 상담에 대한 대안 일 수 있을까? 이 장은 삶의 위기를 다루는 철학상담의 한 갈래로 서 '세계관해석'에 주목하고자 한다. 먼저 2절에서는 세계관에 대한 철학적 접근과 기존의 치료적 접근에 대해 각각 알아볼 것이다. 오 늘날 영어권에서 철학상담을 전개하고 있는 라하브의 '세계관해석'

Achenbach(2010) 참조.
5) 오늘날 철학상담이 새롭게 대두하게 된 철학자체의 위기와 더불어 철학 외부의 치료 적 접근에서 철학이 새로운 쓰임으로 등장하게 된 배경에 대해서는 본고 제1장 참조.

에 대해 살펴본 뒤, 상담의 인지적 모델, 즉 인지치료와 합리정서행동치료에서 세계관이 어떻게 다루어지고 있는지를 고찰할 것이다. 3절에서는 철학상담과 심리치료 및 상담의 인지적 접근에서 다루어지고 있는 '세계관검토'의 공통적인 토대를 이루고 있는 '소크라테스 대화'에 주목하고자 한다. 한편으로 '소크라테스 대화'에 근거하여 상담의 인지적 모델과 철학적 대화의 차이점을 밝혀내고, 다른 한편으로 '소크라테스 대화'의 한 형태로서 '세계관해석'이 철학적 차원에서 인간관, 사회관, 가치관 등으로 심화되고 확장될 필요가 있음을 논의하고자 한다. 4절에서는 심화되고 확장된 '세계관해석'의 해석학적 토대를 밝히고, 해석학에 기반하여 철학상담을 실천하기 위해 필요한 기예에 대해 알아볼 것이다. 이와 같이 하여 이 장은 '소크라테스 대화'를 통해서 새롭게 확장되고 심화된 의미의 '세계관해석'이 삶의 총체적 위기에 빠진 현대인에게 다가가기 위해서 어떤 해석학적 전제와 방향성이 필요한지를 밝히고, 해석학에 기반한 실천적 제안을 하고자 한다.

2. 세계관해석과 상담의 인지적 접근에서 세계관 검토

1) 라하브의 '세계관해석'으로서의 철학상담

미국에서 철학상담자로 활발하게 활동하고 있는 라하브는 '세계관해석(worldview interpretation)'이 오늘날 새롭게 전개되고 있는 철학상담의 핵심이라고 말했다. 그는 '세계관해석'이 한편으로 전

세계에서 다양하게 시도되고 있는 철학상담을 묶어서 설명할 수 있는 공통적인 원리이며, 다른 한편으로 이를 통해 기존의 심리상담 및 심리치료와 구분될 수 있다고 주장했다. 그렇다면 그가 말하는 '세계관해석'이 의미하는 바를 명확히 하기 위하여 우리는 먼저 그가 전제하고 있는 '세계관'이 무엇을 의미하는지를 알아보아야 한다.

라하브에 따르면, '세계관'은 개인들이 일상적 삶의 다양한 측면을 접하는 데 가장 전제가 되는 철학적 견해이다. 즉, 세계관은 "인과적으로 구체적인 사건에 의해 영향을 받는 어떤 유형도 아니며, 내담자의 마음에 거주하는 그 어떤 것도 아니다. 그것은 오히려 내담자 자신과 실재에 관한 그의 개념 구조와 철학적 함축성을 해석하는 추상적인 구조틀이다. 말하자면 조직하고, 구별하고, 관계를 이끌어 내고, 비교하고, 의미를 부여하여 내담자 자신과 자신의 세계에 대한 다양한 태도를 형성하는 것과 동등한 체계이다."(Lahav & Tillmanns, 2013, pp. 8-9) 여기서 라하브가 주목하고 있는 세계관은 우리 각자가 일상에서 다양한 삶의 현상을 경험할 때에 일어나는 단순한 정서나 심리적 상태를 말하는 것이 아니라, 개인들이 다양한 삶의 경험을 인식하고 분류하며 판단하는 '철학적' 틀이라고 할 수 있다.

물론 우리가 일상에서 자신의 세계관을 항상 의식하며 살고 있지는 않지만, 특히 삶의 총체적인 위기에 처했을 경우에는 우리 자신의 세계관을 성찰하는 작업이 자신의 정체성과 삶의 의미를 재정립할 수 있는 중요한 단서가 될 수 있다. 그런데 개인의 세계관이 인과적인 연관성으로 쉽게 밝혀지거나 물리적 실재처럼 관찰될 수 없다면, 이러한 세계관에 대한 검토는 과연 누구와 어떻게 실행에 옮길 수 있을까? 라하브는 이러한 세계관을 검토하는 작업이야말로 철학상담의 핵심 활동이며, 기존의 심리상담이나 심리치료와 달리 '철학적 대화'만의 특색을 드러내는 철학상담의 고유 영역이 될 수 있다고 주장했다. 오늘날 시도되고 있는 철학상담은 세계관해석이라는 공통점을 지니지만, 다음의 다섯 가지 논쟁점으로 구분된다(Lahav & Tillmanns, 2013, pp. 27-33).

우선 첫째로 라하브가 가장 먼저 주목하는 철학상담 안에서의 차이점은 세계관해석의 적용 영역과 관련된다. 한편으로 감정과 감정적 행동이 심리적으로 다루어지는 반면, 개인들의 사고, 신념과 같은 인지적(cognitive) 측면에 철학상담이 적용된다고 주장하는 자들도 있으며, 다른 한편으로 감정(emotions)도 철학상담의 정당한 문제라고 간주하는 자들도 있다.

두 번째로 철학상담에서 세계관해석의 구심점이 어디에 놓여 있는지에 따른 구분이다. 즉, 세계관해석이 내담자의 특수한 문제-지향적(problem-oriented) 해석에 초점이 있는지 혹은 전체로서 한 사람(a person as a whole)의 총체적 삶을 해석하는 데 있는지의 구분이다. 전자는 주로 네덜란드 철학상담자들로 내담자의 당면문제에 초점을 맞추는 반면, 후자는 독일의 철학상담자들이 주를 이루며, 전체로서의 한 인간인 내담자를 중심에 두고, 그가 세계와 맺고 있는 전반적인 태도를 검토하고 대안적 관점을 개발하는 데 주력한다.

세 번째로 철학상담은 세계관해석의 안정성 여부를 통해서 구분될 수 있다. 즉, 철학상담이 문제를 해결하고 확정된 종결점에 도달하기(end-point-oriented)를 목표로 하는지, 아니면 자기 자신과 세계에 대한 지속적인 재해석으로서 결론-열어두기(open-ended)에 머무는지에 따른 구분이다. 특히 아헨바흐는 개인의 삶이 끊임없는 재해석을 필요로 하기 때문에 결코 안정적인 목표에 도달한 세계관 해석만이 진정한 이해라고 볼 수 없다고 주장했다. 이와 같이 세계관에 대한 부단한 재해석을 목표로 할 경우, 상담에서 가장 중요한 목적은 문제 해결이 아니라 '질문하기의 연속적인 과정'에 놓여 있다.

네 번째로 '세계관해석의 권한이 누구에게 있는가'에 따라 철학상담의 접근은 구분된다. 한편으로 내담자의 곤경을 해석하는 데에 상담자의 특정한 개입과 전문적인 권고가 중시되는 접근이 있는 반면에, 내담자의 세계를 해석하는 데에 내담자의 고유한 가치와 자율성을 최대한 보장하려는 접근도 있다. 후자에서 상담자는 내담자의 세계관해석에 필요한 심도 있는 질문들을 제기하고 다양한 대안을 함께 사유해 나가는 데 주력한다.

다섯 번째로 세계관해석이 이루어지는 구체적인 방식에 따라 철학상담을 구분할 수 있다. 한편으로 철학상담은 내담자의 세계관에 전제된 가정들의 내적 구조와 상호연관성을 기술하고 명료화하는 데에 주력하는 반면, 다른 한편으로 내담자가 지니고 있는 세계관의 전제들에 대해 질문을 제기하도록 할 뿐 아니라 이를 비판적으로 검토함으로써 새로운 요구를 개발시키고 배양할 수 있다. 이러한 방식의 차이는 전자에서의 세계관해석이 주어진 삶에 적응하도록 돕는 반면, 후자에서의 시도는 비판적 검토를 통해 세계관을 해체하고 재구성하기까지 이르게 한다는 점에서 분명하게 드러난다.

이와 같이 라하브는 '세계관해석'이라는 일반원리를 중심으로 유럽에서 행해진 철학상담의 활동을 종합하면서 각 철학상담 간의 차이에도 주목한 바 있다. 그러나 과연 이러한 강조점의 차이를 중심으로 현재까지 시도된 철학상담이 배타적으로 양분되어 있다고 볼 수 있을까? 더욱이 철학상담에서는 이론적 작업이 주안점이 아니라 상담자와 내담자 사이에서 일어나는 '상호적인 활동이자 실천'이 강조된다는 점을 감안할 때, 라하브가 지적하고 있는 철학상담의 각 차이점들이 실제 상담의 과정에서 과연 끝까지 배타적으로 유지될 수 있을지에 대한 강한 의문이 든다. 또한 철학상담은 내담자의 요구로부터 시작되고 전개되기 때문에, 철학상담자는 내담자의 개별적인 차이에 유연하게 대처해야 한다. 따라서 라하브의 구분에 따라서는 배타적으로 보이는 철학상담이 실제 상담의 상황에서는 시간적인 차이를 두고 순차적으로 둘 다 모두 진행될 수도 있다. 예를 들어, 앞에서 언급된 다섯 번째 차이인 세계관해석의 방식을 재고하자면, 내담자의 세계관을 해석하는 방식에 있어서 상담의 초기에는 아무래도 내담자가 지니고 있는 세계관의 내적 구조와 상호연관성을 총체적으로 '기술'하고 '명료화'하는 데에 치중할 수밖에 없다. 그러나 그와 같이 내담자의 세계관을 기술하고 명료화하여 그 의미연관성을 드러낸 후, 상담이 종료될 수도 있겠지만, 오히려 이러한 기술적 명료화를 계기로 내담자가 지녔던 기존의 세계관에 대해 내담자와 상담자가 서로 함께 좀 더 철저하게 비판적으로 검토해 나가는 사유의 기회를 새롭게 마련할 수도 있다.[6]

---

6) 이와 연관하여 루쉬만이 철학상담의 해석학적 측면을 슐라이어마허의 "해석학과 비

세계관해석으로서의 철학상담에서 더욱 중요한 점은 라하브가 주장한 바처럼 세계관해석의 활동을 양분하여 그중 하나를 철학상담자가 자기 상담활동의 보편적 원칙으로 고정시키기보다 상담자 자신의 상담활동에서 내담자의 세계관을 구체적으로 어떻게 접근하여 이해하고 상호 협력적으로 해석할 것인지에 주목하고, 이에 대해 좀 더 개별적으로 유연하게 대처할 수 있는 실질적인 기예가 필요하다는 것이다. 그렇다면 여기서 우리는 현대의 상담 및 심리치료에서는 '세계관'을 구체적으로 어떤 방식으로 다루었는지를 알아보고 철학상담에서의 '세계관해석'과의 차이에 천착해 보아야 한다.

2) 심리치료 및 상담의 인지적 접근에서 세계관의 검토

심리치료 및 상담의 인지적 접근에서 대표적인 것으로 벡의 인지치료(Cognitiv Therapy: CT)나 엘리스의 합리정서행동치료(Rational Emotive Behavior Therapy: REBT)를 들 수 있다. 이들은 인지와 정서의 긴밀한 연관성에 초점을 두고, 특히 내담자의 행동을 유발하는 정서적 어려움의 뿌리가 왜곡된 인지도식이나 비합리적 신념에 있다고 주장했다. 심리치료적 국면에서 다루어지고 있는 '인지도식'과 '신념'은 라하브가 철학상담에서 접근하고 있는 '세계관'과 유사한

판"의 두 단계로 간주하는 것은 매우 설득력 있어 보인다. "철학상담자는 '해석학적 실천가'로서 '텍스트'의 '저자'와 마주하는 것이므로, 개인의 '인생철학'을 비판적으로 검토해야 하는 바, 이것은 당연히 특정한 형태를 갖추게 된다. 즉, 내담자와 함께 그의 '텍스트'를 개선하기 위해 비판적으로 재구성하는 (좀 더 적합한 개념이나 이론을 사용한다는 의미에서) 작업을 수행하게 된다. 그러므로 여기서 이해와 상담은 '해석학과 비판'으로서 필수적인 하나의 단위를 이룬다." (Raabe, 2010, p. 47)

내용에 해당된다. 따라서 벡의 인지치료와 엘리스의 합리정서행동치료가 '인지도식' 및 '신념'을 어떻게 치료적으로 다루는지 살펴봄으로써 이러한 세계관에 대한 검토가 철학상담에서의 접근과 어떤 차이를 보이는지를 알아볼 필요가 있다.

(1) 벡의 인지치료: 신념의 실증적 검증과 인지구조의 변화

벡의 인지치료에 따르면 "행동과 감정은 기저의 인지도식에 영향을 받으며, 어떤 외현적 행동이든 여러 인지도식에 기인한 것"(Weishaar, 2007, p. 172)이다. 예를 들어서 한 입시생 A가 위경련을 앓게 될 경우, 이것이 얼마 전 치른 모의고사에서 부모의 기대에 못 미쳤기 때문에 A 스스로 처벌받아 마땅한 것이라고 생각할 수 있다. 그렇다면 여기서 우리는 A가 자신의 질병을 이해하고 해석하는 방식을 분석해 볼 수 있는데, A는 자신의 위경련이 부모의 기대에 부응하지 못한 처벌이라고 '믿고' 있기 때문이다. 인지치료에 따르면 상담자는 이러한 사태에서 이 학생이 지니고 있는 독특한 '인지적 믿음', 즉 '신념'을 이해해야 한다.

벡은 인간의 인지적 구조를 여러 단계로 나눴다. 가장 자각하기 쉬운 인지는 "의도적 사고(voluntary thoughts)"이며, 이는 의식의 흐름에 잘 드러난다. 그런데 문제는 자각하기 어려운 "자동적 사고(automatic thoughts)"에 있다. 왜냐하면 자동적 사고는 개인의 의식적인 자각없이 발생하면서도 쉽게 억제되지 않아서 정서적으로 심한 고통을 유발할 때가 많기 때문이다. 물론 이보다 더 깊은 수준에 개인의 "가정과 가치관(assumptions and values)"이 놓여 있고, 자각이 가장 어려운 깊은 수준에는 "인지도식(schema)"이 자리 잡고 있다. 바로 이 인지도식이 개인들의 세계관, 자기에 대한 신념, 타인과의 관계 등이 근거를 두고 있는 "구조화 원리(organizing principles)"인 것이다(Weishaar, 2007, p. 119). 인지도식은 일상에서 잠복된 형태로 있다가 특정한 사건에 의해 촉발될 경우, 매우 강력한 정서를 동반하며 활성화된다. 벡의 인지치료는 이러한 "인지도식의 활성화에 의해서 정보처리 과정이 어떻게 왜곡되는지에 초점을 맞추고"(Weishaar, 2007, p. 127) 개인으로 하여금 어린 시절부터 학습된 편파성을 벗어나도록 돕는다.

　벡의 인지치료가 근거하고 있는 철학적 토대는 그 자신도 여러 번 언급한 바 있듯이 소크라테스의 사상이다.[7] 따라서 벡은 이미 자신의 치료적 작업에서 인지적 변화를 촉진하기 위해 치료자가 질문을 하는 방식을 "소크라테스 대화(socratic dialogue)"라고 지칭했다. 이는 상담자의 진정한 호기심에 의해 촉발되며, 내담자의 생각과 관점을 충분히 이해하려는 가운데 전개된다. 벡에 따르면 '소크라테스 대화'는 의사 및 상담자의 질문을 통해서 내담자 스스로가 자기 생각을 성찰하고 평가하며 해결책까지도 스스로 얻어 내도록 한다. 이러한 '소크라테스 대화'를 임상에 활용함으로써 벡은 그 당시 정신치료환경과는 달리 '치료자와 환자의 협동적 관계'를 구축하는 데 많은 기여를 한 바 있다.[8]

---

7) 벡의 인지치료와 소크라테스 사상의 연관성에 대해서는 노성숙(2012, pp. 218-226) 참조.
8) 벡이 실제로 '소크라테스 대화'를 치료에 적용한 예로서 온종일 침대에 누워 있기만 하는 우울증 환자와 나눈 대화에 대해서는 Weishaar(2007, pp. 185-187) 참조.

그런데 벡의 인지치료에 전제되어 있는 '인지도식'에 대해 비판적인 질문을 제기해 볼 수 있다. 왜냐하면 벡의 인지도식은 한편으로 "역기능적 태도척도(DAS)"(Weissman, 1979)와 같은 지필검사에 의해 측정되는 '역기능적 신념'으로 정의되는데, 환자의 인지도식이 과연 이러한 척도에 한정되어 입증되고 측정될 수 있는지 매우 근본적인 의문이 들기 때문이다. 나아가 인지도식은 "많은 요소로 구성된 인지구조"(Weishaar, 2007, p. 285)라고도 규정되는데, 여기서 단순히 인지적 '구조'보다는 이러한 인지구조의 '내용'이 상담에서 중요하게 다루어져야 한다는 점도 눈여겨보아야 한다. 이러한 비판적 문제점을 자각한 시걸(Zindel Segal)은 인지치료에서 '자기-인지도식(self-schema)'을 평가할 수 있는 '의미론적 연결망(semantic network)'에 관심을 기울이고 '의미론적 점화과제(semantic priming)', 제시되지 않는 단어의 침투를 평가하는 자유회상과제, 억제노력의 실패를 평가하는 과제 등을 통해서 측정도구를 보완하고자 시도한 바 있다(Segal, 1988, p. 151).

(2) 엘리스의 합리정서치료: 비합리적 신념 논박하기

심리치료 및 상담의 또 다른 인지적 접근인 엘리스의 '합리정서행동치료'도 각 개인이 자신의 삶과 세계를 이해하는 토대로서의 '신념'을 다룬다. 엘리스에 따르면, 각 개인은 "주변 세계에 대한 이해를 증진시키고 이를 통해 되도록 행복하고 편안한 삶을 영위하기 위해서 우리 자신, 타인 그리고 주변 환경에 대한 가설"(Yankura & Dryden, 2011, p. 69)을 발전시키는데, 이 가설이 곧 '신념'이자 '삶의 철학'이라고 할 수 있다. 나아가 엘리스는 합리적인 신념과 비합리적인 신념을 구분하는데, "합리적인(혹은 기능적인) 신념은 인간의 복지와 만족, 행복에 기여하는 것으로 여긴 반면, 비합리적(혹은 역기능적인) 신념은 상당한 정서적 혼란 및 역기능적인 행동의 일화를 유발하는 것으로 본다."(Yankura & Dryden, 2011, p. 70) 여기서 그가 주목하는 바는 '비합리적 신념'인데, 이는 당위적 표현, 즉 '반드시 ~해야 한다', '~하는 것은 당연하다'는 형태로 표현된다. 그런데 이러한 신념이 실제 경험과 일치되지 않을 경우, 심한 정서적 반응을 불러일으키게 된다. 즉, 비합리적 신념은 우울, 죄책감, 수치심, 화 등과 같은 부정적 정서를 유발하는 감정과 긴밀하게 연관되며, 내담자는 이러한 정서가 행동으로 드러날 때 많은 어려움을 경험하게 된다. 따라서 엘리스는 내담자가 이러한 비합리적 신념이 무엇인지를 감지하고 스스로 포기하도록 도우면서, 이를 통해 심리적 건강을 증진시키고자 노력했다.

특히 엘리스에게서 치료적 변화에 영향을 미치는 주요 기법으로서 "비합리적 신념을 논박하기(disputing)"(Yankura & Dryden, 2011, p. 111)를 들 수 있는데, 이 기법을 통해서 소크라테스 대화는 현대 심리치료 및 상담에 매우 실질적으로 커다란 영향을 끼치게 되었다. 더욱이 엘리스의 합리정서행동치료에서 '비합리적 신념을 논박하기'는 '소크라테스 대화'에서와 마찬가지로 매우 철학적인 논박활동으로 전개되었다. 엘리스는 내담자로 하여금 '심도 있는', 즉 "지속적이고 근본적인 철학적 변화를 성취"(Yankura & Dryden, 2011, p. 118)하도록 독려하고, "가장 도움이 되며 영구적인 치료적 변화는 철학적인 수준에서 일어난다"(Yankura & Dryden, 2011, p. 273)고 까지 말하면서 치료적 변화의 철학적 차원을 강조한 바 있다. 그렇다면 엘리스의 합리정서행동치료는 오늘날 시도되고 있는 철학상담에서의 '세계관해석'과 같거나 유사한 치료라고 할 수 있을까?

엘리스는 자신이 치료적으로 주목하고 있는 비합리적 신념이 "생물학적 기초"(Yankura & Dryden, 2011, p. 78; Ellis, 1977, pp. 14-15)를 지니고 있다고 보았으며, 그에 따라 인간은 생물학적으로 혹은 유전적으로 자신에게 패배적인 정서와 행동적 결과를 유발하는 비합리적인 신념을 구성하는 경향을 기본적으로 지니고 있고, 이를 벗어나기가 매우 어렵다고 주장한 바 있다. 물론 그가 에픽테토스 (Epictetus)의 견해에 힘입어 좌절이나 고통에 대한 인내력을 갖도록 하고, 특히 '비합리적 신념이 근거하고 있는 절대요구(must, should, ought to, have to)'의 특성을 밝혀냈다는 점은 그 당시 심리치료에 획기적인 전환을 가져온 것도 사실이다. 그러나 비합리적 신념의 '감지'-'논박'-'구별'의 과정에서 그가 비합리적 신념들을 논박하기 위해 제기할 질문들을 구조화하여 제공하고 있는 DIBs(for Disputing Irrational Beliefs)는 실용적 지침이 되는 장점을 지니기도 하지만 (Yankura & Dryden, 2011, p. 116), 매우 단순하고 제한적인 형식에 그칠 수밖에 없으며 그에 따라 '치료에 환자를 끼워 맞춘다'는 비판을 벗어나기 힘들다.[9] 이를 보완하기 위해서 엘리스는 '합리적 자기

---

9) 예를 들어, 마이헨바움(Meichenbaum)에 따르면, "엘리스와 REBT에 대해 내담자에게 ABC 틀 안에서 자신들의 부적응적인 감정과 행동을 보라고 부추기고 회유하고 가르치는 것"이라고 비판한다(Yankura & Dryden, 2011, p. 214). 이외에도 많은 이들은 "REBT의 ABC모델이 사고, 감정, 행동 간의 관계의 표상을 너무 단순화시켰다고 비판

진술'을 제안하고, 내담자가 경직된 '마땅히 ~일 것이다(should)'와 '~해야만 한다(must)'를 직접적으로 직면하도록 논박을 가르쳤다. 그런데 이 역시도 "더 제한된 범위의 내담자를 대상으로 사용하는 수단"(Yankura & Dryden, 2011, p. 178)이 될 수 있다는 비판이 제기되어 왔다.

3. 소크라테스 대화에서 '세계관해석'의 심화와 확장

1) 소크라테스 대화: 상호적 사유활동을 통한 논박술과 산파술

오늘날 심리치료 및 상담의 인지적 접근에서 소크라테스의 '대화'나 '논박'이 주목받고 있으며, 특히 내담자의 신념이나 세계관에 대한 치료기법이나 행동요법이 개발됨으로써 이에 대한 더욱 많은 관심이 생겨나고 있다. 그러나 세계관에 대한 철학적 검토가 과연 인지치료나 합리정서행동치료에서처럼 '인지'와 '정서'의 연관성으로부터 행동의 변화를 겨냥하는 '기능주의적' 관심과 '실증적인' 토대로 국한될 것인지에 대해서는 조금 더 근원적 차원에서의 비판적 고찰이 필요하다. 따라서 상담의 인지적 접근에 대해 이들 자신이 토대로 삼고 있는 '소크라테스 대화'를 중심으로 세계관에 대한 치료적 접근의 제한점을 살펴보고, 현대 철학상담적 접근에서 '세계관해석'의 심화와 확장을 시도해 보고자 한다.

먼저 '인지도식'에 대해 치료적 국면에서 제기되는 비판에 비추어

했다(Yankura & Dryden, 2011, p. 233).

볼 때, 철학상담에서의 '세계관'은 인지치료에서 '역기능적 신념'이라고 정의되는 '인지도식'처럼 지필검사에 의해 측정 가능한 구조가 아니며, 오히려 개인이 지니고 있는 의미세계, 즉 의미론적 연결망의 구체적인 '내용'과 연관된다고 할 수 있다.[10] 특히 그 내용을 처리하는 방식에서도 철학상담은 인지치료와 커다란 차이를 보인다. 예를 들어, 벡은 '역기능적 신념'에 대한 대처방안과 대안을 제안하는 데 있어서 "환자의 인지를 실증적으로 검증하는 치료방법을 도입"(Weishaar, 2007, p. 292)하고, 인지적 변화를 유도하기 위해 행동실험과 점진적인 연습이라는 행동기법을 통합하기에 이른다. 이에 반해 철학상담에서 왜곡된 세계관을 검토하는 작업은 소크라테스의 대화가 보여 주는 바와 같이 대화자들이 쌍방적으로 나누는 '철학적 사유활동'이다. 그렇다면 과연 여기서 철학적 사유활동으로 보이는 '논박'이 인지치료와 다른 점은 과연 무엇일까?

벡의 인지치료에 따르면, "변화는 철학적 논쟁이나 치료자에 의한 설득에 의해서가 아니라 환자의 신념을 검토하고 실증적으로 검증함으로써 이루어진다."(Weishaar, 2007, p. 129) 여기서 벡은 환자의 신념을 검토하고 실증적 검증하는 자신의 작업과 단순히 치료자에 의한 설득이나 철학적 논쟁을 통해서 성취되는 것을 대비시킨다. 그렇다면 벡의 인지치료와 대비를 이루는 '치료자의 설득이나 철학적 논쟁'은 어떻게 구분될까? 이와 연관해서 우리는 소크라테스의

---

10) 빈스방거는 자신의 현존재 분석에서 하이데거의 '세계-내-존재(In-der-Welt-sein)'를 발전시켜서 '세계기투(Weltentwurf)'를 통해 환자의 의미세계를 이해하려고 시도한 바 있다(Binswanger, 1964).

대화와 소피스트의 활동을 좀 더 상세하게 고찰할 필요가 있다. 소크라테스는 소피스트들이 '논쟁술(論爭術, eristic)'을 학습시킴으로써 논쟁에서 이기고 설득하는 수단만을 가르치는 데에 반대했기 때문이다. 그럼에도 그의 대화에서 드러나는 '논박술'은 소피스트들의 활동과 간혹 혼동되기도 한다. 왜냐하면 외양상으로 대화상대자의 신념을 비판적으로 검토하는 과정만을 떼어서 볼 때, 소크라테스의 논박술은 소피스트들이 가르쳤던 상대방의 주장을 논파하는 '논쟁술'과 매우 유사하게 보이기 때문이다. 그러나 논쟁술은 논쟁을 통해서 상대방을 무너뜨리는 데에 그 목표가 있는 반면에, 소크라테스의 논박술은 어떤 주장이나 논쟁 그 자체가 핵심이라기보다는 대화상대자(내담자)가 자신의 신념이 무엇인지를 알고 있는지, 그리고 그 신념을 진정으로 받아들이고 있는지를 상호적인 사유과정을 통해서 끊임없이 검토하는 과정을 의미한다. 여기서 우리는 논쟁점이 되고 있는 신념이 대화상대자(내담자)와 동떨어져서 존재하지 않는다는 점에 주목할 필요가 있다.

물론 벡도 인지치료에서 치료자가 대안적 신념을 제시해서는 안 되며 환자 스스로 자신의 문제에 대해 새로운 의미를 찾아야 한다는 것을 강조했다. 나아가 그는 환자를 '검증 가능한 현실을 함께 연구하는 동료(Wessler, 1986, p. 5)'로 간주했으며, 특히 '소크라테스 대화'를 통해서 환자와의 협동적 관계를 중시했다. 이는 물론 오늘날 철학상담에서의 소크라테스 대화와 매우 유사한 점이라 할 수 있다. 그러나 후자는 대화상대자(내담자)의 현실, 즉 그의 인지와 행동패턴이 '실증적 검증'이 가능한 어떤 것이라고 상정하지는 않는다. 따라서 인지치료처럼 그 현실의 왜곡이 단지 논리적 대화와 행동실험을 통해서 학습될 수 있는 하위 단계라고 치부하지도 않는다. 왜냐하면 소크라테스의 대화는 논쟁에서 이기는 거나 상대방을 설득하는 것을 목표로 하는 논박술만이 아니라 '산파술(Hebammenkunst)'의 측면을 지니고 있기 때문이다(Achenbach, 2010, p. 123). 이러한 차이점은 합리정서행동치료와 비교해 볼 때에 더욱 선명하게 드러난다.

엘리스는 소크라테스 대화에서의 '논박하기'를 자신의 치료에서 핵심 기법으로 사용한다. 또한 그는 내담자가 지닌 비합리적 신념을 생물학적 기초로부터, 즉 '실증주의적인 전거'를 통해서 밝혀냈으며, 비합리적 신념에 대한 구별과 기준을 '기능주의적 기법'으로 제시하고 있다. 특히 그는 소위 '비합리적 신념이 근거하고 있는 절대요구'가 인지적이고 기능적 차원에서의 내담자의 핵심 문제라고 간주한다. 그런데 과연 내담자가 지닌 '절대요구'가 모두 비합리적 신념이라고 어떤 근거에 의해 단정 지을 수 있을까? 이에 대해서는 좀 더 근원적 차원에서의 비판적인 검토가 필요하다. 왜냐하면 철학상담의 입장에서 볼 때, '절대요구'는 윤리적 당위를 표현하고 있으며, 이러한 요구가 과연 '비'합리적인지 아닌지에 대해서는 내담자가 지닌 세계관에 대해 '실증적'이고 '기능주의적'인 검토만이 아니라 그 내용에 대한 '철학적인' 검토를 필요로 하기 때문이다.

특히 '소크라테스 대화'는 내담자 개인의 신념이 근거하고 있는 토대를 논리적으로 '논박'해 나감으로써 '진리추구'를 목적으로 한다. 그렇다면 여기서 말하는 진리는 무엇을 의미하는가? 우선적으로 그것은 내담자 스스로가 낳는 진리를 말한다. 소크라테스는 논박을 통해서 내담자가 지녔던 신념의 뿌리가 송두리째 흔들리는 체험을 하도록 하며, 자신의 무지를 자각하도록 한다. 이와 같은 소크라테스의 논박은 인지치료에서처럼 "역기능적 태도척도"(Weishaar, 2007, p. 284)와 같은 지필검사나 합리정서행동치료에서 "DIBs"와 같이 구조화된 질문으로 진행되는 것이 아닌 대화자 상호 간의 자유로운 사유 경험과 내담자 스스로의 주체적인 사유활동을 통해 이루어진다. 또한 여기서의 철학적 사유는 철학적인 논리와 내용들과 교차하면서 점차 더욱 정교화되어 간다.

나아가 이러한 철학적 사유의 목표는 단순히 내담자를 현실에 적응시키기 위해 치료자에 의해 주도되는 학습과정이 아니다. 더욱이 소크라테스의 논박은 내담자가 지금까지 지녀 왔던 신념과 가치관을 깨는 작업인데, 이는 내담자가 자신의 신념과 가치관을 토대로 살아온 이전의 삶 전체를 겨냥하게 된다. 따라서 내담자는 자신의 신념을 표현한 명제의 논리적 오류를 자각하는 데에 그치는 것이 아니라 그 신념에 따라 움직여 온 삶 전체를 송두리째 뒤돌아보지 않으면 안 되는 총체적인 지경에 놓인다. 물론 이와 같이 자신의 삶을 이끌어 온 신념과 가치관이 전면적으로 논박당한 상태, 즉 아포리아(aporia)의 상태에서 내담자는 부끄러움을 느낄 수도 있다. 그러나 이러한 부끄러움의 심리적 상태는 영혼의 정화를 위해 불가피한 과정으로 수용하지 않으면 안된다. 왜냐하면 '소크라테스 대화'의 목표는 내담자 스스로가 새로운 진리를 찾는 데에 있기 때문이다. 이와 같이 '영혼을 이끌어 가는 기술(psychagogia)'(남경희, 2007, p. 67)

이자 진리발견의 방법으로서 '소크라테스 대화'가 지닌 '산파술'의 의미야말로 기존의 치료적 접근과 가장 뚜렷한 차이를 보여 주는 철학적 작업이라고 할 수 있다.

2) 세계관해석의 심화와 확장: 인간관, 사회관, 가치관

'소크라테스 대화'에서 논박술에 의해 무지를 자각하고 곤궁에 처한 상태는 영혼의 정화를 통해서 새로운 진리를 낳기 위해 불가피한 과정이다. 이에 반해 현대 상담의 인지적 접근은 주로 '논박'에만 치중해 있으며, '지적이고 논리적인 방법'과 '과학적인 검증성'을 담보하고자 시도한다. 그런데 소크라테스에게서 논박의 논리적 검토는 단지 내담자 자신이 지녀온 신념과 가치가 제한적이었음을 깨닫도록 하는 대화의 한 측면에 불과하다. 따라서 논박을 통해서 지적인 독단에서 벗어남과 동시에 진정한 의미의 지혜에 대한 '에로스'를 발동시키는 계기를 마련하고, 비로소 대화의 또 다른 측면인 산파술, 즉 새로운 진리를 낳는 사유활동으로 이어지지 않으면 안 된다. '소크라테스 대화'에서는 한편으로 논리적 오류추리나 절차에 초점을 맞추는 인지적인 작업도 중요하지만, 다른 한편으로 내담자의 삶에 전제된 신념과 가치를 검토하여 스스로의 진리를 산출할 수 있도록 주체적 사유를 돕는 것이야말로 철학적 대화의 진정한 목표라고 할 수 있다.

그렇다면 논박술과 산파술이 긴밀하게 연결된 '소크라테스 대화'가 현대 철학상담의 실천 영역에서 과연 어떻게 전개되어야 할까?

현대 상담의 인지적 접근과 차별화될 수 있는 고유한 지점은 곧 소크라테스 대화의 산파술적인 측면, 다시 말해서 윤리적이고 실존적인 측면이라고 할 수 있다. 따라서 현대 철학상담은 이를 어떻게 구체화할 것인지를 고민해야 할 것이다. 이러한 논의의 맥락에서 특히 현대 철학상담에서 대표적인 활동으로 보이는 '세계관해석'과 연관해서 내가 제안하고 싶은 것은 내담자의 신념이 전제로 하고 있는 '세계관'을 좀 더 구체화하여 검토하는 논리적이고도 윤리적인 대화이다. 이를 위해 라하브가 말하는 '세계관해석'을 '소크라테스 대화'의 한 형태로서 철학적인 차원에서 좀 더 구체적으로 심화시키고 확장할 필요가 있다.

개인들은 다양한 삶의 경험을 각자의 '세계관'에 따라 인식하고 이해하며, 판단하고 행동한다. 개인의 세계관은 내담자가 자신과 타자, 세계에 대해 갖는 추상적인 구조이자 철학적 함축성을 갖는 관점이라 할 수 있다. 따라서 세계관을 '철학적'으로 접근하는 작업은 기존 상담에서의 인지적 접근에서처럼 내담자의 인지도식이나 비합리적 신념에 대한 인과적인 연관성을 밝혀내는 병리적인 모델이나 인과론적인 설명을 필요로 하지 않는다. 이처럼 세계관이 명시적인 대상화나 객관화가 불가능하다면, 철학상담에서는 내담자의 세계관을 어떻게 '철학적 차원'으로 다룰 수 있을까?

세계관은 내담자가 비록 항상 의식하고 있지는 않지만 내담자의 삶 속에서 가장 근원적으로 전제되어 있으며, 내담자가 총체적으로 세계를 바라보는 관점이라고 할 수 있다. 라하브는 이와 같이 내담자 삶의 근저에 놓인 세계관을 철학적으로 '해석'할 것을 제안한 바 있다. 그런데 일상용어로서의 세계관은 때때로 각자의 인간관, 가치관, 인생관 등을 각각 의미하기도 하고, 또는 이를 포괄하는 개념으로 모호하게 쓰인다. 따라서 현대 철학상담에서 '세계관해석'이 소크라테스의 대화를 표방함과 동시에 이를 구체적으로 실천하고자 할 경우, 우리는 내담자가 처한 상황과 문제에 따라 그의 세계관을 '인간관', '사회관', '가치관' 등으로 좀 더 세분화하여 명료하게 다룰 필요가 있다.

우선적으로 내담자가 겪는 갈등의 표면에 드러나지는 않았지만, 그 갈등이 근거하고 있는 '인간관'을 명료히 해 보는 것도 확장된 의미에서 '세계관해석'의 중요한 사유활동이 될 수 있다. 왜냐하면 많은 경우, 내담자의 갈등은 인간관계에서 오는 경우가 많은데, 이는 서로 다른 인간관을 전제하고 있으면서 각자의 관점을 절대시하기 쉽기 때문이다. 인간관은 개인들끼리의 갈등을 바라보는 가장 근원적인 시선을 말하는데, 내담자는 이미 어떤 인간관에 입각해서 자신이 처한 곤궁이나 인간관계를 바라보고 있으면서도 이를 의식하고 있지 않은 경우가 많다.

물론 내담자의 갈등이나 문제를 다루는 각 상담이론들도 이미 특정한 인간관을 전제로 한다. 예를 들어서 프로이트는 인간을 리비도와 타나토스라는 두 본능으로 나누어 보고, 성격을 원자아, 자아, 초자아로 구분한다. 이에 반해 아들러(Alfred Adler)는 인간이 성적 충동이나 본능이 아니라 사회적 관계에 의해 동기화된다고 주장한다. 그렇다면 이러한 각 심리치료들과 달리 '세계관해석'에서의 인간관은 과연 무엇을 말하는가?

각 심리치료나 심리상담이 인간을 보는 다양한 관점 중 하나를 전제로 출발하는 데에 반해, 철학상담은 이와 전적으로 다른 입장에 서 있다. 왜냐하면 후자는 어떠한 하나의 인간관만을 전제로 하지 않기 때문이다. 더욱이 철학상담에서 가장 중요한 전제 중 하나는 인간을 단순히 하나의 전제들에 의해 '결정'되는 존재로 보지 않는다는 점이다. 따라서 철학상담자는 내담자를 하나의 인간관이나 전제를 통해서만 '환원'시켜서 볼 필요가 없으며, 내담자 역시도 상담자와 동일한 인간관을 전제할 필요가 없다. 철학상담자는 내담자가 어떤 인간관을 지니고 있는지를 명료히 함으로써 내담자 스스로 자신과 관계 맺는 타자들과의 동일성과 차이점에 주목할 수 있도록 도울 뿐이다. 때로는 내담자가 자신의 인간관을 명료히 한 후에 자신과 차이점이 발견되는, 특히 갈등을 빚고 있는 타자의 인간관에 대해 거부하거나 수용하는 태도 변화를 보일 수도 있다. 이럴 경우, 철학상담자는 무엇보다 내담자 자신의 인간관이 무엇에 근거하고 있는지를 분명히 하고 이를 상대화할 수 있도록 도움으로써 자신과 다른 인간관에 대해 개방적이고도 폭넓은 태도를 취할 수 있는 사유의 동반자가 되어야 한다.

또한 내담자의 인간관을 철학적으로 해석하는 작업은 내담자 스스로의 자아관과 타자관으로 구분되어 좀 더 세분화될 수도 있다. 즉, 나 스스로가 전제로 하고 있는 인간관에 입각하여 나는 나를 어떻게 이해하고 있으며, 타인과의 관계에서 나를 어떻게 바라보고, 또한 타인을 어떻게 수용하고 있는지를 명료히 하는 사유활동으로 이어질 수 있는 것이다. 나아가 인간관의 검토는 단순히 인지적 틀에 국한되는 것이 아니라 삶 속에서의 나 자신과 타인에 대한 이해를 바탕으로 새로운 태도 변화까지 실천적으로 모색할 수도 있는 구체적인 사유경험으로 발전할 수 있다.

다음으로 기존의 심리치료 및 상담과 구분할 수 있는 '세계관해석'의 심화와 확장으로, 사회관이나 공동체관에 대한 철학적 사유활동과 대화를 들 수 있다. 내담자 개인은 항상 어떤 사회적 환경이나 공동체 안에서 살아가고 있으며, 작게는 가족, 학교, 회사, 국가 등 자신이 속한 공동체 안에서 다양한 어려움에 직면해 있다. 그런데 이러한 어려움을 내담자 개인의 내면적 문제로만 볼 것이 아니라, 내담자가 처한 공동체와의 역학관계를 통해서 성찰하는 작업은 내담자로 하여금 편협한 시각을 벗어나 좀 더 넓은 시각에서 자신의 문제를 바라보고 예전과는 다르게 이를 이해하고 수용하는 매우 폭넓은 사유경험이 될 수 있다.

끝으로 심화되고 확장된 의미에서 '세계관해석'이 기존의 치료와 차별화될 수 있는 매우 중요한 철학적 차원은 내담자의 '가치관'을 검토하는 상담자와 내담자의 상호적인 대화에 있다. 특히 '가치관'은 내담자가 의식하고 있든지 혹은 의식하지 못하고 있든지, 자신이 지향하고 있는 일이나 행동의 방향성을 결정하기 때문에 내담자가 자기 자신이나 타인을 판단하거나 평가하는 데에 매우 중요한 사유의 기준점으로 작동할 수 있다. 물론 이러한 가치관이 잠재된 형태로 내담자의 의식이나 무의식에 전제되어서 내담자 스스로 깨닫지 못할 경우도 많다. 따라서 기존의 심리치료에서는 가치관을 '역기능적 신념'으로 다루거나 이드를 억압하는 '초자아' 등으로 간주했으

며, 이를 치료의 대상으로 여겨 왔다.

이에 반해 철학상담에서는 내담자를 스스로 사유할 수 있는 주체로 간주하고, 내담자 자신의 가치관을 상담자와 '상호적으로 검토할 수 있는 사유의 주제'로 삼는다. 그리하여 내담자의 가치관이 근거하고 있는 도덕적 신념이나 종교적 신념의 내용을 한편으로는 내담자 개인의 과거를 회상함으로써 계보학적 측면에서 이해하고, 다른 한편에서는 그 가치관이 근거하고 있는 철학적 원리와 다층적인 사상의 맥락에서 고찰한다. 이와 같이 철학상담은 내담자 자신의 가치관을 해석하는 데에 집중하면서도, 그 가치관을 유사성과 차이성 속에서 다각도로 폭넓게 바라보고 검토할 수 있는 기회를 제공한다.

4. 세계관해석의 해석학적 토대와 실천적 기예

1) 내담자의 새로운 자기이해와 자기해명을 돕는 해석학적 에로스

슬로터다이크(Peter Sloterdijk)는 "철학의 구체적인 예가 철학자라면, 철학실천은 해석학을 예시한다"(Schuster, 1999, p. 38)라고 단적으로 말했다. 아헨바흐와의 대화에서 그는 소크라테스를 짐스러운 혹은 복잡다단한 삶의 '해석학'을 실천하는 자로서 간주한다. 아헨바흐도 "이해가 철학상담의 핵심에 있다."(Achenbach, 2010, p. 276)라고 주장하면서, 소크라테스야말로 이러한 해석학적 이해를 최초로 실천한 철학상담자라고 명명하며, 현대 철학상담의 원형이 '소크라테스 대화'에 근거해 있다고 보았다.

이미 앞서 고찰한 바와 같이 '소크라테스 대화'의 일환으로 오늘날 전개되고 있는 '세계관해석'을 심화시키고 확장할 경우, 우선적으로 내담자는 자신의 삶의 텍스트로부터 인간관, 사회관, 가치관 등을 명료히 함으로써 자신의 삶을 심도 있게 이해할 수 있는 새로운 기회를 갖게 될 것이다. 나아가 철학상담자와의 이러한 사유활동을 통해서 얻는 경험은 자신이 속해 있는 삶의 콘텍스트, 즉 사회, 문화, 가치라는 배경에서 자신을 성찰할 수 있게 할 뿐 아니라 그로 인해 자신만의 삶의 텍스트를 새롭게 재구성할 수 있도록 도울 것이다.

이와 같이 철학상담자와 내담자가 함께 경험하는 이러한 해석학적 사유활동은 내담자로 하여금 자신의 삶을 새롭게 바라보도록 일깨우는데, 이러한 일깨움은 내담자가 삶에 대해 이전에 지니지 못했던, 새로운 자기이해에 도달하게 한다. 철학상담자가 내담자의 자기해석을 돕는 이러한 과정 속에서 내담자는 스스로의 삶의 주체가 된다. 리쾨르(Paul Ricoeur)에 따르면, "그 주체는 자신을 더 잘 또는 다르게 이해하게 되거나 [경우에 따라서는] 비로소 그 자신을 이해하기 시작하게 된다."(Raabe, 2010, p. 44)

슈스터(Shlomit Schuster)는 이와 같이 내담자가 자기이해에 도달하도록 돕는 철학상담에서의 "철학실천은 해석학적인 사건"(Schuster, 1999, p. 38)이라고 명명했다. 이러한 해석학적 사건은 슬로터다이크가 말한 '드라마적 자기해명'과도 맥락을 같이 한다. 슬로터다이크에 따르면, 경직된 사상의 껍데기를 깨고 나오는 사유는 사건에 대한 통찰 속에서 부활되기를 염원하면서, 어원적으로 '사건'에 해당하는 '드라마'로서 철학을 추구한다. 이와 같이 "의식 있는 실존의 드라마 속에서 서로 만나는 것은 이론과 실천이 아니라 수수께끼와 투명성, 사건과 통찰이다. 계몽이 일어난다면, 그것은 투명성의 독재를 세우는 것으로서가 아니라 실존의 드라마적 자기해명으로서 발생한다."(Sloterdijk, 2004, p. 15)

철학상담자와 내담자 사이에서 발생하는 해석학적 사건은 철학상담자가 내담자 텍스트를 뒤따라 가면서 그 근저에 놓인 의도나 내용의 사태를 단순히 기술하고 재구성하는 것에 그치는 것이 아니다. 오히려 내담자 텍스트를 '사태 그 자체'로 받아들이고, 그 사태가 때로는 모순적으로 보이도록 움직이고, 자신 스스로의 사유활동을 통해 더 나아가도록 함께 대화하는 것, 즉 변증법적인 사유운동을 함께 하는 것이다. 그런데 과연 이 운동을 이끌어 가는 것은 과연 무엇일까? 이에 대해 아헨바흐는 "사태의 배후를 좇는 '설명의 즐거움

(Deutungslust)'이 아니라 사태에 관여하고, 그 사태에서 자기해석에 대한 충동을 전달하려는 해석학적 에로스(der hermeneutische Eros)" (Achenbach, 2010, p. 134)라고 답한다. 따라서 소크라테스 대화를 모델로 하면서도 심화되고 확장된 의미의 세계관해석을 시도하는 오늘날의 철학상담은 환자와 치료자라는 역할에 의해서 진행되는 것이 아니라 "방해받고 있는자, 고통받고 있는 자에 대한 철학적, 해석학적 친밀함"(Achenbach, 2010, p. 291)에 의해 철학상담자와 내담자 사이의 상호적 관계에서 발생하는 대화라고 할 수 있다.

아헨바흐가 말하는 '해석학적 에로스'는 '소크라테스 대화' 속의 '에로스'처럼 서로에게 이끌리는 상담자와 내담자와의 협력적이고 참여적인 관계성, 그리고 무엇보다 관심 어린 친밀함에 기반한다. 따라서 아헨바흐는 내담자의 주체성 못지않게 상담자와 내담자의 '대등한' 관계성도 강조한다. 그는 철학실천에서의 철학적 대화를 타원에 비유하는데, 상담자와 내담자는 하나의 타원 형태를 이루고 있지만, 중심에서 동일하게 떨어진 두 지점을 점유하듯이 항상 균등한 관계를 유지한다(Achenbach, 2010, p. 92). 그렇다면 내담자의 진정한 주체성과 상호적 관계성을 동시에 이끌어 낼 수 있는 해석학적 대화를 위해 철학상담자가 갖추어야 할 기법(technique)이 아닌 실천적 기예(Kunst)는 과연 구체적으로 무엇일까?

2) 해석학적 실천의 기예로서 철학적 감수성과 숙고된 언어사용

가다머는 하버마스와의 대화를 통해서 자신의 지평이 확대되었음을 깨달았다고 고백하면서, 자신의 근본 원칙을 다음과 같이 천명했다. "해석학적인 이론은 오로지 해석학적 실천으로부터 자라나야 한다."(Gadamer, 1990, p. 172) 가다머가 해석학적 실천의 중요성을 강조했다면, 아헨바흐는 한 걸음 더 나아가 자신이 고안한 철학실천(philosophische Praxis)에서 개인들에게 고유한 삶의 이야기에 대한 해석학이 명실상부하게 구체적으로 실천된다고 주장했다.

> 철학실천에서 해석학은 구체적으로 된다. 단독자, 개별적인 것, 즉 이야기들 속에 얽혀 있는 하나의 이야기(eine Geschichte)가 이해될 수 있다. 이러한 해석학이 찾고 있는 바는 그 이야기의 이성, 그것을 '얘기할 수 있음(Erzählbarkeit)'이라고 할 수 있다. 왜냐하면 그 안에 그것의 의미가 고스란히 묘사되기 때문이다(Achenbach, 2010, p. 238).

아헨바흐는 철학실천으로서의 철학상담을 단적으로 '자유로운 대화'라고 말했는데, 이 자유로운 대화에서 '이해한다'는 것은 단지 덮개를 열어젖히는(aufdecken) 것이 아니라 막혀 있는 길에서 장애를 제거함(freilegen)으로써 다시금 길을 뚫는 것이다. 여기서 철학의 임무는 "사고의 소금이 맛을 잃고 있는 경우에, 숙고하는 힘(die Kraft der Besinnung)을 새로이 자극하는 것"(Achenbach, 2010, p. 84)이다. 그런데 이러한 자극을 줄 경우, 철학자인 상담자가 가장 유의할 점은 철학적 내용을 가르치는 것이 아니라, 상담자인 '내가' 내담자'와 함께' 내담자가 당면하고 있는 곤경을 진정 철학적으로 이해하고 있는가를 끊임없이 되돌아보는 작업이라고 할 수 있다. 그렇다면 이를 위해 철학상담자가 지녀야 할 실천적 기예는 과연 무엇일까?

여기서 우리는 철학상담자가 지녀야 할 "철학적 감수성"에 대해 주목하지 않을 수 없다. 파이퍼(Karl Pfeifer)는 철학적 감수성에 대해 다음과 같이 말한다.

> 다년간 철학적 훈련을 받은 사람은 모종의 철학적 감수성을 계발하게 되는데, 물론 그것을 활용할 때마다 항상 자기 의식적인 성찰이 수반되는 것은 아니다. 철학적으로 훈련된 사람들은 오류, 명백한 취약점이나 그릇된 신념 등에 대해 증대된 감수성을 지닌다. 그들은 위선, 냉소주의, 합리화 등을 아주 잘 감지하는 사람들이다. 그들은 무엇이 가능하거나 있을 수 있는 일인지 등에 대해서도 더 나은 분별력을 지닌다(Raabe, 2010, p. 152).

이와 같이 파이퍼는 철학상담자들이 지녀야 할 '철학적'인 능력에 대해 잘 설명하고 있다. 그런데 문제는 이러한 철학적 능력을 섬세하게 적용할 수 있는 능력을 갖추는 데에 그쳐서는 안된다는 점이다. 특히 철학적으로 보편적인 '개념'과 '원리'에만 익숙한 철학자가 상담자로 나설 경우, 내담자의 개별성을 전적으로 존중하며 관계를 맺고 열린 태도의 '감수성'을 지니는 것이 무엇보다 가장 절실하게 필요하다. 단지 철학을 이론적으로 공부하고 그 내용을 전달하는 철학이론가나 철학학자가 아니라 상담자로서의 철학자는 그야말로 "육화된, 구체적이고, 생기 있는, 말을 건넬 수 있는, 인간으로

서 지금 여기서 관심 어린"(Achenbach, 2010, p. 231) 존재자이어야
한다. 이러한 철학상담자는 헤겔이 말한 바와 같이 "생각하는 가슴
을 지니고 이성적일 수 있는 능력(die Vernünftigkeit des denkenden
Herzens)", "이성적인 영혼 혹은 감지하는 이성"die vernünftige
Seele oder die empfindende Vernunft)(Achenbach, 2010, p. 157),
즉 '철학적 감수성'을 지닐 수 있도록 노력해야 한다. 이러한 감수성
은 가다머가 말한 일종의 깨어 있음(Wachsamkeit), 즉 "그것은 순간
적인 상황과 그 순간에 만나고 있는 인간을 올바로 수용하고 그에게
상응하는 능력"(Gadamer, 1993, p. 173)이라고도 할 수 있다.

또한 철학적 감수성을 지닌 상담자가 내담자와 대화를 나눌 때,
이 대화의 해석학적 실천을 더욱 분명히 해 주는 두 번째 기예는
'숙고된 언어의 사용'에 있다. 가다머는 근대 이후의 학문들이 측
정 결과만을 진정한 사실로서 간주해 온 것을 문제삼고, 플라톤의
대화편 「정치가」에서 '측정'과 연관하여 두 가지, 즉 '재어진 것(das
Gemessene)'과 '알맞은 것(das Angemessene)'의 구분에 주목한다
(Gadamer, 1993, p. 167). 전자는 어떠한 외부에서 주어진, 표준화된
척도에 의해 측정된 것이지만, 후자는 그 자체 안에 척도를 지니고
있다. 이러한 차이에 천착해 본다면, 철학상담에서 사용하는 언어
는 마치 자로 측정하여 '재어진 것'이 아니라고 할 수 있다. 철학상
담에서는 내담자인 개별자가 지닌 구체성을 드러내는 '알맞은' 언어
를 발견하는 것이 무엇보다 중요하기 때문이다. 가다머에 따르면,
"아마도 모든 처방적 규정을 거슬러서 적절한 말(das rechte Wort)을
찾거나, 혹은 다른 사람으로부터 좋은 말(das gute Wort)을 수용하는

것이 성공할 때에야 비로소 언어의 본래적인 기적"(Gadamer, 1993, p. 173)이 생겨날 수 있다.[11] 고통은 '적절한' 표현을 찾게 되는 경우 완화될 수 있기 때문에, 특히 해석학을 실천하는 구체적 활동으로서의 철학상담에서 숙고된 언어의 사용, 즉 '알맞고(angemessen)', '적절한(recht)' 말을 발견하기 위한 작업은 가장 핵심적인 위치를 차지한다고 할 수 있다.

그런데 내담자의 고통이나 곤경이 완화되는 언어의 색다른 차원을 경험한다는 것은 과연 어떤 의미일까? 슬로터다이크에 따르면, '언어로 나옴(zur Sprache kommen)'은 인간의 '세계로 나옴(zur Welt kommen)'으로써 자연사와 문화사의 경계에서 일어나는 사건체험이라고 할 수 있다. 언어는 "어떻게 세계에서의 인류의 존재가 동시에 '자기 자신에서의 존재(Bei-sich-selbst-Sein)'로 경험될 수 있는가를 인간에게 보여 줌으로써 세계-내-존재의 탈아를 생생하게 경험할 수 있도록"(Sloterdijk, 2004, p. 62) 만들기 때문이다.

가다머는 언어가 단지 신호를 주고받는 기능을 하는 것이 아니라, 우리로 하여금 고유한 언어 공동체를 만들고, 공동의 세계를 만들 수 있도록 한 것에 주목한다. "언어는 존재의 집일뿐 아니라 인간이 살고, 그 안에서 살림을 차리고, 만나고, 다른 이들 속에서도 만나는 인간의 집이기도 하다."(Gadamer, 1990, p. 172) 그런데 더욱 중요한 것은 언어를 통해서 우리가 "서로에게서 들을 수 있는 기예(Kunst)와 다른 사람의 말을 경청할 수 있는 힘(Kraft)"(Gadamer, 1993, p. 205)

---

11) 이러한 맥락에서 가다머가 해석학의 시원을 '헤르메스'와 연관해서도 살펴본 것은 매우 흥미롭다. 이에 대해서는 노성숙(2014, pp. 94-98) 참조.

을 가진다는 점인데, 바로 그 안에 해석학의 보편적인 차원이 있다.

가다머의 말에 비추어 볼 때, 철학상담은 대화의 기법이나 기술이 아닌 '기예'를 필요로 하며, 상담자와 내담자가 서로에게서 또는 상대방에게서 자신과 다른 것을 경청할 수 있는 '힘'을 필요로 한다. 상담자는 단순히 드러나는 소리, 음성, 단어 등에 예민하게 반응할 것이 아니라 그야말로 내담자가 말하고자 하는 사태를 꿰뚫고 들을 수 있는[12] 기예를 지녀야 하며, 상담자 자신과 다름에 대한 자각을 지니고 그 의미를 알아채는 숙고적 사유의 힘[13]을 길러야 한다. 이와 같이 할 때에 비로소 철학적 대화에서의 언어는 치유적이 될 수 있을 것이다.

3) 철학적 사유와 대화 논리로서의 해석학

오늘날 해석학은 다른 학문들, 특히 교육학, 인류학, 심리학, 간호학 등에서 많은 관심을 받고 있다. 그런데 이들 학문에서 해석학은 각 학문들에 주요한 방법론적 틀을 제공하는 단지 수단적인 분과에 속하는 것으로 간주되고는 한다. 이와 달리 현대 철학상담에서 해석학은 단순히 보조적인 방법론에 그치는 것이 아닌 핵심적 위치를 차지한다. 왜냐하면 해석학은 가다머가 이미 지적한 바와 같이 철학상담에서 "대화의 논리(eine Logik des Gesprächs)"를 의미하

---

12) 우리말에 '말귀를 알아듣다'는 표현이 담고 있는 내용과 유사하다고 할 수 있다.
13) 여기서 숙고적 사유란, 하이데거의 구분에 따라 계산적 사고(das rechnende Denken)와 숙고적 사유(das besinnliche Denken)에서 후자에 해당한다(Heidegger, 2000, p. 123).

기 때문이다. 가다머에 따르면, 사유한다는 것은 우리가 이해할 수 없는 것을 물을 때, 우리에게 주어진 혹은 주어질 답변을 듣는 것이다. 플라톤에게서 '사유한다는 것'은 곧 "영혼이 자기 자신과 대화하는 것"(Gadamer, 1993, p. 205)을 의미한다. 이와 같이 볼 때, 철학함 (philosophieren)의 활동에서 가장 중요한 '사유하기'는 '대화'와 동떨어져 존재할 수 없으며, 그 대화의 논리를 구성하는 '해석학'이야말로 철학적 사유와 철학상담의 근간이라 할 수 있다.

대화는 항상 질문과 답변의 구조를 지닌다. 그런데 가다머는 진정으로 우리가 무언가를 물을 때, 이는 곧 "개방적인 태도를 취한다" (Palmer, 1988, p. 289)는 것을 강조한다. 다시 말해 질문과 답변은 폐쇄적인 구조를 지니는 단지 수사학적인 차원에 머무는 것이 아니며, 오히려 대화를 나눌 때 우리는 질문이 지니고 있는 개방성에 따라서 새로운 경험을 하게 된다. 가다머에 따르면, 철학적 대화는 소크라테스가 말한 바 있는 '무지의 지'를 전제로 한다. 철학상담에서 상담자와 내담자가 진정으로 모르고 있는 것을 서로 묻고 경청하고 답변하는 사유과정은 상호적인 개방성 없이는 불가능하다. 이러한 개방성 속에서 대답을 향해 일정한 방향을 지니고 함께 사유해 나갈 때, 대화 속에 묻고 있는 사태, 즉 물어지고 있는 바의 존재가 드러날 수 있게 된다. 이는 내담자가 "말하는 바의 차원에서 이해할 수 있는 만큼 충분하게 그 사람의 내면에 들어"(Warnke, 1993, p. 169)가지 않고는 아마도 불가능하다.

가다머에 따르면, "대화의 성공적인 결말은 공유된 이해이며, 게다가 그것은 모든 대화 참여자가 최초에 갖고 있던 입장들의 변형"

(Warnke, 1993, p. 171)을 담고 있다. 이러한 이해와 변형은 상담자와 내담자 사이의 끊임없는 상호작용 속에서 "해석학적 순환"을 수행한다. 그런데 이러한 해석학적 순환을 통해서 내담자는 애초에 자신이 지니고 있었던 개별적인 문제나 곤경을 전체성 속에서, 즉 세계 전체의 지평[14] 속에서 들여다봄으로써 자신의 문제를 바라보는 시각과 이해를 달리 할 수 있게 된다. 특히 세계관해석으로서의 철학상담에서 내담자의 지평이 상담자의 지평과 융합되는 과정은 내담자로 하여금 기존의 좁혀진 시야에서 벗어나 새로운 지평 속에서 자신의 문제를 조망할 수 있도록 하며, 이로써 자신만의 제한된 지평을 확대하도록 도울 수 있다. 특히 철학상담은 아헨바흐가 타원의 두 지점이라는 비유에서처럼 내담자의 주체성 못지않게 내담자와 상담자의 상호적인 관계성을 중시한다. 따라서 내담자와 상담자의 지평융합은 역사적인 유산이나 전승과 만나게 될 경우, 양자의 지평이 동시에 변증법적으로 심화되고 확장될 수 있는 계기까지도 이미 내포하고 있다.

5. 해석학적 경험과 철학상담

지금까지 철학상담의 한 갈래로서 '세계관해석'에 대해 고찰해 보았다. 우선 라하브의 '세계관해석'과 상담의 인지적 모델인 '인지치

---

14) 지평이란, "비주제적으로 함께 파악되었거나 미리 이해된 전체성을 의미하며, 이 전체성은 그 범위 내에서 일정한 방식으로 해명되는 개별 내용을 인식하는 데에─지각하고 이해하는 데에도─제약적·규정적으로 관계된다." (Coreth, 1983, p. 89.)

료', '합리정서행동치료'에서의 세계관 검토를 비교해 보았으며, 그러고 나서 고대 소크라테스 대화와의 연관성 속에서 오늘날 시도되고 있는 '세계관해석으로서의 철학상담'이 심화되고 확장되어야 함을 논의하였다. 나아가 심화되고 확장된 의미에서 '세계관해석으로서의 철학상담'이 근거하고 있는 해석학적 토대를 알아보고, 철학상담을 실천하는 데 필요한 해석학적 기예가 무엇인지를 살펴보았다.

오늘날 아헨바흐로부터 새로이 시작된 철학상담은 삶의 곤경에 처한 내담자에게 그가 처한 상황과 문제를 직면하게 하고, 이를 상담자와 함께 철학적으로 사유할 수 있는 대화의 기회를 제공한다. 이러한 철학적 대화에서 해석학이 구체적으로 실천되기 위해서는 무엇보다 철학상담자가 '철학적 감수성'을 지니고 있어야 할 뿐 아니라, 내담자에게 온전히 집중하면서 자신과는 다른 것들을 들을 수 있는 개방적 태도로 숙고를 거듭하면서 가장 '알맞은 언어'로 표현할 수 있어야 한다. 이러한 철학적 감수성과 숙고된 언어 사용을 통해서 사유해 나갈 때에야 비로소 철학적 대화의 중심에 놓인 내담자의 삶으로부터 나온 곤경, 즉 이해할 수 없는 것으로 내담자에게 닥쳐 온 고통의 텍스트가 진정으로 이해될 수 있을 것이다. "이해할 수 없는 것을 이해하려고 하는 것, 특히 이해되고자 하는 그것을 이해하는 것"(Gadamer, 1993, p. 205)이야말로 철학적 전승에서 새로운 답을 찾고, 그 답에서 새로운 질문을 제기하는 '철학으로서의 해석학'이며, 오늘날 활발히 전개되고 있는 철학상담은 바로 이러한 해석학을 구체적으로 실천하는 '철학의 새로운 시험대'가 될 것이다.

끝으로 오늘날 철학상담을 전개해 나가는 데에 가다머가 말하는

'해석학적 경험(die hermeneutische Erfahrung)'의 의미를 되새겨보며 맺고자 한다. 해석학적 경험은 "여기서 실현되어야 할 인간존재의 전제이다. 그 전제는 아마도 타인이 단지 권리를 가지고 있을 뿐 아니라 옳을 수도 있으리라는 것이다."(Gadamer, 1993, p. 109) 가다머의 말을 귀담아 듣자면, 철학상담자는 내담자와의 관계에서 항상 자신과 타인에 대해 개방적인 태도를 취할 뿐 아니라 타인의 견해가 옳을 수 있다는 '해석학적 경험'을 수용할 수 있어야 한다. 그리하여 철학상담은 한편으로 기존의 치료적 모델을 모방하고자 노력하거나, 다른 한편으로 철학만으로 배타적인 성벽을 쌓고 독자성만을 주장하려는 유혹에 빠지고 있지는 않은지 성찰해 보아야 할 것이다. 진정으로 인간다운 삶을 위해, 그리고 개인들의 고통을 이해하고 해석하는 '자유로운 대화'가 되기 위해 철학상담자는 가다머의 해석학적 경험, 즉 각 개별존재의 제한성과 더불어 타인에게로 열린 개방성의 경험에 좀 더 귀 기울여야 하지 않을까?

삶의 진리를 성찰하는 해석학으로서의 철학상담

제3장

- 고통받는 한국 청소년을 중심으로 -[1]

1. 고통이라는 삶의 과제

대표적인 해석학자 가다머는 2000년 11월 11일 하이델베르크 대학 정형외과 병원에서 열린 학술대회에 참석하여 '고통'이라는 주제로 강연을 한 바 있다.[2] 이 강연은 임상에서 일하는 의사들과 심리치료사들을 위한 것이었으며, 그의 마지막 공식 강연이었다. 그 당시 그의 나이는 100세였고, 2년 후 그는 세상을 떠났다. 평생을 철학자이자 해석학자로 살아온 그는 과연 의사와 심리치료사들에게 어떤 메시지를 건네며 대화에 나섰을까?

가다머는 '고통'이 평생에 걸쳐 있는 자신의 삶의 과제라고 천명했

---

1) 노성숙(2014). 삶의 진리를 성찰하는 해석학으로서의 철학상담: 고통받는 한국 청소년을 중심으로. 광주가톨릭신학교신학연구소: 신학전망, 제187호, 88-126. (초고는 2014년 11월 7일 광주가톨릭대학교 신학연구소가 주최한 제17회 학술발표회에서 발표된 논문)

2) 이 강연은 *Schmerz: Einschätzungen aus medizinischer, philosophischer und therapeutischer Sicht*(Gadamer, 2003)라는 이름으로 출간되었다.

으며, 자신의 해석학적 접근을 통해서 그곳에 모인 의사들, 심리치료사들과 대화를 시도했다. 그의 강연과 토론시간은 비록 길지 않았지만, 그의 메시지는 학술행사에 참여한 사람들뿐 아니라 이후 의학자, 심리치료사, 철학자들에게 지속적인 반향을 일으켰다. 물론 그가 이 짧은 강연을 통해서 일생동안 이룩해 온 그의 해석학적 과업을 완성했다고 평가하기는 어려운 것이 사실이지만, 우리는 이 강연을 통해서 그가 삶의 마지막 순간까지 해석학자이자 철학자로서 자신의 이론과 실천의 간극을 메우고자 치열하게 노력했다는 점을 주목할 필요가 있다. 가다머는 '고통'이라는 공통의 주제에 대해서 의학과 치료에 전념하는 전문가 집단과 서로 다른 방법론에도 불구하고 각기 다른 생각을 나누는 '철학적' 대화의 의미를 되새겨 보도록 했다. 나아가 각 전문 영역의 '차이'에 주목하면서도 서로를 존중하는 진지한 그의 태도는 한국 사회에서 해석학의 학문적, 실천적 필요성을 검토하는 데 많은 시사점을 던져 준다. 더욱이 그의 해석학적 입장은 오늘날 '철학자'가 '상담자'로 나섬으로써 '철학상담'이라는 실천적 분야가 새로이 개척되고 있는 시점에 매우 구체적인 하나의 방향성을 제시해 주고 있다.[3]

이 장에서는 우선적으로 2절에서 가다머의 고통에 대한 문제의식과 해석학적 입장을 살펴보는 데에서 출발하고자 한다. 가다머의 사유를 따라 고통이 왜 삶의 진리를 성찰하는 데 중요하며, 해석학은 과연 고통받는 인간에게 어떤 의미를 지니는지, 또한 '고통의 해

---

3) 1981년부터 2009년까지 독일에서 전개된 '철학실천으로서의 철학상담'의 역사와 경험에 대해서는 Achenbach(2010) 참조.

석학' 곧 고통을 해석학적으로 접근하여 이해한다는 것은 무엇인지에 대해서 고찰할 것이다. 이러한 가다머의 고통의 해석학에 대한 문제의식과 이해를 바탕으로 3절에서는 한국 사회라는 콘텍스트와 연관하여 '고통의 해석학'이라는 주제를 좀 더 구체화해 볼 것이다. 이를 위해 자살한 한 여중생 O 양의 유서를 분석하고자 한다. 그리하여 그녀가 겪은 고통을 해석학적으로 접근해 보고, 그녀의 삶의 진리를 철학상담의 입장에서 이해해 보고자 주력할 것이다. 나아가 4절에서는 오늘날 대두된 철학상담이 이러한 고통의 해석학을 실천해 나가고자 할 경우, 특히 O 양과 같은 청소년들과 대화하기 위해서 어떠한 것들이 필요한지에 대해 숙고해 보고자 한다. 그리하여 고통받는 한국 청소년과의 대화를 위해 철학상담이 해석학적 실천을 감행할 때 주목해야 할 바와 유의할 점에 대해서 알아볼 것이다.

2. 가다머를 통해 본 고통의 해석학

가다머가 실제 의료인들, 곧 신경과 의사들이나 정신과 의사들의 초대를 받거나 혹은 정신의학회에 초대되어서 행한 많은 강연은 '고통의 해석학'을 통해 철학적 대화를 시도한 구체적인 예라고 할 수 있다. 그는 고통을 육체적으로 혹은 심리적으로 실제 다루거나 치료하는 사람들과 '고통'이라는 주제에 대해 함께 성찰하고, 이에 대한 해석학적이고도 철학적인 접근의 의미를 밝히고자 시도했다. 그렇다면 그가 말하는 고통은 삶과 어떻게 연관되며, 고통에 대한 해석학적 이해는 우리로 하여금 고통을 어떻게 경험하도록 하는가?

나아가 해석학의 어원인 '헤르메스'를 통해서 본 고통의 해석학은 어떤 의미를 지니는가?

1) 고통과 삶의 불가분성

가다머는 '고통'이라는 주제에 접근함에 있어서 다음과 같이 질문한다. "언제 우리는 처음 고통을 의식적으로 감지했는가?"(Gadamer, 2003, p. 22) 우리는 물론 세상에 태어나자마자의 첫 울음이라고 답할 수 있을 것이다. 그러나 가다머는 자신의 삶에서 고통을 '의식적으로' 체험한 것이 언제였는지를 스스로에게 묻고는 지나온 삶의 여정을 거슬러 올라가서, 그 경험에 대해 구체적으로 언급했다. 그는 22세에 몇 주 동안 소아마비(Polio)에 감염되어서 급기야 극심한 척추 통증을 겪었다. 당시에 그는 그 어떤 치료방법도 몰랐으며, 오로지 그 통증으로부터 자신이 벗어날 수 없다고 여겼다. 그리고 침대에 누워 철학공부를 시작했고, 20여 권에 달하는 장 파울(Jean Paul) 전집을 집중적으로 통독했다.

마침내 통증은 사라졌지만, 다리가 약해져서 그는 신체적 활동에 제한을 받게 되었다. 회복하고 나서 운동으로는 테니스를 약간만 칠 수 있을 정도였고, 그것도 75세에 이르러서 아예 그만두게 되었다. 그 이후에 그는 간간히 산책만 할 수 있었고, 지팡이에 의지해서 늙어 가야 했다. 젊은 시절에 시작된 척수마비로 인해 근육위축이 계속되면서 그는 통증으로부터 계속 벗어나지 못한 채 살아왔다. 이와 같이 가다머는 자신의 지나온 삶을 회고하면서, 자신의 삶의 여정 속에서 극심한 통증과 심각한 질병의 결과를 자신이 그런대로 잘 이겨 내었다고 자평했다. 그런데 그는 왜 이렇게 자신의 고통 체험을 솔직하게 고백했을까? 그것은 바로 가다머가 '고통'에 대한 자신의 강연이 단지 '고통에 대해서' 철학이론을 전개하는 데 그치지 않고, '고통을 겪어 낸' 한 인간이자 철학자로서 자신의 체험에서 나온 이해를 전달하고자 했기 때문이다.[4]

그는 세상에 태어나자마자 아이가 내는 '커다란' 고통의 울음소리와 자신이 겪어 온 고통, 곧 늙어감에 따라 지속적으로 계속되어 온 '조용한' 고통을 대조시킨 뒤, 이 양자를 매개할 길이 없다고 말한다. 그러나 우리가 한 가지 주목할 점은 삶의 시작을 알리는 첫 울음부터 시작하여 '나이 듦'이라는 삶의 전 여정 속에 고통은 우리와 늘 함께 해 왔다는 것이다. 우리의 삶은 이렇게 고통과 불가분의 관계에 놓여 있다. 곧 "우리는 고통 속에서 있으며, 고통을 우리에게서 분리할 수 없다."(Gadamer, 2003, p. 27) 그런데 문제는 그 고통이 단지 우리의 삶에서 떼어낼 수 없는 실존적 제약에 그치는 것이 아니라 우리에게 끊임없이 새로운 도전을 요구한다는 데 있다. 가다머에 따르면 "고통은 동시에 우리의 삶을 둘러싸고 우리에게 끊임없이 새로운 도전을 한다. 고통이 우리에게 요구하는 것은 많다. 그 고통이 얼마나 클지와는 전적으로 무관하게 용기를 잃지 않는 것이 절대적으로 요구된다."(Gadamer, 2003, p. 27)

그렇다면 우리는 어떻게 용기를 잃지 않고 고통을 이겨낼 수 있단 말인가? 가다머는 먼저 "verwinden"이라는 독일어 표현이 이

---

4) 아헨바흐는 철학실천으로서의 철학상담에서 '철학함의 실천'을 강조한다.

미 고통을 극복하는 언어의 지혜로움을 담고 있다고 하며 감탄했다. 곧 고통을 '견디어 내며 잊다(verwinden)'는 동사가 지닌 의미야말로 '고통을 마스터한다(Meisterung der Schmerzen)'는 것을 잘 보여 준다. 이러한 독일어 표현 안에 담긴 지혜는 다름 아닌 '사람들이 가장 소중한 것이 천천히 사라지는 것을 잊을 수 있다는 사실'이며, 이를 또다시 수사학적으로 표현하자면, 우리의 "불가사의한 삶 속에서 가장 불가사의한 것"(das Verwunderlichste an unserem verwunderlichen Leben)(Gadamer, 2003, p. 27)이라고 할 수 있다.

그런데 고통은 도대체 우리에게 무엇을 요구하는 것일까? 가다머는 고통이 우리로 하여금 견디며 잊도록 하는 미제(謎題)더미를 던지고 있다고 말했다. 그리고 그는 이 '해결되지 못한 것'이 나를 덮쳐 온 바로 그 삶의 과제야말로 나에게 가장 큰 기회라고 힘주어 말했다. 고통이 비록 해결될 수 없는 과제처럼 우리에게 다가오고 쉽게 극복하지 못해 힘들어 하며 그 무게를 찬찬히 견뎌 내야 하지만, 우리가 고통 앞에서 용기를 내야 하는 이유는 그 고통이 다름 아닌 삶이 가져다준 또 하나의 '기회', 그것도 삶의 가장 고유한 차원을 경험할 수 있는 기회를 제공하기 때문이다.

2) 헤르메스를 통해 본 고통의 해석학

가다머는 한편으로 현대의학의 발전과 역할을 높이 평가하면서도, 다른 한편으로 그 기술의 놀라운 성과가 의사와 환자 모두로 하여금 각자 자신들에게 고유한 능력과 힘을 발휘할 수 있는 기회를 아예 막아버리고 말았다고 비판했다. 그렇다면 고통에 대한 현대의학의 처방, 곧 고통을 빨리 없애고 만성화되지 않도록 총력을 기울이는 방식에 역행하여 가다머가 제시하는 고통에 대한 처방은 과연 무엇인가? 그는 자연이 우리에게 안겨 준 최고의 약은 고통을 잘 이겨내고, 건강을 다시 회복했다는 느낌과 함께 오는 기쁨이라고 말했다. 다시 말해 그 기쁨은 고통 속에 깨어 있으면서 그 자체 안에 자신 스스로 몰입하여 이겨 냄으로써 얻어지는 것이다(Gadamer, 2003, p. 28 참조).

그렇다면 가다머가 제시하는 고통을 이겨낸 기쁨에 도달하기 위해서 우리는 고통과 어떤 관계를 맺어야 할까? 우리는 어떻게 하면 고통을 참고 극복해 냄으로써 자신에게 고유한 삶의 기회로 삼을 수 있을까? 어떻게 하면 고통을 그저 빨리 잊어버리는 데에 급급하지 않고, 그것이 던지는 과제를 스스로 인식하면서 "견딜만한 삶(ein erträgliches Leben)"(Gadamer, 2003, p. 34)을 꾸려나갈 수 있을까?

가다머는 우리가 질병과 고통을 받아들이고 사는 법을 배워야 하며, 심지어 쉽게 치료될 수 없는 만성병과도 더불어 살려고 노력해야 한다고 주장했다. 릴케(Rainer Maria Rilke)는 말년에 불치의 심각한 혈액병에 걸렸는데 격렬한 고통에 직면해서 "오 삶, 삶, 바깥에 존재하는"(Gadamer, 1993, p. 100)이라고 표현했다. 이러한 극단적인 고통은 한편으로 세상과의 단절을 의미한다. 그러나 가다머는 릴케의 표현이 세계에 대한 외적인 경험으로부터 자기 자신에게 향하는 내적 방향의 전환을 읽어 낼 수 있으며, 이와 같은 고통의 한계 상황으로부터 인간은 보편적 진리를 깨닫게 된다고 말했다. 전통적으로 종교나 각 문화권 안에서는 인간들이 고통을 어떻게 감내하고 견디어 왔는지, 곧 고통의 '내면화'를 어떻게 전개해 왔는지를 만날 수 있다(Gadamer, 1993, p. 101 참조). 이는 고통을 단지 제거하는 현대의학의 방식과는 전혀 다른 고통과의 관계방식인 것이다.

이와 같이 현대의학과 달리 고통을 경험하는 방식에서 해석학은 독특한 위치를 차지한다. 가다머는 해석학의 근원적인 의미를 되새겼다. 해석학의 어원은 '헤르메스(Hermes)'라는 신들의 사신(使臣)에게서 유래한다. 그런데 가다머는 역설적이게도 제우스가 헤르메스에게 그 어떠한 전갈도 내리지 않았다고 주장했다. 그렇다면 헤르메스는 도대체 어떤 소식을 전한단 말인가? 가다머는 헤르메스가 전국을 떠돌아다니면서 '그 자신'의 소식을 전달한다고 하면서, 이것이야말로 자신이 '해석학(Hermeneutik)'이라는 단어를 통해서 자신이 말하고자 한 바라고 주장했다. "내가 읽고, 배우고, 말하고 혹은 듣는 것에서 알리고자 하는 바에 해당하는 것은 없다. 곧, 여기에 어떠한 전제(Präsupposition)도 없다."(Gadamer, 2003, p. 29)

그렇다면 제우스의 전령으로 알려진 헤르메스가 전할 바가 아무것도 없다는 이 역설적 의미를 우리는 어떻게 받아들여야 할까? 제우스와 인간 사이에서 헤르메스가 무전제성을 지닌다는 것은 과연 어떤 의미일까? 가다머는 헤르메스가 제우스의 사신이기는 하지만 제우스의 메시지를 누구나에게 똑같이 단순히 반복해서 '하나'의 소식을 전하는 것이 아니라고 말하며, 해석학의 무전제성을 강조했다. 그렇다면 헤르메스가 '그 자신'의 소식을 전한다고 할 때, 그 자신이 그때그때 새로운 소식을 만들어 내기라도 한단 말인가?

가다머에 따르면 헤르메스에게서 사물을 '언어로 가져오는 것(zur Sprache bringen)'이 관건인데, 여기서 언어로 가져오는 것은 다름 아닌 우리가 사물을 이해한 바이다(Gadamer, 2003, p. 29 참조). 그렇다면 먼저 헤르메스에게서 우리의 이해가 언어로 표현되어야 할 목적은 무엇일까? 사물에 대한 이해가 이와 같이 언어를 통해 올바르게 표현되는 것에 힘입어서, 고통 속에서도 우리 자신의 존재이해에 도달할 수 있도록 하기 위해서이다. 그는 하이데거가 이미 말한 바와 같이 '언어는 존재의 집'일 뿐 아니라, '언어는 인간의 집'이기도 하다고 주장했다. "언어는 존재의 집일뿐 아니라 인간이 살고, 그 안에서 살림을 차리고, 만나고, 다른 이들과도 만나는 인간의 집이기도 하다."(Gadamer, 1990, p. 172) 비록 여전히 우리가 고통 속에 빠져 있고, 또한 그 고통으로부터 부딪히게 되는 제한성들을 다소 완화시키는 과정 속에 머물러 있다고 하더라도, 그 가운데 우리는 언어의 올바른 표현을 통해서, 곧 '언어로 나옴'을 통해서 우리가 존재하고 있는 바에 대해 이해할 수 있게 된다.[5]

여기서 우리는 '고통과 언어의 연관성'에 주목할 필요가 있다. 곧 고통은 그에 알맞은 언어들로 표현될 때에 어느 정도 완화될 수 있기 때문이다. "당신의 고통에 말을 건네라. 말하지 못하는 비탄은 그 가슴이 무너져 내릴 때까지 무거운 가슴을 억누른다."(Gadamer,

---

5) 슬로터다이크에 따르면 이와 같이 '언어로 나옴'은 인간의 '세계로 나옴(zur-Welt-Kommen)'으로서 자연사와 문화사의 경계에서 일어나는 생기의 사건체험이라고 할 수 있다. 언어는 "어떻게 세계에서의 인류의 존재가 동시에 '자기 자신에서의 존재(Bei-sich-selbst-Sein)'로 경험될 수 있는가를 인간에게 보여 줌으로써 세계-내-존재의 탈아를 생생하게 경험할 수 있도록"(Sloterdijk, 2004, p. 62) 만들기 때문이다.

2003, p. 47)라는 셰익스피어(William Shakespeare)의 말은 새삼 고통
이 얼마나 언어로 표현되고자 애쓰고 있는지를 잘 보여 준다. 자신
에게 덮쳐온, 이해할 수 없이 낯선 고통이 마침내 적절히 표현되고
이해될 경우, 우리는 그 고통을 모두 다 제거할 수는 없을지라도 그
고통으로부터 어느 정도는 놓여날 수 있다.[6]

　나아가 가다머의 중요한 통찰은 고통이 단지 표현되는 데 그치
는 것이 아니라 '이해'되어야 한다는 데 있다. 가다머는 단순히 고통
이 언어로 표현되기만 하면 되는 것이 아니라 이를 통해 "우리가 존
재하고 있는 바에 대해 이해하는 것"(Gadamer, 2003, p. 29)이 중요
하다고 말했다. 그렇다면 우리가 고통을 언어로 표현함으로써 우
리 자신의 존재에 대한 이해에 도달하게 된다는 것은 과연 무엇을
말하는가? 여기서의 존재이해는 "고통의 감내를 통한 실존의 각성"
(Gadamer, 2003, p. 51) 곧 한계 상황에서 빛을 발하는 야스퍼스(Karl
Theodor Jaspers)의 '실존해명'과 같은 것이라고 할 수 있다. 야스퍼
스가 말한 바와 같이 고통을 통해서 실존적 해명에 도달한다는 것은
가다머에 있어서 각 개인이 존재이해에 이르는 여정을 말한다. 우
리 각자의 존재이해는 자신의 실존적 한계와 더불어 고통 속에서 발
생하며, 그 안에서 비로소 우리 삶의 고유한 차원이 열린다. 왜냐하
면 "삶의 가장 고유한 차원은 우리 자신이 스스로 극복하지 못할 경

---

6) 고통은 한편으로 사적이고 주관적이어서 언어를 파괴하지만, 다른 한편으로 "비록 고
통 그 자체를 언어로 표현할 수는 없으나 다른 어떤 내면적인 필요나 욕구보다 더 강하
게 고통은 언어를 요구한다. 언어를 통해서 자신을 표현하려는 절박하고 강렬한 욕구
를 가지고 있다. 그 욕구는 자신을 과시하려는 사치가 아니라 고통에 대한 항의요, 고
통의 감소나 제거를 바라는 호소다"(손봉호, 2008, p. 75).

우, 그 고통 속에서 예감될 수 있기"(Gadamer, 2003, p.27) 때문이다.

이와 같이 볼 때 가다머는 해석학의 시원이라 불릴 수 있는 헤르메스의 활동 속에서 언어, 고통, 존재이해의 긴밀한 연관성을 드러내고자 한다. 고통에 직면하여 밝혀지는 해석학적 이해란 극복될 수 없어 보이던 고통에 '맞갖은' 표현을 찾아냄으로써, 곧 언어로 표현됨으로써 드러난다. 이러한 언어적 표현과정을 통해서 우리는 한편으로 여전히 고통 속에 있더라도 그 고통에서 조금은 놓여날 수 있게 되기도 하고, 다른 한편으로 그 고통 속에 개시(開示)된 존재이해에 도달할 수 있게 된다.

그런데 이러한 고통에 대한 해석학적 이해, 존재이해와 연관해서 헤르메스가 제우스의 전령으로서 단 하나의 소식이 아닌 '그 자신'의 소식을 전한다는 것, 헤르메스가 지닌 무전제성은 과연 어떤 의미를 지닐까? 이와 같이 고통 속에서 생겨나는 존재이해란 누구에게나 똑같은 단 하나의 소식이 아니라 바로 그 고통 속에서, 바로 그 고통당하고 있는 자가 언어로 가져오는 이해이어야 한다는 것이다. 존재이해는 쉽게 언어로 표현되지는 않지만, 마치 낯선 수수께끼를 풀어내듯이 고통받는 자 스스로에게 고유한 삶의 진리를 해석하는 과정에서 비로소 열리는 총체적인 자기이해라 할 수 있다. 따라서 가다머에게서 고통의 해석학은 단지 의료적 차원에서 통증의 물리적 차원이나 심리치료적 차원에서 고통의 국부적인 결함을 해소하는 데에 그치지 않는다. 오히려 구체적인 개인의 고통앓이를 통해서 자신에게 고유한 언어로 표현되고, 그 가운데 각 개인의 통합적인 존재이해를 밝혀주는 데에 있다. 따라서 헤르메스의 무전제성은 고통 속에 개시된 존재이해의 고유함과 독특함을 강조하여 드러내고, 고통을 실존적이고도 인격적인 차원에서 해석하도록 촉구한다.

3. 자살 청소년의 삶에 드러난 고통의 해석학

가다머에게서 고통은 단지 육체적인 고통을 치료하는 의사들이나 심리적인 고통을 담당하는 심리치료사들의 문제만이 아니다. 오히려 고통에 대한 이해는 철학적인 성찰과 해석을 필요로 하는데, 특히 가다머는 고통이 해석학적으로 중요한 삶의 계기를 이룬다고 보았다. 곧 고통은 삶과 불가분의 관계를 지니고 있으며, 삶의 근본적인 제약이 되기도 하지만 끊임없이 새로운 도전을 하게 한다. 고통을 통해 다가온 쉽게 해결되지 않는 삶의 과제에 대해 우리는 과연 어떻게 대처해야 할까? 가다머가 말한대로 고통 속에서 헤르메스가 전하고자 한 메시지를 어떻게 발견하고 해석할 수 있을까?

이 절에서는 고통을 대하는 가다머의 문제의식과 '고통의 해석학'을 바탕으로 한국 사회에서 고통받는 청소년의 사례에 좀 더 구체적으로 접근하기 위하여 자살한 한 여중생 O 양의 유서를 분석해 보고자 한다. O 양의 유서에서 '헤르메스'가 전하고자 하는 바가 무엇인지를 철학적으로 성찰해 봄으로써, 그녀가 '언어로 가져온' 삶의 텍스트에 드러난 '세상에 대한 이해와 존재이해'를 다각도의 콘텍스트로부터 해석해 보고 비판적으로 재구성해 볼 것이다. 그리하여 그녀가 홀로는 극복하지 못했지만, 그 고통 속에서 예감한 그녀 고유의 존재이해와 삶의 진리를 함께 성찰함으로써 제2의 O 양과의 철학상담을 준비해 보고자 한다. 또한 O 양의 유서는 한 청소년 개인이 삶에서 겪는 고통을 매우 구체적으로 담고 있을 뿐 아니라 한국의 교육현실을 개혁해야 한다는 절실한 사회적 전환의 큰 반향을 낳았던 범례에 해당한다고 할 수 있다. 따라서 이 유서를 분석함으로써 그녀의 자살 이후 과연 교육 현실이 얼마나 변화했으며, 오늘날 청소년의 고통은 어느 정도 완화되었는지를 성찰할 수 있는 시금석을 마련할 수 있을 것이다.[7)]

1) 한 여중생의 자살을 통해 본 청소년의 고통

1986년 1월 서울 강남에서 서울사대부중에 다니던 한 여중생 O 양이 자살을 했다. 이 사건은 당시의 교육계에 큰 반향을 일으켰으며, 많은 교사로 하여금 더 이상 교육현실을 방관하고 있을 수만은 없다는 절박함을 공유하도록 촉구했다. 마침내 그해 5월 10일에는 4대 도시 곧 서울, 광주, 춘천, 부산에서 '교육 민주화 선언'이 잇달았다. 그 당시의 "선언은 이처럼 학생들에게 고통만 안겨 주는 교육현실을 바꾸겠다는 교사들의 의지표현이요 양심선언이었다."(정해숙, 2011) 그 이후로 참교육을 외치는 목소리가 힘을 얻기 시작했고, 교

---

7) 2011년 통계청 조사에 의하면, "우리나라 청소년 만 12~18세 조사대상 979명 중 최근 1년 동안 죽고 싶다는 생각을 해 본 적이 있는 12~14세는 468명(표준오차 1.6, 14.3%)이었으며, 만 15~18세는 511명이었다. 또한 최근 1년 동안 죽고 싶다는 생각을 한 사람 중 실제로 자살시도를 해 본 적이 있는 경우는 만 12~14세는 69명(표준오차 3.2, 7.2%), 15~18세 중에는 66명(표준오차 2.4, 3.4%)이었으며 전 소득수준에서 고르게 자살 생각과 자살 시도가 나타났다"(여은경, 2012, p. 1) 또한 청소년 자살예방 대책이 정부 차원에서 시행되고 있지만, '2010년 사망 원인통계 결과'에 따르면, "10대 전체 사망자의 24.3%인 353명이 자살로 생을 마감하여, 자살이 2009년 이후 여전히 청소년 사망 원인 1위를 차지하고 있다." (함경애, 천성문, 2014 p. 574)

육에 대한 새로운 열망을 반영하며 전교협(전국교사협의회), 전교조(전국교직원노동조합) 등이 결성되었다. 그런데 그 이후, 과연 한국 사회에서의 청소년 교육은 얼마나 달라졌으며, 청소년의 삶에서 고통의 무게는 얼마나 가벼워진 것일까? O 양이 세상에 남긴 편지는 청소년의 삶에 깊숙이 박혀 아직도 진행 중인 고통의 실체를 가리키고 있는데, 우리는 여전히 그녀의 메시지를 알아채지 못하고 있는 것은 아닐까?[8]

O 양의 자살과 유서는 그 당시 사회적으로 깊은 충격을 주었다. 많은 경우 청소년 자살은 '성적 비관'으로 보도되기 일쑤이며, 오늘날의 보도행태도 그리 다르지 않다. 그런데 그녀의 자살이 단순한 성적비관이라고 할 수 있을까? 그녀는 많은 부모와 청소년이 바라는 소위 전교 1등을 성취한 유능한 학생이었고, 그 성적을 적절히 유지하기만 한다면 특히 한국 사회에서 인정받는 일류대학을 진학하고, 유학을 떠났다가 돌아와 알아주는 직장에 취직하는 등의 경로를 무난히 통과해 나갈 수 있는 가능성을 지니고 있었다. 그렇다면 성적비관이라기보다는 그녀에게는 '성적 강박'이라는 표현이 더 잘 들어맞는다고 할 수 있다. 그런데 과연 그녀가 성적 강박 때문에, 다시 말해 성적을 조금 더 잘 받기를 원하는 자기 욕심을 이겨 내지 못해서, 또는 조바심을 내고 더 나은 성적을 받고자 하는 경쟁심 때문에 자살을 택한 것이라고 보아야 할까?

---

8) 세계화, 정보화 등의 사회적 변화 속에서도 한국 사회에서의 학교 현실은 변하지 않았을 뿐 아니라 오히려 "살인적 입시 경쟁 구도는 물론이요, 빈부 격차, 남북 분단과 외세와의 민족 문제 등 본질적인 부분에서 우리 사회는 변화는커녕 질곡이 더 한층 심화되어 있다." (조재도, 최성수, 2010, p. 9)

O 양의 유서로부터 영향을 받은 영화와 노래들이 '행복은 성적순이 아니잖아'라는 타이틀을 달고 있는 것을 보면, 그녀가 남긴 유서의 내용 중에서도 그 당시에 그리고 지금에 이르기까지 그녀의 자살을 이해하는 우리 사회의 콘텍스트가 여전히 '성적 위주'의 공부만을 중시하는 교육현실이라는 점을 잘 알 수 있다. 학교공부만 열심히 하고 성적만 잘 받으면 다른 모든 것을 면제받고 있는 한국 사회 안에서 청소년들의 일상에 비추어 볼 때, 그녀의 자살이 불러일으킨 영향력이 오로지 하나의 목표인 '성적 잘 받는 공부'와 '행복'의 긴밀한 연관성으로 해석되고 있음을 이해할 수 없는 것은 아니다. 그러나 '행복은 성적순이 아니잖아'라는 그녀의 항변은 물론 우리 사회의 편파적 교육의 현실을 여전히 건드리는 뼈아픈 뇌관이기도 하지만, 이는 그녀가 남긴 편지의 한 부분에 불과하다는 점을 주목할 필요가 있다.

우리는 가다머가 말한 바와 같이 O 양이 '언어로 가져온' 텍스트를 한 걸음 더 파고들어가 보아야 하며, 그 텍스트 안에서 그녀가 전달하고자 하는 바에 천착해 보아야 한다. 그리하여 그녀가 고통 속에서 도달한 자신만의 고유한 존재이해에 귀 기울여야 한다. 가다머의 말대로 "삶의 가장 고유한 차원은 우리 자신이 스스로 극복하지 못할 경우, 그 고통 속에서 예감될 수 있기"(Gadamer, 2003, p. 27) 때문이다. 비록 그녀가 자신의 고통을 언어로 가져왔음에도 불구하고, 그녀는 '자살' 이외에 다른 방도로 자신의 고통으로부터 놓여날 수는 없었다. 그러나 그녀가 도달한 그 고통 속에 예감된 존재이해는 한편으로 그녀 개인의 삶을 '총체적'으로 꿰뚫고 있을 뿐 아니라 여전히 한국 청소년의 삶에 깊숙이 놓인 갈등과 모순이 빚어내는 고통의 현실을 고스란히 드러내고 있다. 따라서 그녀의 고통에 대한 좀 더 심층적인 해석학적 이해는 우리 사회 전반을 이끌어 가고 있는 세계관, 인간관, 가치관의 문제점을 '다층적으로' 보여 준다.

2) '경쟁에서 이기는 공부'의 세계관

O 양은 공부로 모든 것이 조준된 삶 속에서 엄마가 자신에게 강요하고 있는 1등 학생에 대한 강한 반발을 표현하면서 편지를 시작한다.

> 난 1등 같은 것은 싫은데……
> 앉아서 공부만 하는 그런 학생은 싫은데. (조재도, 최성수, 2010, p. 91)

그런데 '날 15년 동안 키워 준 사랑스런 엄마'는 왜 자신의 딸에게 그토록 공부를 강요했을까? 여기서 우리는 엄마의 강요가 단순히 엄마의 대리욕망이나 욕구충동으로 볼 것이 아니라 O 양의 엄마가 지녔던 세계관이 과연 무엇에 근거하고 있었는지를 철학적으로 성찰할 필요가 있다.

> 나에게 항상 수단과 방법을 가리지 말고
> 이기라고 하는 분.
> 항상 나에게 친구와 사귀지 말라고

슬픈 말만 하시는 분. (조재도, 최성수, 2010, p. 91)

매일 경쟁! 공부! 밖에 모르는 엄마.

그 밑에서 썩어들어가는 내 심정을

한 번 생각해 보았습니까?(조재도, 최성수, 2010, p. 93)

　O 양의 엄마는 '공부라는 경쟁에서 무조건 이겨야 한다.', '수단과 방법을 가리지 않고 경쟁에서 이겨야 한다.'라는 세계관을 지니고 있었으며, 이것을 이루기 위한 방편으로 친구를 사귀어서는 안된다고 딸에게 강요하고 있었다. O 양은 이러한 엄마의 세계관을 자신의 것으로 받아들이기 힘들었는데, 단지 친구를 사귀지 말라고 해서 감정적으로 슬펐던 것만이 아니었다. 그녀는 그러한 세계관이 전제로 하고 있는 공부가 지니는 장래의 비관적 현실까지 내다보았기 때문에 더욱 심각하게 슬퍼졌다. 다시 말해서 당장 공부를 열심히 하고 이기는 것만을 생각한 것이 아니라 그러한 세계관을 쫓아서 계속 살아갈 경우, 장래에 펼쳐질 삶의 모습을 도저히 받아들이고 희망할 수 없었기 때문에 그녀의 좌절감은 더욱 커질 수밖에 없었다.

　엄마의 세계관에 전제된 '공부'는 매우 근시안적이어서 당장 전교 1등하고, 수업시간에 선생님의 눈에 드는 '공부 잘하는 학생'이 되는 것, 그리하여 '서울대학교 들어간 딸을 가져보는 것'만으로도 실현될 수 있는 것이었다.

전교 ◯등, 반에서 ◯등,

넌 떨어지면 안 된다.

선생님들이 널 본다.

수업시간에 넌 항상 가만히 있어야 한다.

넌 공부 잘하는 학생이니까 장난도 치지 마라.

다음번에 ○등 해라.

왜 떨어졌어?

친구 사귀지 마.

공부해!

엄마 소원성취 좀 해 줘.

전교 1등 좀 해라.

서울대학교 들어간 딸 좀 가져보자. (조재도, 최성수, 2010, pp. 94-95)

그러나 O 양은 엄마의 세계관이 전제로 하고 있는 '경쟁에서 이기는 공부'만이 전부가 아니라고 여겼으며, 그와는 전혀 다른 생각을 가지고 있었다. 그녀는 '순수한 공부'와 그것이 아닌 '경쟁에서 이기는 공부'를 구분하고 있다.

순수한 공부를 위해서 하는 공부가 아닌,

멋들어진 사각모를 위해,

잘나지도 않은 졸업장이라는 쪽지 하나 타서

고개 들고 다니려고 하는 공부. (조재도, 최성수, 2010, p. 92)

여기서 그녀는 '경쟁에서 이기는 공부'의 가까운 미래를 내다보았다. 곧 이는 '사각모'와 '졸업장'의 겉모양으로 보여 줄 수 있는 공부인데, 그녀는 '고개 들고 다니려고 하는 공부'의 이면에 남 앞에서 우쭐대며 과시하려는 욕구가 깔려 있다고 보았다. '경쟁에서 이기는 공부'에 대한 그녀의 비판적 통찰은 여기서 그치지 않았다. O 양이 보기에 이른바 공부만 잘하는 사람들은 대학에서 학부과정을 마치는 데에 만족하지 않고, 그다음 박사과정에 진입하게 되며 유학길에 오르기도 한다. 그녀가 그려 본 '경쟁에서 이기는 공부'의 그다음 모습은 과연 어떠했을까?

> 천만 번 해봐야 무슨 소용이 있고,
>
> 그렇게 해놓고는 하는 짓이라고는 자기 이익만을 위해
>
> 그저 종이에다 글 하나 써서,
>
> '모박사'라고 거들먹거리면서,
>
> 나라, 사회를 위해 눈곱만치도 힘써 주지도 않으면서
>
> 외국에서 하라는 대로 따라 하는 따위. (조재도, 최성수, 2010, p. 92)

O 양은 '경쟁에서 이기는 공부'가 단순히 일류대학을 진학하는 데에 그치지 않고, 박사를 하고 유학을 마쳤다고 할 경우에도 여전히 문제가 많다는 점을 날카롭게 지적했다. 박사들이 쓴 글은 자기이익을 좇는 데에 그치고 있으며, 사회공동체나 국가를 위해서는 실제로 하는 것도 없이 사대주의적 경향만을 그저 반복해서 따르는 데에 그치고 있기 때문이다. 그녀의 비판은 기존의 사회공동체, 국가공

동체의 지식인들이 보여 준 작태를 향하고 있다. 오로지 공부를 통해서 자신의 입지를 굳히고 출세하는 데에 급급하고, 지식인으로서 사회에 대한 진지한 고민과 성찰을 하기보다는 자신의 이익만을 계산하는 데에 그치고 있는 지식인들, 그리고 주체적인 지식인이 되기보다는 일그러진 사대주의적인 모습을 고스란히 드러내고 있는, 특히 유학파 박사 및 교수들에게서 그녀는 아무런 희망도 발견할 수 없다고 여겼다.

아무리 엄마가 '경쟁에 이기는 공부'를 강요했다고 하더라도, 한국 사회에서 그 경쟁을 이겨 낸 이른바 일류 지식인 중에서 그녀가 엄마와 달리 지녔던 생각, 곧 '순수한 공부'의 세계관을 함께 꿈꾸고 실현하는 사람이 있었다면 어땠을까? 만일 그녀가 생각했던 '순수함'이 묻어나는 공부를 하는 지성인, 사대적이지 않고 주체적인 사유를 할 줄 아는 멘토가 있었다면 그녀가 당장의 공부 압박감이나 좌절감을 '견디어 내는 데에' 조금이라도 도움이 되지 않았을까?

3) 조에와 비오스의 구분에 따른 인간관

O 양이 남긴 유서는 '인간다운 삶(vita humana)'에 대한 강렬한 원의를 담고 있다. 과연 그 삶은 왜 그토록 불가능하게 느껴지고, 절망스러웠을까? 여기서 우리는 고대 그리스에서 삶을 표현하는 두 단어, 곧 조에와 비오스의 구분에 주목해 볼 필요가 있다.[9] 아감벤

---

9) 신학적으로는 '조에'와 '비오스'의 구분이 아감벤과 달리 정반대로 사용된다는 점에 유의할 필요가 있다. 신약 성경에서는 '조에'가 단순한 육신적 생명이 아니라 하느님에게서 비롯된 생명, 예수 그리스도의 인격이 계시된 생명 곧 '영적 생명' 또는 '영원한 생명'

(Giorgio Agamben)에 따르면 "조에(zōē)는 모든 생명체(동물, 인간 혹은 신)에 공통된 것으로, 살아 있음이라는 단순한 사실을 가리켰다. 반면 비오스(bios)란 어떤 개인이나 집단에 특수한 삶의 형태나 방식을 가리켰다."(Agamben, 2008, p. 33) 플라톤(Platon)과 아리스토텔레스는 전자의 '벌거벗은 삶'이 아니라 후자에서 정치적 동물로서의 인간다운 삶을 추구했다. 고대에는 이 두 가지 곧 조에와 비오스, 삶(zēn)과 잘 삶 내지 가치 있는 삶(eu zēn)의 구별이 뚜렷했지만, 아감벤은 근대에 들어서 조에와 비오스의 구분이 모호해졌다고 본다. 근대 이후 주권은 푸코(Paul Michel Foucault)가 말한 '생명정치(bio-politique)'의 형태를 띠고 있기 때문이다. 아감벤은 푸코의 입장에 동의하면서 한 걸음 더 나아가 조에와 비오스의 식별이 불가능한 영역으로 빠져들면서, 주권은 오히려 벌거벗은 생명을 근원적인 정치요소로 삼고 있다고 비판했다. "주권권력의 근본적인 행위는 벌거벗은 생명을 근원적인 정치적 요소이자 자연과 문화, 조에와 비오스 사이의 결합의 비식별역으로 산출하는 것이다."(Agamben, 2008, p. 241)

O 양의 텍스트에 드러난 삶의 모습은 조에와 비오스가 식별되지 않는 모순을 명확히 드러내 보여 준다. 먼저 그녀는 자신이 로봇, 인형, 돌멩이가 아니라 '인간'이라고 항변했다. 그렇다면 그녀가 생각한 인간은 어떤 모습일까? 친구를 좋아하고, 친구와 헤어지면 울 수 있는 감정을 지닌 존재일 뿐 아니라, 자신이 소중하게 지키고 싶은

을 의미하는 반면, '비오스'는 현실적인 지상의 생명, 육체적 생명으로서의 생물학적 개념으로 사용된다.

인생관, 가치관이 무참히 희생될 때는 그 모욕감을 견딜 수 없어서 '떠는' 존재이다.

> 난 인간인데.
>
> 난 친구를 좋아할 수도 있고,
>
> 헤어짐에 울 수도 있는 사람인데.
>
> 어떤 땐 나보고 혼자 다니라고까지 하면서
>
> 두들겨 맞았다. (조재도, 최성수, 2010, p. 91)
>
> (……)
>
> 난 로보트도 아니고 인형도 아니고,
>
> 돌멩이처럼 감정이 없는 물건도 아니다.
>
> 밟히다, 밟히다 내 소중한 내 삶의
>
> 인생관이나 가치관까지 밟혀버릴 땐,
>
> 난 그 이상 참지 못하고 이렇게 떤다. (조재도, 최성수, 2010, p. 93)

더욱이 O 양은 가장 가까운 보살핌의 관계에 있는 엄마와의 지옥 같은 공생을 계속해야 함과 동시에 엄마가 이루고자 하는 소원을 성취해야 하는 대리인으로서 살아가야만 했다. 그럼에도 자신을 가장 가까이서 힘들게 하는 존재가 엄마라서, 곧 '날 15년 동안 키워준 사랑스런 엄마'라서 가족공동체 안에서 자신의 삶이 지닌 모순은 더욱 힘겹게 느껴졌다. 더욱이 공부의 경쟁에서 이기기만을 바라며 친구와의 관계를 빼앗고 '혼자 다니라고' 하면서 때리기까지 하는 엄마와의 삶은 그야말로 '조에'의 삶 그 자체였다.

이러한 O 양의 삶의 현실은 아감벤이 말한 '호모 사케르'와 다를 바 없었다. 아감벤에 따르면 호모 사케르란 말 그대로 '신성한 인간'을 의미하는 것이 아니라 역설적이게도 고대 로마에서 사회로부터 배제되는 형벌을 받은 죄인을 뜻한다. 고대 로마에서 호모 사케르는 비오스를 빼앗긴 조에의 삶을 살아가는 존재였다.[10] 그런데 문제는 호모 사케르가 비록 신체적으로는 살아 있다고 하더라도, 아무런 법적 권리를 지니지 못하기 때문에 만일 누군가 호모 사케르를 해친다고 해도 아무런 처벌을 받지 않게 된다는 데에 있다. 호모 사케르란, 그야말로 '벌거벗은 생명', "살해는 가능하되 희생물로 바칠 수는 없는 생명"(Agamben, 2008, p. 45)이기 때문이다. 이와 같이 볼 때 호모 사케르로서 O 양은 조에적 삶을 살고 있어서 아무런 보호를 받지 못하고, 전혀 인간다운 삶을 살 수 없는 존재였다고 할 수 있다.

또한 그녀는 가까운 미래에 중학교를 졸업하고 나서도 가족을 떠나 멀리 떨어진 고등학교에 진학하여 그 기숙사에서 '죽도록 공부만 해야' 하는 운명에 처해 있었다.

> 졸업하면 나는 아예 그 먼 고등학교에 가서는
>
> 집에 갇혀서 죽도록 공부만 해야 될 것이다(으, 끔찍하다). (조재도,
>
> 최성수, 2010, p. 96).

---

10) 프로이트도 이미 '사케르'라는 용어를 양가적인 의미에서 '신성하고도 저주받은 (heilig und verflucht)'이라고 해석한 바 있다(Agamben, 2008, p. 167 참조).

그 먼 고등학교는 명문 고등학교를 말하는데, 거기서의 공부는 푸코가 간파한 대로 "자본주의가 요구하는 이른바 '순종하는 신체(corps dociles)'를 산출해낸 새로운 생명권력(bio-pouvoir)의 규율적 통제가 없었다면 불가능했을 것이다."(Agamben, 2008, p. 37) 이러한 학교를 용인할 뿐 아니라 독려하고, 거기서 길러진 엘리트들에 의해서 움직이는 사회는 여전히 호모 사케르를 묵묵히 양산하고 있지 않은가? 아감벤에게 호모 사케르는 강제수용소의 유대인, 관타나모 수용소의 포로들, 신분 증명 서류가 없는 사람들, 무법의 공간에서 추방을 기다리는 난민들, 산소 호흡기에 묶인 채 간신히 연명만 하는 중환자실의 환자들이었지만, O 양처럼 겉보기에는 교육이라는 허울로 잘 포장된 예외의 상태에서 삶의 주도권을 빼앗긴 채 살아야 하는, 자신의 삶을 '박탈당한 존재'야말로 현대판 한국 사회에서의 호모 사케르라 할 수 있다.

그런데 O 양은 노예적인 '조에'로부터 벗어나 인간다운 삶 곧 '비오스'를 꿈꿀 수 있는 존재이기도 했다. 그녀에겐 꿈이 있었고, 누구보다 친구를 원했고 그 친구들과의 교류를 원했다. 비록 친구들 중에는 공부를 못하거나 돈이 없는 친구도 있겠지만, 그렇다고 엄마가 그들과의 교류를 막을 권리는 없지 않은가? 그녀는 친구와 편지를 주고받는 데에서 자신의 꿈을 친구와 함께 나누며 항상 새롭게 의미부여하고 이를 펼치고 싶었다.

난 꿈이 따로 있는데, 난 친구가 필요한데……
이 모든 것은 우리 엄마가 싫어하는 것이지. (조재도, 최성수,

자기가 뭔데 내 친구 편지를 자기가 읽는 거야.

그리고 왜 찢는 거야.

난 사람도 아닌가?

내 친구들은 뭐, 다 못난 거야?

그리고 왜 약한 사람을 괴롭혀?

돈! 돈! 그게 뭐야.

그게 뭔데 왜 그렇게 인간을 괴롭히는 거야.

난 눈이 오면 한껏 나가 놀고 싶고,

난 딱딱한 공해보다는 자연이 좋아.

산이 좋고, 바다가 좋고……. (조재도, 최성수, 2010, p. 95)

여기서 O 양이 원하는 삶의 모습, 인간다운 삶의 모습이 고스란히 표현되어 있다. 그것은 그리스어의 '비오스' 곧 "스스로를 해석하거나(auslegende) 혹은 타자에 대해서 이해할 수 있는(verstehbar) 삶"[11]을 의미한다고 할 수 있으며, 그 이해를 친구와 나누는 삶이다. 또한 그녀는 친구만이 아니라 자유로운 삶, 곧 음악을 듣고 문화를 영위하는 삶을 살고 싶었으며, 나아가 자연 곧 산과 바다와도 교감하는 삶을 원했다. 이러한 비오스적 삶의 모습은 오늘날에도 여전

---

11) 가다머는 그리스에서 '삶'이 '조에(zoē)'와 '비오스(bios)'로 구분된다는 점에 천착하여, '조에'로부터는 '동물학(Zoologie)'이, '비오스'로부터는 '전기(Biographie)'가 유래한다는 점을 밝혀냈다(Gadamer, 1993, p. 178 참조).

히 우리의 청소년들이 꿈꿀 수 있는 것이 아닐까? 오늘날 한국의 청소년들은 과연 O 양이 경험한 비오스와 조에의 모순적 갈등을 얼마나 벗어나 있을까?

4) 배려와 보람을 추구하는 행복의 가치관

O 양의 편지는 가치에 대한 진지한 고민도 고스란히 담고 있다. 그녀는 과연 어떤 가치를 추구하며 실현하고 싶었을까? 그녀는 돈과 명예로 보장되는 이기적 행복에 강한 반발을 제기했다. 그녀는 "돈! 돈! 그게 뭐야. / 그게 뭔데 왜 그렇게 인간을 괴롭히는 거야." (조재도, 최성수, 2010, p. 95)라고 말했다. 그녀의 자살 이후 많은 사람이 그녀의 '행복은 성적순이 아니잖아?'라는 의문에 가장 큰 공명을 표현했다. 이는 한국 사회 안에서 그리고 교육현장에서 그녀의 자살이 끼친 영향력이 여전히 '행복과 성적순'의 상관관계에 대한 고민과 갈등에 가장 깊게 자리 잡고 있음을 잘 보여 준다.

> 행복은 성적순이 아니잖아?
> 난 그 성적순위라는 올가미에 들어가
> 그 속에서 허우적거리며 살아가는 삶에 경멸을 느낀다. (조재도,
> 최성수, 2010, p. 94)

O 양이 성적순에 의해서 보장되는 행복에 대해 크나큰 환멸을 느낀다고 고백했음에도 불구하고, 한국 사회는 여전히 그 전제가 담고

있는 '성적순의 행복'이라는 가치관을 가족공동체와 학교교육 안에서 여전히 주입하고 있지는 않은가? O 양이 말한 '성적순의 행복'이라는 가치관은 단지 한 개인이 저항할 수 없는 현실을 반영하는 가치관이기 때문에 어쩔 수 없이 계속 추구해야만 하는 것일까? 그녀는 '성적순의 행복'이라는 가치관을 단순히 의문시하는 데에 그치지 않았다. 왜냐하면 그녀가 꿈꾸는 또 다른 행복에 대한 가치관을 전제하고 있었기 때문이었다.

> 공부만 해서 행복한 건 아니잖아?
> 공부만 한다고 잘난 것도 아니잖아?
> 무엇이든지 최선을 다해 이 사회에 봉사,
> 가난하고 불쌍한 사람을 위해 조금이라도 도움을 주면
> 그것이 보람있고 행복한 거잖아.
> 꼭 돈 벌고, 명예가 많은 것이 행복한 게 아니잖아.
> 나만 그렇게 살면 뭐해?
> 나만 편안하면 뭐해?(조재도, 최성수, 2010, pp. 92-93)

O 양이 '경쟁에서 이기는 공부'라는 엄마의 세계관을 고스란히 내사해서 받아들일 수 없었고, 앞서 말한 바 있는 '순수한 공부'를 지향할 수 있었던 데에는 그녀가 엄마와는 전적으로 다른 가치관을 지니고 있었기 때문이다. 곧 그녀는 나만의 편안하고 이기적인 삶 속에서 '돈과 명예를 추구하는 행복'이라는 가치를 받아들일 수 없었다. 그녀는 최선을 다해서 이 사회에 봉사하고, 타인과 나누는 삶, 이웃

을 배려하되 가난하고 불쌍한 사람에게 더 많은 배려를 하는 삶 속에서 '돈'이 아닌 '보람을 추구하는 행복'이라는 가치를 추구하고 싶었다. 이러한 가치의 충돌이 그녀의 삶을 더욱 고통스럽게 했던 것이다.

마침내 그녀는 이러한 가치를 실현해 나가는 데에 있어서 가족공동체와의 모순에 빠져 있는 자신을 발견했다. 그리고 나서 미워할 수 없는 사랑하는 엄마, 그리고 방황하는 동생을 구해야 한다는 사명감까지도 갖게 되었다.

> 하지만 사랑하는 우리 엄마이기 때문에……
> 아, 차라리 미워지면 좋으련만,
> 난 악의 구렁텅이로 자꾸만 빠져들어가는
> 엄마를 구해야만 한다.
> 내 동생들도 방황에서 꺼내줘야 한다.
> 난 그것을 해야만 해. 그치?(조재도, 최성수, 2010, pp. 93-94)

마침내 O 양은 '악의 구렁텅이에 빠진' 사랑하는 엄마와 그 엄마의 닦달에 지쳐서 자신과 같은 고통스런 현실 속에서 방황하고 있는 동생을 구하고 싶은 열망에 빠지게 되었다. 그런데 그녀가 아무리 힘들었다고 하더라도 자신의 생명을 내던지면서까지 '그것을' 해야 했을까? 그녀가 죽음을 받아들이는 태도는 비장하기까지 했다. 왜냐하면 그녀는 이 죽음이 헛되거나 그저 슬픔으로 끝나는 것이 아니며, 자신의 희생을 통해서 이루고자 한 것이 겉으로 드러나는 슬픔

보다 더 큰 것을 가져다줄 것이라고 굳게 믿고 있으며, 그것을 신에게 기도드리고 있었기 때문이다. [12]

> 난 나의 죽음이 결코 남에게
>
> 슬픔만 주리라고는 생각지 않아.
>
> 그것만 주는 헛된 것이라면,
>
> 난 가지 않을 거야.
>
> 비록 겉으로는 슬픔을 줄지는 몰라도,
>
> 난 그것보다 더 큰 것을 줄 자신을 가지고
>
> 그것을 신에게 기도한다. (조재도, 최성수, 2010, p. 96)

　O 양이 '이웃을 배려하고 봉사하며 보람을 추구하는 행복'의 가치관을 지녔다고 하더라도 그것을 알리고 우선적으로 엄마와 동생을 구하고자 하는 구체적인 행위가 '자살'이었다는 점은 우리에게 너무도 큰 안타까움을 안겨 준다. 또한 그녀가 죽음을 넘어서서 희망했던 곧 신께 마지막으로 기도했던 '더 큰 것'의 의미가 그녀의 자살로밖에 표출될 수 없었다는 점은 한국 사회에서 청소년이 겪는 고통의 극한을 잘 보여 준다. 그 어떠한 '더 큰 것도' 극단적인 선택으로서

---

12) 이러한 맥락에서 그녀의 자살은 충동적이라기보다는 '성찰적'이라고 할 수 있다. 박형민은 자살한 사람들의 유서를 분석하면서, '소통적 자살'이라는 개념을 내놓았다. 곧 자살행위는 '성찰성', '메시지', '타자지향성'이라는 차원을 지닌다. 그에 따르면 자살은 실패와 좌절 속에서 자신의 삶을 전적으로 포기하는 단순한 회피행위가 아니라, 다른 사람을 향한 의도를 가진 적극적인 행위일 수 있다. 따라서 자살자에게 자살은 단지 끝을 의미하지 않으며, '성찰적으로 구성되는' 삶의 프로젝트의 일부를 이룬다 (박형민, 2008, pp. 129-160 참조).

의 자살을 통해서 실현되어서는 안 된다는 것 곧 자신의 '생명'을 스스로 버리는 희생의 대가로 얻어 내어서는 안 된다는 것을 함께 생각해 보고, 그 생각을 나눌 수 있는 기회, 자신의 삶을 함께 성찰할 수 있는 기회가 과연 우리의 청소년들에게 마련될 수는 없을까?

물론 그녀의 자살이라는 희생을 통해서 한국 청소년의 교육환경에 대한 작은 사회적 변화의 계기가 마련되기는 했지만, 그녀의 자살은 너무도 극단적인 선택에 따른 행위이기 때문에 더 이상 반복되어서는 안 될 것이다. 더욱 심각한 문제는 O 양이 추구한 '이웃을 배려하고 봉사하며 보람을 추구하는 행복'의 가치관은 오늘날 한국 사회의 청소년에게도 여전히, 아니 더더욱 먼 비현실적인 이상으로만 들릴 뿐이라는 점이다. 청소년의 눈앞에 펼쳐진 구체적인 현실은 너무도 구체적인 돈과 명예를 추구하는 경쟁적 공부를 죽도록 해야만 하는 조예적 삶의 고통이 계속되고 있기 때문이다.

4. 고통의 해석학을 실천하는 철학상담

가다머의 '고통의 해석학'에서는 고통을 '언어로 가져오는 것'이 핵심이며, 가다머는 그 가운데 고통의 완화와 존재의 이해가 성취된다고 주장했다. 그런데 자살한 O 양의 유서에서는 고통이 언어로 표현되기는 했지만, 고통의 완화와 존재이해에 도달하지 못했으며, 결국 그녀는 자살하고 말았다. 만일 '고통의 해석학'을 함께 실천할 수 있는 철학상담의 기회가 주어졌다면 그녀의 자살을 예방할 수 있었을까? 비록 과거에는 철학상담의 기회가 주어지지 않았지만, 앞으로의 철학상담을 예비하면서 앞 절에서는 O 양의 유서를 '텍스트'로 삼아서 그녀가 말하고 싶었던 바를 다층적 '콘텍스트'로부터 해석해 보고 재구성해 보았다. 이제 철학상담이 이러한 '고통의 해석학'을 구체적으로 실천해 나가기 위해 필요한 것들에 대해 숙고해 보고자 한다. 특히 O 양과 같은 청소년의 고통을 해석하는 데에 있어서 철학상담이 주목해야 할 바와 유의할 점은 과연 무엇일까?

1) 고통받는 청소년 내담자의 텍스트를 해석하는 철학상담

철학상담에서 해석학은 "내담자가 살아 왔으며 또 현재 살고 있는 '텍스트'를 해석하거나 이해하기 위한 공감적인 시도"이며, 이는 "철학상담자가 내담자로 하여금 그 자신의 문제와 근심거리를 상호 대화를 통해 이해하고 표현하도록 도움으로써 그 내담자를 이해하려는 시도"이자, "내담자 자신의 특수한 '맥락(con-text)'과 보편적인 맥락 안에서 가지는 정치적·사회적·관계적·개인적 한계의 배경과 더불어 그 내담자를 이해하려는 것"이다. 여기서의 '텍스트'는 "내담자가 대화 중에 자신의 삶과 관련해서 상담자에게 노출시킬 수도 있는 것"(Raabe, 2010, p. 44)을 말하며, 이러한 내담자의 텍스트를 내담자 자신의 삶에 고유한 '콘텍스트'와 더 넓은 '콘텍스트' 곧 사회적, 정치적, 문화적 배경 및 세계 그리고 철학적 사유와의 연관성 속에서 내담자와 상담자가 함께 해석하는 것이야말로 철학상담의 과제라 할 수 있다.

나는 비록 O 양과 직접적인 철학상담의 기회를 갖지는 못했지만,

그녀의 유서를 '텍스트'로 놓고 그 안에서 그녀 자신이 진정으로 말하고자 한 바를 '이해'하기 위해서, 그 텍스트를 다층적인 콘텍스트로부터 '해석'해 보았다.[13] O 양이 남긴 '텍스트'는 O 양 개인이 감내해야 했던 공부에 대한 압박감과 경쟁심의 '정서적' 문제만을 표출하고 있다기보다는 자신의 환경과 사회 전반에 대한 비판적 사유와 가치관의 갈등을 담고 있다.

예를 들어서, 가정과 학교환경의 '경쟁하는 공부'라는 사회적 '콘텍스트' 속에서 한국 사회의 지식인의 위상과 역할에 대한 날카로운 비판과 함께 자신이 그러한 지식인이 되고 싶지는 않다는 자괴감과 절망이 표현되어 있다. 이와 동시에 O 양이 품고 있던 '순수한 공부'에 대한 열망과의 직·간접적인 조우가 원천적으로 봉쇄되었다는 점은 한국의 청소년이 직면하고 있는 교육환경에 대한 비판적 성찰과 함께 오늘날도 여전히 해결해야 하는 과제를 안겨 주고 있다.

O 양과 같은 청소년의 경우, 우리는 대부분 '부모와의 정서적 관계'의 결핍을 해소해 주려 하거나 공부라는 심리적 '압박감'을 덜어 주려는 상담이나 심리치료의 권위적인 개입으로 도움을 주려고 시도한다. 물론 현실적으로 그러한 심리적 도움이 절실한 국면도 있으며, 그러한 도움에 힘입어 고통을 극복하고 건강을 되찾은 청소년도 많이 있다. 그런데 고통받는 청소년에게 또 다른 상담 곧 '철학상

---

13) 여기서 우리는 이해와 해석의 관계를 좀 더 심층적으로 바라보아야 한다. 린트제트는 "이해한다는 것은 항상 해석한다는 것을 말한다"고 주장했다. 그에 따르면, 텍스트라는 것은 경험할 수 있고 인식할 수 있는 세계를 개시하기 때문에, 텍스트의 이해는 개시되는 존재와 세계에 대해 해석하는 작업이 항상 뒤따라야 한다(Lindseth, 2005, p. 24 참조).

담'의 기회를 줄 수는 없을까? O양이 당할 수밖에 없었던 고통의 경험에서 홀로 써내려 간 독백의 텍스트로부터 우리는 한국 청소년이 함께 처해 있는 삶의 콘텍스트가 담고 있는 뼈아픈 현실을 읽어 낼 수 있었다.

그녀에게서 가장 안타까운 것은 그녀가 자신의 삶에서 경험한 내면세계의 갈등을 좀 더 크고 보편적인, 또는 다층적인 '콘텍스트'와 연관시켜서 성찰해 보고 대화를 나눌 수 있는 기회가 주어지지 않았다는 점이다. 라베(Peter B. Raabe)는 "내담자와 상담자가 내담자의 삶을 그 자체로 해석하는 작업에서, 그리고 내담자의 삶을 다양한 사회적 상황이나 단순히 더 큰 세계의 맥락 안에서 해석하는 작업"(Raabe, 2010, p. 44)에서 철학상담이 해석학으로서 지니는 특징을 발견하고 있다. 특히나 O양처럼 글쓰기를 통해서 고통을 '언어로 가져오는' 재능을 지닌 청소년이 자신의 언어로 표현하고, 생각하며, 꿈꾸는 사태를 대화의 중심에 두고, 철학상담자와 함께 다시 표현해 보고, 다시 생각해 보며, 함께 꿈꾸어 보는 대화의 기회를 가질 수 있었다면, 자신이 처한 상황을 더 이상 비극적으로만 파악하지 않고 견딜 수 있게 되었을 것이다.

2) 청소년의 주체성을 공명하는 산파술로서의 철학상담

청소년 내담자 텍스트에 드러난 삶의 진리를 성찰하는 해석학적 작업은 리쾨르도 이미 지적한 것처럼 텍스트를 읽는 "주체의 자기 해석 가운데 절정에 이르며, 이때 그 주체는 자신을 더 잘 또는 다르게 이해하게 되거나 [경우에 따라서는] 비로소 그 자신을 이해하기 시작하게 된다."(Raabe, 2010, p. 44) 가다머도 해석학적 입장에서 고통당하는 환자의 주체성을 강조한 바 있다.[14] 그는 자칫 의사가 주체가 되어서 환자의 고통을 초래한 온갖 어려움과 장애를 없애는, 곧 '무엇인가를 제거해(wegnehmen)' 버려서는 안 되며, 고통의 주체가 바로 그 고통을 당하고 있는 자 자신이라는 점을 깨달아야 한다고 말했다.[15] 따라서 그는 심리치료나 상담에서만이 아니라 의료에서도 의사는 단지 그 환자의 삶이 고통 속에서 요구하고 있는 바를 이해할 수 있도록 도와야 한다고까지 강변했다.[16]

가다머의 '고통의 해석학'이 환자의 주체성을 강조하고 있는 것과 맥락을 같이 하여 오늘날 철학상담을 새롭게 시도하고 있는 아헨바흐는 '철학실천으로서의 철학상담'에서 내담자의 주체성이 최대한 보장되어야 한다고 주장했다. 그는 먼저 슐라이어마허(Friedrich Schleiermacher)의 해석학적인 전통과의 연관성 속에서 "이해가 철

---

14) 미셸 드 몽테뉴(Michel de Montaigne)는 40세 이후 결석과 대장염으로 고생하면서도, 바로 자신이 직면한 고통을 성찰하고 해석하면서 저술 활동을 계속했다. 단적으로 그는 "네가 네 고통을 이기지 못한다면, 그 고통이 너를 이길 것이다."라고 했는데, 가다머는 몽테뉴가 고통을 이겨내는 주체가 '의사'가 아니라 '너' 곧 고통당하는 자신임에 주목했다(Gadamer, 2003, p. 37).

15) 강신익은 질병(疾病, disease)과 병환(病患, illness)을 구분했다. 그에 따르면, "전자에서는 병이 주체고 사람은 객체인 반면, 후자에서는 인간이 주체가 되고 병은 이해와 해석의 대상이 된다."(Cassell, 2002, p. 10) 이러한 구분에 따르면 "고통은 육체가 아닌 인간에게 가해진다."(Cassell, 2002, p. 21) 카셀(Eric J. Cassell)은 질병 중심의 의학에서 병을 앓는 인간 중심의학으로의 전환을 촉구하는데, 이는 가다머와 같은 문제의식이라고 볼 수 있다.

16) 가다머에 따르면 의사는 직접적으로 고통을 없애 주느라 무언가를 하는 것이 아니라, 단지 환자가 "건강해지도록 일정하게 조정하는 방식으로 기여"(gewisse Steuerungsbeiträge zur Gesundheit)할 수 있을 뿐이다(Gadamer, 1993, p. 141 참조).

학실천의 핵심에 있다."(Achenbach, 2010, p. 276)라고 말했다. 여기서 철학상담이 목표로 하고 있는 이해는 다름 아닌 내담자 스스로의 자기이해이다. 아헨바흐는 이러한 내담자의 자기이해를 돕는 철학적 대화를 나눈 소크라테스를 최초의 철학상담자로 꼽고 있으며, 소크라테스 대화를 오늘날 철학상담의 원형으로 삼았다. 물론 오늘날 다른 상담이나 심리치료에서도, 특히 인지적 접근에서 소크라테스 대화나 소크라테스의 논박술을 실제로 많이 활용하고 있는 것이 사실이다. 그러나 이와 달리 아헨바흐는 소크라테스 대화가 지닌 논박술과 산파술의 긴밀한 상호연관성을 중요시할 뿐 아니라 소크라테스적 산파술에 더 큰 강조점을 두었다.[17]

아헨바흐에 따르면 오늘날 철학상담은 내담자의 삶을 비판적으로 검토하고 성찰함으로써 인간다운 삶, 참되고 올바른 삶으로 다가갈 수 있도록 내담자로 하여금 스스로 자신의 진리를 낳도록 도와야 한다. 따라서 철학상담은 "철학적으로 이미 정해진, 하나의 궤도로 데려오는 것이 아니라, 그로 하여금 그 자신의 길을 계속 가도록 하는 것"(Achenbach, 2010, p. 16)이다. 이와 같이 볼 때 철학상담이 목표로 하는 것은 상담자의 권위적 개입에 의해 내담자를 진단하고 처방하는 것이 아니라, 철학적 대화를 통해서 내담자들로 하여금 자기 삶에 자신이 주체가 되어서 자기이해에 이르도록 돕는 데에 있음을 알 수 있다. 물론 이러한 과정이 치료적인 결과를 가져올 수 있다는 것을 부인하지는 않지만, 병인론에 근거한 처방과 치료 그 자체를

---

17) 상담의 인지적 접근과 소크라테스 대화의 유사성과 차이점에 대해서는 노성숙(2012, pp. 218-226) 참조.

목표로 하지 않는다는 점에서는 차이가 난다.

　이러한 철학상담의 입장에서 보자면, O 양은 중3의 어린 나이였지만, 이제 막 소크라테스가 말하는 진리, 곧 자신만의 진리를 낳고자 몸부림치고 있었다. 그녀는 한편으로 가족 안에서나 학교에서의 '경쟁에서 이기는 공부'의 세계관, '조에적 삶'을 사는 인간관, '돈과 명예의 이기적 행복'을 추구하는 가치관에 대해 깊은 절망에 빠져 있기도 했지만, 또 다른 한편으로 '함께하는 순수한 공부'의 세계관, '비오스적 삶'을 사는 인간관, '배려와 보람의 행복'을 추구하는 가치관을 꿈꾸며 자신의 진리를 찾아 나서고 있었다. 이러한 모순과 갈등에 대해서 철학상담을 통해 진지하고 솔직하게 대화를 나누며 다양한 생각, 곧 같은 생각과 다른 생각을 함께 숙고해 볼 수 있었다면 어땠을까?

　물론 기존의 상담과 심리치료에서처럼 그녀가 느낀 절망과 좌절을 정서적으로 공감해 주는 것만으로도 큰 위로가 될 수 있다. 그런데 한걸음 더 나아가 그러한 정서와 감정만이 아니라 그녀가 품은 '생각들', 곧 그녀가 꿈꾸는 세계관, 인간관, 가치관이 현실과 떨어진 이상이라서 당장은 실현될 수 없다고 하더라도, 여전히 그러한 '생각들'에 대해 함께 좌절하기도 하고 함께 꿈꾸기도 하는 사람들이 있다는 것을 공명할 수 있는 만남의 기회를 마련할 수도 있지 않을까? 만일 O 양이 철학상담을 통해서 진정한 산파를 만날 수 있었다면, 그녀는 자신의 진리를 낳고자 좌충우돌하다가 난산으로 인해 사망하지 않았을 것이다. 그리하여 그 모든 고통 속에서 절망했다 할지라도 그 모든 것보다 '자신이 주체가 되는 생명'을 우선할 수 있었을 것이며, 제 아무리 폭력적으로 외부에서 자신의 생명을 위협하더라도 자신의 '생명권'을 주체적으로 지켜 낼 수 있었을 것이다.

3) 청소년의 세계관, 인간관, 가치관을 해석하는 철학상담

라하브는 기존의 심리상담 및 심리치료와 구별되는 철학상담적 접근의 공통적인 원리를 '세계관해석'이라고 보았다. 그에 따르면 세계관은 개인이 일상적 삶의 다양한 측면을 접하는 데에 있어서 가장 전제가 되는 철학적 견해이며, 이것을 해석하는 작업은 최근 시도되고 있는 다양한 철학상담의 일반적인 원리이자, 철학상담의 다양한 접근을 위한 공통의 개념구조틀로서 간주될 수 있다.

라하브에 따르면 세계관은 "인과적으로 구체적인 사건에 의해 영향을 받는 어떤 유형도 아니며, 내담자의 마음에 거주하는 그 어떤 것도 아니다. 그것은 오히려 내담자 자신과 실재에 관한 그의 개념구조와 철학적 함축성을 해석하는 추상적인 구조틀이다. 말하자면 조직하고, 구별하고, 관계를 이끌어 내고, 비교하고, 의미를 부여하여 내담자 자신과 자신의 세계에 대한 다양한 태도를 형성하는 것과 동등한 체계이다."(Lahav & Tillmanns, 2013, pp. 8-9) 따라서 세계관 해석은 인지치료나 합리정서치료 등의 상담의 인지적 접근에서와 같이 내담자의 인지도식을 단지 인과적인 연관성으로 밝혀내거나 그것의 물리적 실재를 실증적으로 제시하는 방식으로 전개될 수 없다. 내담자가 자신의 삶의 방식에서 자신과 세계에 대해 의미구조화하고 있는 좌표설정의 체계를 포착해내고, 그것이 지닌 함축성을

'철학적으로 해석'하는 작업이 뒤따라야 하기 때문이다.

나는 라하브의 세계관해석을 철학상담의 한 원리로 받아들이면서도, 앞서 O 양의 유서를 분석하는 과정에서 세계관해석을 좀 더 세분화하여 '인간관', '가치관' 등에 대한 철학적 성찰로 심화시킬 필요가 있다고 보았다. 또한 이 과정에서 가다머가 말한 '고통의 해석학'이라는 문제의식을 전면적으로 수용해야 할 필요성을 느꼈다. 곧 철학상담은 통합적이고 총체적인 '세계관'을 해석하는 과정에서 한 걸음 더 파고들어가서, 내담자의 곤경이나 고통에서 언어로 표현된 삶에 전제된 '인간관'과 '가치관'의 내적인 구조를 파악하고, 그것이 내용적으로 지닌 '의미세계'와 '존재이해'를 철학적으로 성찰하고 이해하는 작업을 수행해야 한다.

바로 이 지점에서 철학상담은 내담자의 고유한 삶에서 좀 더 구체적이고 '개별적'인 텍스트와 그것이 놓여 있는 총체적이고 '보편적인' 콘텍스트를 연관시키는 철학적 성찰을 해 나가야 하며, 그 과정에서 바로 '부분과 전체'의 연관성을 동시에 검토할 수 있는 '해석학적 접근'을 수행해야 할 것이다. 이와 같이 청소년 내담자들의 삶을 그 자체의 텍스트로 보고, 다층적인 콘텍스트와 함께 그들의 세계관을 해석하고 또 재해석하는 작업 곧 내담자와 상담자, 텍스트와 콘텍스트 사이에서 해석학적 순환을 끊임없이 반복해 가는 작업을 통해서 철학상담은 내담자의 주체적 자기이해를 촉진할 수 있을 것이다.[18]

---

18) 하이데거는 치료자에 따라 두 가지의 치료 곧 지지치료와 통찰치료를 구분했다. 전자는 의사가 환자에게 뛰어들어서 환자를 대신하는 것(einspringende Fürsorge)이며,

5. 청소년의 고통을 이해하는 철학상담

가다머에게서 고통의 해석학은 현대의학의 통증치료에서처럼 고통을 단지 없애 버려서는 안 된다는 문제의식에서 시작한다. 그는 고통이라는 것이 존재이해를 위한 '과제'이자 자신의 삶의 고유한 차원을 경험할 수 있는 '기회'라고 간주하며, 자신만의 고통을 견디어 냄으로써 도달할 수 있는 '기쁨'을 누릴 수 있도록 독려해야 한다고 촉구했다. 그러나 O 양은 자신이 당한 고통을 새로운 존재이해를 위한 삶의 '과제'로 삼거나 그 고통스런 삶으로부터 좀 더 넓고 큰 세계의 콘텍스트를 접할 '기회'를 만날 수 없었으며, 결국엔 기쁨과는 상반되는 깊은 '좌절' 속에 죽고 말았다.

그런데 그녀만이 아니다. 오늘날도 여전히 '경쟁에서 이기는 공부'의 세계관, '조에적 삶'의 인간관, '성적순의 돈과 명예를 추구하는 행복'의 가치관이 한국 사회에 팽배해 있다. 그로인한 크나큰 좌절에 빠져 가족공동체, 학교공동체, 사회공동체의 경계에서 방황하면서, 그 고통의 아무런 출구를 발견하지 못한 채, 마침내 '자살'이라는 극단적인 선택을 하는 청소년이 여전히 존재하고 있다. 특히나 청년실업이 늘어가고 있는 사회적 현실로부터 청소년에게 '경쟁에서 이기는 공부'에 대한 부담이 고스란히 홀로만의 고통으로 전가되면서, 조에적 삶에 따른 압박감이 더욱 강해지는 가운데에 '이웃을

치료자가 환자의 문제를 대신 떠맡는 것으로서 환자의 의존적 욕구를 충족시켜 준다. 후자는 환자에게 뛰는 법을 가르치고 보여 주는 것(vorausspringende Fürsorge)이며, 환자가 자신의 문제나 짐을 스스로 지탱하도록 돕는 것이다. 현상학적-해석학적 대화를 통한 치료인 현존재분석과 마찬가지로 철학상담은 후자에 해당한다(Boss, 2013, p. 38 참조).

배려하고 봉사하며 보람을 추구하는 행복'의 가치관은 이제 아주 먼 비현실의 이상으로만 비춰질 뿐이다.

그럼에도 이러한 현실에서 모두가 무력감을 느끼고 주저앉기만 할 것이 아니라 청소년이 겪고 있는 삶의 고통을 그 뿌리에서부터 이해하고자 노력하고, 제2의 O 양이 더욱 깊은 실존적 좌절에 빠지지 않도록 그들과 만나서 '철학적' 대화 나누기를 시작해야 할 것이다. 아헨바흐는 내담자가 지닌 가장 큰 요구는 '되도록이면 제대로 이해받는 것'이라고 말했다. "이해받는 것, 그것은 인간을 움직이는 가장 높고도 가장 광범위한 요구이다. 다른 사람에게서 충분하게 — 곧 모든 우려까지도 포함해서 섬세하고도 강력하게 — 이해된 사람은 외롭지 않다."(Achenbach, 2010, p. 26) 비록 O 양은 죽기 전에 '제대로' 이해받지 못했지만, 제2의 O 양은 현재에 그리고 가까운 미래에 고통 속에서 모습을 드러낸 삶의 진리를 철학적으로 함께 성찰하고 '충분하게' 이해받기를 희망해 본다. 아울러 제2의 O 양은 자살하지 않고 "더욱 강해진 모습으로"[19] 살아남아서, 자신의 고통 속에 고개를 든 삶이 자신에게 던진 문제를 맘껏 사유할 수 있게 되기를 희망해 본다.[20] 그리하여 자신에게 고유한 삶의 진리를 주체적으로 낳기 위해 철학상담자인 산파를 만나 생생한 질문을 힘차게 던

---

19) 프랭클은 죽음의 수용소에서의 고통을 니체의 말과 함께 견디어 냈다. "나를 죽이지 못하는 것이 나를 더 강하게 만든다(Was mich nicht umbringt, macht mich stärker)."(Nietzsche, 1999, p. 60)

20) 프랭클은 "정말 중요한 것은 우리가 삶으로부터 무엇을 기대하는가가 아니라 삶이 우리로부터 무엇을 기대하는가"라고 말하며, 삶에 대한 근본적인 '태도전환'이 필요하고 주장했다(Frankl, 2005, p. 138).

질 수 있으리라 기대하면서, 그녀의 '얼굴'[21]을 마주하고 열띤 철학적 대화를 나눌 수 있는 그날을 기다려 본다.

---

21) 레비나스(Emmanuel Levinas)는 가난한 자, 고아, 과부, 나그네의 얼굴 등 고통받는 사람의 '얼굴의 현현(l'éiphanie du visage)'을 강조했는데, 철학상담에서 얼굴을 마주한다는 것은 이러한 타자와의 참된 인간성과 상호적 교류의 차원을 열어 주는 중요한 전제가 된다(강영안, 2012, p. 35 참조).

제**2**부

개인과 사회공동체의 치유를 모색하는 철학상담

철학상담은 개인의 고통을 개별자가 지닌 실존적 고유함으로 여겨 존중하면서도 이를 인간의 보편적 맥락과 연관시켜서 이해한다. 따라서 개인의 고통에 주목하되, 이를 단순히 개인적 속성으로 환원시키기보다는 가족, 사회, 인류라는 공동체와의 연관성 속에서 바라보고 새롭게 해석한다. 제2부에서는 개인의 고통을 사회공동체의 맥락에서 비판적으로 바라보고 이해하려는 철학상담의 시도를 소개할 것이다. 개인이 당하는 고통은 개인의 고유한 특성, 성격 등과 밀접한 연관을 지니지만, 그 고통의 의미는 사회공동체와의 연관성 속에서 더욱 커지기도 하고, 또 작아지기도 한다. 한국 사회가 직면했던 세월호와 5·18은 단지 사회적이고 정치적 차원 혹은 각 개인의 임상적 치료차원으로 양분해서 다루어질 것이 아니라, 개인과 사회의 긴밀한 연관성 속에서 고찰되어야 한다. 따라서 제2부에서는 철학상담의 입장에서 세월호와 5·18을 통해 개인이 겪은 사회적 고통에 주목할 것이다. 그리하여 구체적인 개인의 고통이 어떻게 사회적인 맥락과 불가분하게 연관되어 있는지를 추적함으로써 개인과 사회공동체가 동시에 함께 치유될 수 있는 방안을 모색해 보고자 한다.

세월호를 통해 본 개인의 고통에 대한 성찰과 치유[1]

제4장

1. 세월호 침몰로 인한 고통

세월호가 출항해서 침몰하기까지 약 14시간의 여정을 간략히 요약하면 다음과 같다.

> 2014년 4월 15일 화요일 오후 9시경, 인천에서 제주도로 향하는 카페리(car ferry, 여객과 자동차를 싣고 운항하는 배) 세월호는 승객 447명과 승무원 29명, 총 476명을 태우고 인천항을 출발했다. 승객 중에는 제주도로 수학여행을 가는 안산 단원고등학교 2학년 학생 325명과 교사 15명도 함께 탑승했다. 세월호는 오후 6시 30분에 출발할 예정이었으나, 인천항의 짙은 안개로 출항 허가를 받지 못하다가, 2시간이 지난 오후 9시경이 되어 뒤늦게 출항 허가를 받았다.

1) 노성숙(2015). 가해하는 공동체? 치유하는 공동체?: 개인의 고통에 대한 성찰과 치유를 모색하는 철학상담. 철학연구회: 哲學研究, 108, 31-70. (초고는 2014년 12월 13일 철학연구회와 한국여성철학회가 공동주최한 2014 추계 학술대회에서 발표된 논문)

출항 다음 날인 4월 16일 오전 8시 48분, 전남 진도군 병풍도 북방 1.8마일(약 2.9킬로미터) 해상(맹골수도)을 지나던 세월호는 오전 8시 52분경 135도에서 145도로 항로를 변경하던 중, 돌연 좌현으로 약 30도가량 기울었다. 그리고 10시 17분경 108.1도까지 기운 뒤, 11시 18분에 선수(船首, 배의 앞부분)의 일부만 남기고 바닥 밑으로 침몰되었다.(민주사회를 위한 변호사 모임, 2014, pp. 15-16)

2014년 4월 16일 세월호 침몰은 대한민국의 대참사(大慘事)였다. 그날 대한민국에서 숨가쁘게 달려나가던 일상의 질주는 304명의 사망 및 실종자를 낳은 세월호 대참사로 인해 뒤엉켜 버리고 말았다. 세월호가 가라앉는 장면은 전 국민이 지켜보는 가운데 TV로 생중계되었으며, 통신이 두절되는 마지막 순간까지 가라앉고 있는 배 안의 상황을 최신 스마트폰을 통해서 주고받을 수 있었다. 거의 현실이라고는 믿을 수 없는 희생자들이 건넨 삶의 '마지막 순간들', 즉 해맑게 웃으며 장난치던 아이들이 서서히 겁에 질려가며 혹시나 하는 마음에 동영상으로 남긴 마지막 인사가 싸늘한 시신과 함께 뒤늦게 TV로 전해지면서 때늦은 안타까움은 더욱 고조되었다. 이렇게까지 최신 연락망을 갖추고 있는데 배 안에 있던 사람들도, 밖에서 지켜보던 사람들도, 빠른 구조가 가능할 것이라고 당연하게 믿었다. 설마 아무런 대책도 없이 그대로 배가 가라앉는 장면을 그저 바라보고만 있으리라고는 예전에 상상할 수도 없었다. 기울어진 배의 유리창을 두드리던 손이 금세 물에 잠겨 버리는 '실제' 장면을 우리 대다수는 정말로 무기력하게 그저 TV로 지켜보는 일밖에는 아무것도 하지 못했다.

더욱이 304명의 희생자 중에서 250명이 단원고 학생이었다는 사실은 그 안타까움을 더했으며, 일반 시민들 모두 그저 '미안하다'는 말만 되풀이하며 노랑 리본을 가슴에 달았다. 그런데 팽목항 근처에 마련되었던 유가족을 위한 체육관에서의 생활도 끝이 났고, 실종자 수색작업도 중단되었으며, 세월호 비상위도 활동을 멈추었다. 생존자와 희생자 유가족의 눈물과 고통은 여전한데, 우리는 각자 서서히 일상의 자리로 돌아가고 있다. 그렇다면 이러한 대참사를 겪은 대한민국 국민의 애도는 이제 끝이 난 것일까? 그토록 많은 시민이 '미안하다'는 말을 숱하게 남겼는데, 그 '미안함'은 과연 무엇에 대한 것인가? 그 미안함을 반복하지 않고 이 깊은 상처들로부터 치유되기 위해서 우리는 각자의 자리에서 더 이상 무력감에만 빠져있지 않고 이를 벗어나 무엇을 시작할 수 있을까?

세월호를 경험한 대한민국의 우리 모두는 사회 전체의 총체적 난관 속에서 '살아남은 자'로서 일종의 운명적 결속을 지닌 '삶과 죽음의 공동운명체'가 되었다(전규찬, 2014, p. 167). 세월호 대참사에 대한 '애도 공동체'의 한 일원으로서 나는 이 장에서 이 대참사로 인해 생겨난 '고통'에 대해 철학적으로 성찰해 보고, 이에 대한 치유가능성을 모색해 보고자 한다. 흔히 철학적인 논의는 현실과는 동떨어진 존재론적 개념의 추상성을 지니거나 또는 사회적 차원에서 보편적인 규범성만을 제시함으로써 삶과 구체적인 연관성을 맺기 힘든 사변적인 면이 있는 것도 사실이다. 이에 반해 고통에 대한 치료나 위로는 정서와 감정을 매개로 매우 개인적인 차원에서 전문가 집단에게 맡겨져 있다. 그런데 이번에 우리가 직면한 세월호 참사의 경우, 과연 개인적인 차원에서의 전문가 집단에 의한 치료만으로 충분하다고 할 수 있을까? 그 고통에 대한 사회적 치유는 어떻게 진행되어야 하며, 고통으로 인해 상처받은 공동체는 어떻게 복원될 수 있을까? 또한 최근 가장 쟁점이 된 바 있는 '세월호 특별법' 등의 마련으로 그 고통에 직면한 개인의 구체적인 치유는 완결될 수 있을까?

이번 세월호 대참사의 경우, 국가는 세월호 당사자들에게 개인적인 차원에서 전문가 집단의 치료를 제공하는 것과 정치적으로나 사회적 차원에서 그 문제를 해결하는 것을 분리시켜 진행하고 있는데, 과연 이러한 분리로부터 우리는 개인과 사회의 치유를 동시에 달성할 수 있을까? 세월호로 인해 생겨난 고통을 단순히 육체적, 심리적, 정치적 차원으로 나누고 각 영역으로 환원시켜서 전문적으로 다루는 것이 의미가 없다는 것은 아니다. 단지 그 전문 영역의 상관관계를 함께 고민하지 않는다면, 각 영역에서의 고통의 극복은 매우 제한적인 차원에 그칠 수밖에 없다는 점에 주목할 필요가 있다. 더욱이 세월호 참사로 인한 고통은 한국 사회의 다층적 맥락과의 연관성에서 생겨났을 뿐 아니라 그 고통이 이러한 사회적 맥락과 맞물리면서 더욱 가중되고 있음이 목격되고 있다.

이 장은 개인과 사회의 역학관계로부터 '고통'에 대한 충분한 철학적 성찰이 시급하다는 비판적인 문제의식에서 출발한다. 그리하여 고통을 매개로 개인과 사회를 연결시키고 가로지르며 사유하는 작업, 즉 개인과 사회를 매개하는 '철학실천으로서의 철학상담[2]'의 입

---

2) 본고에서의 철학상담은 폭 넓은 의미로 철학실천으로서 철학치유의 가능성을 의미한다.

장에서 고통에 대한 철학적 성찰의 작업을 시도해 보고자 한다. 이를 위해 아주 구체적인 한 개인의 고통으로부터 시작하여 그 고통을 바라보는 공동체의 상반된 관점과 태도를 검토한 뒤, 과연 개인의 고통과 공동체가 어떻게 함께 사회적 치유를 형성해 가야 하는지를 고민해 볼 것이다.

이러한 사유의 첫 걸음으로 2절에서는 이 대참사에서 희생된 사람들의 가장 가까이에 있었던, 즉 세월호 생존학생 중 한 명인 C 양의 편지로부터 생존자의 생생한 목소리를 들어보고, 그 편지에서 제기하고 있는 한국 사회에 대한 비판에 구체적으로 주목할 것이며, C 양과 같은 생존자와 유가족이 겪고 있는 고통이 어떤 양상을 띠고 있는지, 고통의 치유가 왜 그리고 어떻게 사회공동체와 연관되는지를 고찰할 것이다. 그러고 나서 그 개인의 고통을 대면하는 사회공동체의 상반된 태도를 알아보고자 한다. 3절에서는 개인의 고통을 더욱 가중시키는 공동체의 현주소를 비판적으로 분석해 보고, 고통받는 개인에게 2차, 3차로 가해하며 고통을 오히려 증폭시키는 사회공동체의 무능함을 다룰 것이다. 나아가 4절에서는 개인의 고통을 진정으로 공명하기 위해서 사회공동체가 어떤 태도로 사유해 나가야 하는지를 철학적으로 성찰해 보고자 한다. 그리하여 세월호라는 총체적 난국에서 개인이 직면한 고통에 대한 사회적 치유가능성을 탐색하는 첫발을 내딛어 볼 것이다.

2. 세월호 생존학생의 편지에 드러난 고통의 현상

세월호 대참사를 경험하는 방식에는 여러 가지가 있다. 이 절에서는 '고통'이라는 주제와 연관해서 실제 그 세월호를 타고 있다가 구출되었던 한 생존자 학생이 교황에게 쓴 편지에 주목할 것이다. 그 학생이 말하는 구체적인 고통의 양상을 밝혀 보고, 이를 한국 사회라는 맥락(context)과 연관시켜 보면서 세월호로 인한 고통과 치유에 대한 논의를 시작해 보고자 한다.

1) C 양의 편지에 드러난 고통의 수동성과 주관성

C 양은 교황에게 쓴 편지의 서두에서 자신을 간단하게 소개한 뒤, "120일이라는 시간 동안 전 너무 많이 아팠습니다."[3]라고 솔직히 자신의 상태를 드러냈다. 그녀의 고통은 그녀가 능동적으로 선택한 것이 아니라 순전히 '당한 것'이었다. 이처럼 그녀의 상처는 수동적인 것이다. 고통의 수동성은 능동성과의 대칭이라고 보기에는 훨씬 더 수동적이고, 레비나스(Emmanuel Levinas)가 말한 것처럼 '굴종적'이라고 할 수 있을 정도이다. 레비나스에 따르면, "고통은 상처를 입는다는 뜻에서 수동성이다. 고통을 인식한다는 것도 엄격하게 말하자면 '취한다'는 뜻은 아니다. 그것은 의식 행위의 능동적인 수행이 아니고 오히려 그 적대적인 것, 곧 굴종이다. 그것은 심지어 굴종

---

3) [교황 방한] 단원고 생존학생이 교황에게 쓴 편지…… "썩어빠진 정부를 바꿔 주세요". (2014, August 14). from http://www.vop.co.kr/A00000783792.html를 이하 'C 양의 편지'로 약칭

에 대한 굴종이라고까지 말할 수 있는데, 아파하는 의식이 의식하는 '내용'이 바로 고통이란 것, 즉 상처받는 것이기 때문이다. 그러나 여기서 다시 강조되어야 할 것은 이 수동성은 능동성의 개념적인 대칭이 아니다."(손봉호, 1995, p. 45)

C 양이 겪고 있는 고통의 진면목은 곁에서 보살펴 주는 엄마나 주변 사람들에게 누가 될까 봐 잠이 들 때에야 홀로 눈물을 훔치는 장면에서 잘 포착된다. 물론 그녀도 이러한 고통에서 놓여나기를 바라는데, 친구들을 뒤따라 죽거나 이 나라를 떠나고 싶다는 그녀의 솔직한 원의에서 우리는 그 고통이 얼마나 강렬하게 힘든 것인지를 미루어 짐작할 수 있다.

> 행복했던 하루였어도 밤마다 잠이 들 때면 친구들의 사진을 보고 날마다 엄마 몰래 눈물을 훔치며 잠이 들었습니다. 그들 곁에 가고 싶은 마음과 아무것도 해결되지 못한 이 한심한 이 나라를 떠나고 싶은 마음이 큽니다. 하지만 아직은 때가 아니라는 생각에 하염없이 친구들의 사진만 보며 하루하루를 버팁니다. (C 양의 편지)

C 양과 같은 생존자 학생들은 고통의 당사자이다. 그런데 그녀와 같이 생존한 학생들은 세월호 침몰 당시에는 오히려 방치되어 보호받지 못했으며, 겨우 살아나온 이후에야 보호받는 대상이 되었다. C 양과 비슷한 처지에 놓인 생존자 친구들이 겪고 있는 고통에 우리는 과연 어떻게 다가갈 것이며, 그녀의 고통을 이해하고 나눌 것인가? 일차적으로 개인이 겪는 고통은 그야말로 사적(私的)이고, 매우

주관적이어서 무어라 객관적으로 정의 내리기 어려운 속성을 지닌다. 따라서 고통은 다른 사람과 공유되기 어렵고, 고통당하는 자만이 외롭게 감당해야 할 몫으로 고스란히 자신에게만 달라붙어 있다. C 양이 밤중에 남몰래 흘리는 눈물은 비단 주변의 엄마가 잘 받아주지 않거나 함께 나눌 친구가 없어서가 아니라 진정으로 그 고통을 마주할 당사자가 '홀로'이기 때문이다. 모리스(David B. Morris)에 따르면, "고통은 주관적 경험이요, 아마도 주관성의 원형(archetype of subjectivity)일 것이다. 고통은 우리 개별적 마음의 외로움 속에서만 느낄 수 있는 것이다."(Morris, 1991, p. 14) 한편 의사인 카셀도 고통의 사적인 상태와 그로 인한 외로움을 단적으로 다음과 같이 표현한 바 있다. "고통을 당하는 사람보다 그 고통을 더 잘 알 수 있는 사람은 없다."(Cassell, 2002, p. 17)

2) 고통에 대한 항변과 호소로서의 언어

세월호 참사의 고통 속에서 우리는 모두 운명공동체로서 하나가 된 듯하지만, 사실 각자가 마주하고 있는 고통의 색깔은 매우 다양한 게 현실이다. 그렇다면 우리는 C 양의 사적이고 주관적인 고통에 다가갈 수 없는 것일까? 고통의 경험은 밖에서 쉽게 객관화되어 설명될 수는 없으며, 그 고통을 당하고 있는 자의 언어를 통해서 표현되어야 한다. 그런데 "고통을 표현하는 언어는 '작용자의 언어(language of agency)'일 수밖에 없고, 그것은 주로 '마치 …… 것 같은'의 구조를 갖는다."(손봉호, 1995, p. 25) 즉, 고통은 사적이고 주관적이어서 직접적으로 표현될 수 없으며, "마치 바늘로 찌르는 것 같은" 식으로 간접적으로만 전달될 수 있다.

그러나 이와 같이 간접적으로 표현될 수밖에 없기는 하지만 고통을 당하는 사람이 언어를 필요로 하지 않는 것은 아니다. 극한의 고통 속에서 비명을 지르듯이, 고통은 언어로 표현되려는 욕구를 지닌다. 즉, "비록 고통 그 자체를 언어로 표현할 수는 없으나 다른 어떤 내면적인 필요나 욕구보다 더 강하게 고통은 언어를 요구한다."(손봉호, 1995, p. 75) 이때에 언어는 고통에 대한 항의이기도 하며, 또한 고통으로부터 벗어나고자 하는 절박한 호소이기도 하다.

아도르노에 따르면, "고통이 말해지도록 하려는 욕구는 모든 진리의 조건이다. 왜냐하면 고통은 주체에게 부과된 객관성이기 때문이다. 주체가 그 자신의 가장 주관적인 것으로 경험한 것, 즉 그 표현은 객관적으로 매개된다."(Adorno, 1977a, p. 29) 고통은 주체의 표현충동(Ausdrucksdrang des Subjekts)에 따라서 언어를 통해 객관적으로 매개되는데, 그 안에 진리의 조건이 자리 잡고 있다. 왜냐하면 고통이 지닌 바로 그 표현충동이 사고를 시작하게 하는 원동력이 될 수 있기 때문이다. 나아가 지금껏 지배해 온 것, 그리고 그것과 같은 것만이 옳다고 강변해 온 사유의 근간이 거짓임을 밝혀낼 수 있는 단서가 될 수 있다.

이와 같이 볼 때, 우리는 고통당하는 당사자인 C 양의 언어적 표현에 더욱 귀 기울여야 할 것이며, 그로부터 간접적으로 표현되고 있는 고통의 근원을 파헤쳐 보아야 한다. 그리고 그녀가 언어로 표현하고 있는 고통 속에서 항의하고 있는 바와 그 고통에서 벗어나려는 절박한 호소의 내용이 무엇인지에 천착해 보아야 한다. 그리하여 그 고통 속에서 지금까지 믿어온 것들 속에서 거짓을 옹호하는 미세한 흔적을 찾아내고, 고통을 벗어나게 하는 진리, 즉 진정한 치유를 가능케 하는 사유를 시작해야 할 것이다.

C 양은 자신이 더 이상 참을 수 없고, 미칠 지경이라며 자신의 상태를 토로했다. 그녀는 먼저 18세 나이의 학생인 자신이 비록 고통을 당하고 있지만, 스스로 겪고 있는 그 고통의 주체가 될 수도 없었다고 말했다. 그리고 국가에서 제공하는 치료를 받으며 아무리 참고 기다렸지만, 고통은 감소되기는커녕 오히려 더욱 가중되었다고 고백했다. 여기서 우리는 왜 C 양의 참을성이 한계에 도달했으며, 그 고통을 더욱 힘들게 한 것이 무엇인지에 주목할 필요가 있다. 그녀는 비록 고통을 당하고 있는 당사자였지만, 단지 그 고통에 대한 치료를 받는 대상으로 취급되었으며, 이제는 더 이상 그 치료를 주도하고 있는 정부를 신뢰할 수 없다고 말했다.

> 우리는 여태까지 많이 참아왔습니다. 병원에서 이해가 되지 않는 상담치료를 해도, 병원에서 울고 있는 우리를 취재하려는 기자들이 몰려와도, 다시 입시전쟁에 들어가 수업을 억지로 받아도, 울고 있는 친구들의 가족과 형제를 봐도, 그저 참고만 있었습니다. 사실 참을 수밖에 없었습니다. 열여덟 살이라는 어린 나이와 학생이라는 신분으로서 우리는 우리의 주장을 펼칠 수 없었고 이제는 믿을 수 없는 한심한 언론에만 의지해 정부 입장을 전해 듣고 있습니다. 그 정부 입장 또한 이제 우리를 미치게 할 뿐입니다. (C 양의 편지)

C 양과 생존자 친구들은 국가에서 제공하는 치료를 받았지만, 오히려 고통이 가중되었고, 마침내 그들의 인내력은 극에 다다랐다. 따라서 그 고통에 대해 어떻게든 표현하고 항변하지 않으면 안 되었다. 이러한 고통 경험을 다른 경험과 구별할 수 있는 분명한 한 특징은 "그 경험을 일으키는 원인으로부터 도피하도록 행동을 유발시키거나 그것이 가능하게 해 주기를 호소하는 것"(손봉호, 1995, p. 25)이다. 그렇다면 C 양에게 정부에서 제공한 치료는 왜 도움이 되지 않았으며, 그녀가 고통을 더 이상 참지 못하고 항변하며 호소한 구체적인 내용은 무엇인지를 살펴보고, 이에 천착하여 철학적 성찰을 해나가야 할 것이다.

3) 고통당하는 자에게 중심을 둔 통합적 치유의 모색

　여기서 우리는 C 양의 고통(Leiden, suffering)이 단순히 질병에서 유래한 신체적인 통증(pain)이 아니라는 점에 유념할 필요가 있다. 고통을 좀 더 세분화해 볼 경우, 우리는 괴로움(苦, Leid, suffering)과 아픔(痛, Schmerz, pain)을 구분해서 생각해 볼 수 있다. 그럴 경우, C 양과 생존자 학생들은 단지 '아파(痛)'할 뿐 아니라 점점 더 '괴로워(苦)'하게 된 것이며, 그에 따라 고통이 더욱 커진 것이라 할 수 있다. 일반적으로 고통에서의 괴로움과 아픔을 도식적으로 구분하자면, 흔히 전자는 심리적인 것이고, 후자는 육체적이라고 규정한다.[4]

---

4) 메이(May, 1983, p. 38)는 빈스방거의 환자였던 '엘렌 베스트가 약물치료가 가능한 육체적인 통증을 가지고 있었던 것이 아니라 그것을 넘어서 엄청난 고통을 당하는 존재의 상태에 있었다'고 보았다.

물론 이러한 구분은 데카르트의 심신이원론에 의거하여 논의될 수도 있겠지만, 특히 고통의 문제에 있어서 괴로움(suffering)과 아픔(pain)의 구분은 단지 '두 가지 고통의 신화'에 불과하다고 할 수 있다(손봉호, 1995, p. 30). 특히 괴로움은 단순히 심리적으로 분리되어 존재하기보다는 "반성적인 의식작용에 의존"(손봉호, 1995, p. 28)함으로써 전적으로 수동적이지만은 않고 어느 정도 능동적일 수 있는 정신적인 차원이며, 오히려 심리적인 것과 육체적인 것의 긴밀한 상관성까지도 성찰할 수 있는 계기를 지닌다. 따라서 C 양이 언표한 고통의 호소로부터 진정한 치유에 도달하기 위해서는 심신을 분리하는 이원론적 사고에 근거한 각각의 치료, 즉 의료나 심리치료만으로는 불충분하며, 기존의 치료 패러다임을 극복해 가는 가운데, 한편으로 괴로움과 아픔을 나누어 보기도 하고, 다른 한편으로 양자의 상관성을 검토하면서 고통(苦痛)을 통합적으로 성찰하는 철학적 치유의 접근이 필요하다고 하겠다.

이러한 맥락에서 볼 때, 고통을 당한 C 양이 그 고통을 당해야 했던 이유를 묻는 것은 너무도 자명하고 정당한 요구이다. 그녀는 세월호 참사 그 이후 자신들의 고통에 대한 보호와 치료에서도 드러나듯이 소위 심신이원론적으로 전문화된 차원에서 세월호 침몰에 대한 물리적인 원인만을 묻고 있는 것이 아니다. C 양은 자신이 당한 고통의 이유, 즉 "이 세월호 사건이 왜 일어났는지, 우린 바보같이 기다리고만 있었는지, 본질적인 잘못은 누구에게 있는지"를 묻고 있는 것이다.[5] 나아가 그 고통을 일으킨 데에 대한 사과, 즉 "우리를

---

5) 프랭클(Frankl, 2005, p. 63)은 원인이 생물학적이고 생리적인 것인 반면에, 이유는 지성

버리고 제일 먼저 안전하게 구출된 선장과 그 외의 선원들, 이 사건과 관련해 잘못한 모든 사람이 우리에게 제일 먼저 사과를 하는 것"이 우선되어야 한다고 주장했다.

이와 같이 C 양이 자신의 고통을 표현하고 호소하는 것에 주목하여 우리는 그 고통을 사적 혹은 공적으로 구분하거나, 개인적 혹은 사회적 차원이라는 이분법적인 구분 속에서 이해할 것이 아니라 어떻게 하면 양자를 함께 고려하고 통합해서 이해할 것인지를 고민하지 않을 수 없다. 왜냐하면 C 양의 고통은 단지 신체적인 상해나 심리적인 '외상후 스트레스 증후군'에 대한 심리치료나 상담을 통해서만 해결될 수 있는 것도 아니며, 단지 사회적 책무를 강조하며 정치적으로 해결하기만 할 수도 없기 때문이다. 오히려 C 양의 편지에서 드러난 C 양 개인이 당한 이 엄청난 고통의 텍스트를 한국 사회라는 맥락과 연관시켜서 총체적으로 바라보고 비판적으로 해석하는 작업이야말로 그녀의 고통을 해결할 수 있는 첫걸음이 될 것이다.[6]

3. 개인의 고통을 가중시키는 사회공동체

앞서 우리는 세월호 생존자 학생인 C 양이 겪고 있는 고통의 현상

적인(noological) 것이라고 간주했다. 예를 들어, 양파를 자를 때 눈물을 흘리는 이유가 아닌 원인이 있는 반면, 좌절에 빠져 있을 때는 눈물을 흘릴 이유가 있다고 말할 수 있다.

6) 이러한 시도는 비단 철학상담에 국한되는 것은 아니다. 빈스방거가 자신이 치료하지 못한 엘렌 베스트 사례로부터 현존재분석을 시도하는 계기도 이와 유사하기 때문이다. 그는 엘렌 베스트가 단순히 물리적 통증을 호소하고 있는 것이 아니라 남다른 심각한 고통에 빠져 있음을 재조명하면서 그녀가 겪고 있는 고통을 그녀의 의미세계인 '세계기투'와 연관하여 총체적으로 접근하여 재해석하고자 했다. 엘렌 베스트 사례에 대한 빈스방거의 현존재분석에 대해서는 노성숙(2011, pp. 59-92) 참조.

을 개인적이고 사적인 차원에서 알아보았다. 이제 한 걸음 더 파고
들어가서 C 양과 같은 생존자들과 유가족들이 겪는 고통이 사회공
동체와 어떤 연관성을 지니는지 고찰할 필요가 있다. 특히 개인적
으로 당하고 있는 고통을 사회공동체가 어떤 방식으로 가중시키고
있는지를 비판적으로 분석함으로써 고통에 대한 통합적 치유의 첫
발판을 마련하지 않으면 안 된다.

1) 외상후 스트레스 증후군과 2차 트라우마

국가나 사회단체가 세월호 참사의 생존자들로 하여금 고통에서
벗어날 수 있도록 가장 먼저 제공한 것은 병원치료와 '심리치료'이
었다. C 양도 침몰하는 세월호에서 구출되자마자 병원에 이송되어
치료를 받았다. 그런데 그녀에게 그 치료는 별반 도움이 되지 못했
다. 왜 그랬을까?

> 우리가 바다에 나와 병원에 갔을 때, '어른들이 말하는 치료'를 받
> 았습니다. TV를 보면 사망자 수와 실종자 수가 자막으로 나옵니다.
> 사망자 수는 늘어나기만 하는데 작은 방 안에 갇혀 '어른들이 말하
> 는 상담의사'와 우리의 안부를 묻는 쓸데없는 얘기만 합니다. 우리
> 모두는 괜찮지 않은데 '괜찮다'고 해야 상담이 끝납니다. 이렇게 우
> 리는 이제 매일 괜찮다고 말하게 되었습니다. (C 양의 편지)

C 양이 심리치료를 받는 동안, 세월호 사망자와 실종자의 숫자가

매시간 뉴스를 통해 전달되는 긴박한 상황은 계속되었다. 그녀는 행여나 친구들 중 단 한 명이라도 구출되기를 바라며 얼마나 가슴을 졸였으며, 친구의 시신이 발견될 때마다 그 현실을 받아들이기가 얼마나 힘이 들었을까? 그런데 단 한 명도 더 이상 구출되지 못한 채 연일 사망자의 숫자만 높아 가고 있는 상황에서, C 양과 생존자 학생들은 안전한 상담실에서 자신들의 안부를 묻는 상담자들에게 연일 '괜찮다'고 말해야 했다. 과연 이들이 '괜찮다'는 것의 의미는 무엇이었으며, 이들은 정말로 괜찮았을까?

C 양이 구조되어 첫 치료를 받을 당시, 전 국민은 TV를 통해 연일 늘어가는 사망자 소식에 대한 비보를 팽목항으로부터 들었으며, 육체적인 손상이 없는 세월호 생존자와 유가족들에게 소위 '외상후 스트레스 증후군(Post Traumatic Stress Disorder: PTSD)'에 대한 치료가 필요하다는 사실을 알게 되었다. 비단 생존자와 유가족만이 아니라 직간접으로 세월호 참사로 인해 대한민국의 국민 전체가 PTSD를 앓고 있다고 여기기까지 하면서 TV나 라디오 방송에서는 앞 다투어 PTSD에 대한 전문적 지식을 제공했으며, 그 치료기법으로 생존자와 유가족들에게 도움이 되고자 했다. 그런데 과연 정부나 의료 및 상담 관련 사회단체가 제공한 PTSD 치료가 생존자와 유가족들에게 얼마나 도움이 되었을까?

물론 이러한 치료적 접근이 전적으로 무의미했다는 것을 말하는 것은 아니다. 그럼에도 세월호 생존자와 유가족들에 대한 PTSD 등의 치료적 접근에 매우 신중을 기해야 한다는 사실을 지적하고자 한다. 왜냐하면 세월호 생존자와 유가족들이 외상'후'가 아닌 여전히 현재진행형의 외상'중'에 있음을 유념할 필요가 있기 때문이다(정혜신, 2014). 그렇다면 세월호 침몰로 인한 외상이 여전히 진행되고 있다는 의미는 과연 무엇인가? 세월호 생존자와 유가족들이 자신의 트라우마를 겪어 내고 애도할 수 있는 시간을 기다려 주어야 하는 데에도 사회공동체가 오히려 2차, 3차 외상을 계속 입히고 있기 때문이다. 어떻게 그렇게 쉽게 잊고, 어떻게 그렇게 빨리 일상으로 복귀할 수 있단 말인가? 사회공동체는 이들이 갑작스럽게 겪고 있는 재난, 갑자기 들이닥친 이별과 죽음의 고통으로 인한 트라우마를 겪어 내는 시간을 충분하게 기다려 줄 수 있어야 한다. 그리하여 이들이 당면한 고통과 슬픔에서 벗어날 수 있을 때까지 애도시간을 충분히 가질 수 있도록, 즉 "완료되지 않고 중간에 툭 끊어진 이 욕구가 마음 안에서 충분히 완료될 수 있도록" 도와야 하며, "슬플 때 더 안정적으로, 더 편안히, 더 실컷 슬플 수 있도록 격려해 주어야"(정혜신, 진은영, 2015, p. 154) 할 것이다.

또한 이러한 치료적 접근에만 의존할 것이 아니라 세월호 생존자와 유가족의 고통을 좀 더 "자세히 들여다보는 것이 중요"하며, 좀 더 "섬세하게 이해하려는 노력"(정혜신, 진은영, 2015, p. 153)과 비판적 성찰을 꾸준히 해나갈 필요가 있다. 나아가 세월호와 관련된 고통을 치유하는 데에는 비단 PTSD에 대한 치료적 접근, 즉 그 고통에 대한 사실-원인적 접근만이 아니라 고통당하는 C 양이 요구한 대로 좀 더 근원적이고도 통합적인 차원에서 세월호 사건 전반에 대한 이유를 묻고 이를 철저히 분석하여 명확히 하는 작업이 필요하다.

2) 세월호 트라우마를 대하는 사회공동체의 무사유

(1) 아렌트에게서 '악의 평범성'과 '무사유'

개인의 사적 고통을 대하는 사회공동체의 공적인 모습을 본격적으로 성찰하기 위해 나는 아렌트(Hannah Arendt)의 '악의 평범성'이라는 핵심 개념에 주목하고자 한다. 그런데 여기서 논하고자 하는 것은 철학적 차원에서 '악'에 대한 사변적 논의가 아니다. 아렌트는 『예루살렘의 아이히만』의 후기에서 "이 책은 악의 본질에 대한 이론적 연구도 아니다. 모든 재판의 초점은 개인의 역사, 특질과 고유성, 행동 유형, 상황 등 항상 독특성을 지닌, 살과 피를 가진 한 인간이 피고의 인격에 있다."(Arendt, 2006, p. 389)고 주장했다. 이와 맥락을 함께하며 나는 오히려 '평범한 악'을 낳게 하는 사회공동체의 일상적 모습을 조명해 보고자 한다. 특히 세월호로 인해 C양과 같이 직접적으로 고통받고 있는 자에 대해 사회공동체의 일원인 우리는 어떻게 생각하고 행위하고 있는지를 비판적으로 성찰해 볼 것이다.

유대인 여성철학자 아렌트는 유대인 학살의 주범으로 꼽히는 아이히만(Adolf Eichmann)이 아르헨티나에서 도피행각을 벌이다가 이스라엘 비밀경찰에 의해 체포되어 예루살렘에서 재판을 받게 되었다는 소식을 들었다. 그러자 그녀는 자신의 강의를 모두 취소하고, 아이히만의 재판에 『뉴요커』의 특파원 자격으로 참석했으며, 그 재판과정을 지켜보았고 1963년 2월부터 5번에 나누어 기사를 썼다. 2년 뒤 이 보고서는 후기를 붙여서 책으로 출간되었다. 그녀의 『예루살렘의 아이히만』이라는 책 제목은 "악의 평범성에 대한 보고서"

라는 부제를 달고 있다. 그녀는 이후 10년이 지나서 이 보고서에서의 '악의 평범성'에 대해 다음과 같이 말했다.

이는 어떠한 이론이나 사상을 의도한 것이 아니라 단지 아주 사실적인 어떤 것, 엄청난 규모로 자행된 악행의 현상을 나타내려고 한 것이었다. 이 악행은 악행자의 어떤 특정한 약점이나 병리학적 측면, 또는 이데올로기적 확신으로 그 근원을 따질 수 없는 것으로, 그 악행자의 유일한 인격적 특징은 아마도 특별한 정도의 천박성이라고 할 수 있을 것이다. 그 행위가 아무리 괴물 같다고 해도 그 행위자는 괴물 같지도 또 악마적이지도 않았다. 그리고 재판과정에서 또 그에 앞서 있었던 경찰심문에서 보인 그의 행동뿐만 아니라 그의 과거에서 사람들이 탐지할 수 있었던 유일한 특징은 전적으로 부정적인 어떤 것이었다. 그것은 어리석음이 아니라 흥미로운, 아주 사유의 진정한 불능성이었다. (정화열, 2006, p. 37)

아렌트는 우리 시대의 가장 뚜렷한 특징을 '사유의 진정한 불능성', 즉 '무사유(thoughtlessness)'로 보았다. 그녀는 "무분별하여 혼란에 빠져 하찮고 공허한 '진리들'을 반복하는 것"(Arendt, 1996, p. 54)이라고 '무사유'를 정의했다. 여기서 아렌트의 핵심 개념인 '악의 평범성'과 '무사유'를 세월호와 연관하여 문제 삼고자 하는 것은 비단 법정에 선 세월호 선장과 승무원을 아이히만과 유비적으로 고찰하려는 것이 아니다. 오히려 세월호를 둘러싸고, 우리 주변의 일상에서 흔히 벌어지고 있는 '괴물 같지도 않고, 악마 같지도 않은' 악행의 현상을 철학적으로 성찰해 보려는 것이다. 세월호로 인해 드러난 아이히만과 같은 자들을 재판에 송부하고 그 이유를 찬찬히 따져 묻기 위해서라도 먼저 그 악행의 근저에 놓인 사회공동체 전반의 고통에 대한 '사유의 진정한 불능성'을 고찰하지 않으면 안 될 것이다.

(2) 말하고, 생각하고, 판단하기의 무능력

세월호 사건 이후, 이 사건으로 고통받는 당사자의 트라우마를 대하는 사회공동체 곳곳에서 여전히 이러한 무사유가 만연해 있다. 그야말로 송경동 시인의 말처럼 "돌려 말하지 마라 / 온 사회가 세월호였다 / 오늘 우리 모두의 삶이 세월호다."(송경동, 2014, p. 89) 그렇다면 어떻게 하면 이러한 무사유를 드러내어 성찰할 수 있을까? 나는 특히 C양처럼 '세월호로 인한 직접적인 피해 당사자나 유가족들을 대하는 사회공동체의 태도'에 드러난 무사유에는 과연 어떠한 것들이 있는지에 주목하고자 한다.

아렌트는 아이히만의 '무사유'를 세 측면으로 구분했다. 즉, 그는 말하는 데 무능력(inability to speak) 했고, 생각하는 데 무능력 (inability to think) 했으며, 타인의 입장에서 생각하고 판단하는 데 무능력(inability to judge) 했다(Arendt, 2006, p. 106). 이와 같이 말하고, 생각하고 판단하는 것의 무능력은 소위 겉으로는 일반적이고 정상적인 사람들까지도 무사유에 빠지게 하는 결정적 계기를 제공한다. 나는 아렌트가 말하는 '무사유'의 세 측면을 이번 세월호 생존자와 유가족들의 고통을 대하는 사회공동체의 태도와 연관시켜서 구체적으로 분석해 보고자 한다. 그리하여 지극히 평범한 일상에서 벌어지고 있는 악행의 현상에서 세월호 생존자와 유가족들이 얼마나 상처를 받고 있는지를 밝히고자 한다. 아렌트는 아이히만에게서 드러난 '악의 평범성'의 근원이 '무사유'에서 기인하며, 그 무사유가 '말하기, 생각하기, 판단하기'의 세 측면을 지닌다고 보았다. 물론 이 세 측면은 서로 긴밀하게 연관되어 있기 때문에 각각 따로 잘 구분되지 않는다. 그럼에도 세월호 트라우마와 연관해서 각 측면이 도드라지는 국면을 중심으로 논의해 볼 것이다.

① 말하기의 무능력

무엇보다 먼저 이번 세월호 트라우마와 연관해서는 일반시민들의 악플이나 미디어를 통한 언론의 보도에서 특히 아렌트가 말한 '무사유' 속 '말하기의 무능력'을 주목할 수 있다. 예를 들어서 유가족을 '시체 장사꾼'으로 매도하거나, 생존자 학생들이 '특례입학'과 '특별법에 따른 보상'을 요구하고 있는 것처럼 보도하는 행태는 생존자와 유가족들에 대해 사회공동체가 말하기에 얼마나 무능한지를 고스란히 보여 주었다. 세월호 희생자 가족들의 법률지원을 맡고 있는 박주민 변호사는 "보상금이나 대학 특례 입학 등이 유가족들이 요구한 사항이 아님에도 이를 근거로 한 비방이 많다"며 "이 같은 허위 사실 유포가 명예훼손에 해당되고 사법처리 대상이 될 수 있음을 수사 당국이 보다 적극적으로 홍보할 필요가 있다."[7]라고 강조한 바

---

7) 안산단원경찰서에 따르면, 세월호 사고가 발생한 4월 16일부터 8월 28일까지 접수된 명예훼손·모욕 등으로 수사한 사건은 모두 89건이었다. "경찰이 이 가운데 66명을 기소 의견으로, 1명을 불기소 의견으로 검찰에 송치했다. 1명은 내사종결 처리했으며 21명에 대해서는 아직 수사 중인 것으로 알려졌다." A씨는 지난 5월 9일 세월호 참사 관

있다. 그런데 단식투쟁을 벌이고 있던 유가족 옆에서 폭식투쟁을 벌이는가 하면, 인터넷상에서 역시 세월호와 관련한 모욕과 비방이 계속 되어 왔다. 이러한 비방과 언론의 보도 행태에 대해 C 양은 다음과 같이 말했다.

> 언론에서는 대학 특례입학과 특별법보상에 대해 언급함으로써 국민의 반발을 일으키고 있습니다. 아직 바다에서 나오지 못한 친구들의 가족은 열악한 체육관에서 하염없이 기다리고 있습니다. 경찰들은 보상이 아닌 진실이라도 알고 싶어 하는 우리 친구들의 가족을 폭행하기까지 합니다. 열여덟 살인 저도 이제 알 것 같습니다. (C 양의 편지)

C 양은 언론과 정부의 '말하기의 무능력'으로 인해 생존자 학생과 유가족들이 겪고 있는 2차적인 고통에 때문에 미칠 것 같은 지경이라고 토로했다. 고통당한 개인이 요구한 적도 없는데, 어찌하여 공동체의 반발을 일으키는 '특례입학'과 '특별법 보상' 등의 문구들이 난무했는가? 또한 우리는 이러한 미디어의 보도를 각자 주체적으

런 기사에 "유족들 사실은 죄다 구원파 아니냐?", "상식적으로 유족들 중에 정부 탓하는 ○○들이 태반이고 청해진 유병언이 탓하는 애는 없네"라는 댓글을 달았으며, 수원지방법원에서 세월호 유가족을 모욕한 혐의로 A 씨는 벌금 100만 원의 약식기소 처분을 받았다. B 씨는 세월호 참사 이튿날인 4월 17일 일베 게시판에 '세월호에 타고 있던 희생자들이 집단 성관계를 했다'는 글을 올린 혐의 등으로 기소되었으며, 서울중앙지법은 이와 같이 세월호 희생자들을 성적으로 모욕하는 글을 올린 혐의로 기소된 일베 회원 B 씨에게 징역 1년을 선고하기도 했다. 이외에도 SNS를 통해서 광화문에서 단식투쟁을 벌인 유민 아빠 김영오 씨에 대해 "반사회적 인성의 기회주의 성취주의자 싸이코패스", "그냥 단식하다 죽으라"는 폭언들도 쏟아졌다. ("세월호 유가족 모욕죄로", 2014)

로 생각해 보지 않은 채 똑같이 반복해서 전달함으로써 반발과 분노를 부추기는 태도가 과연 무엇에 근거해 있는지를 숙고해 보아야 한다. 이러한 태도는 아렌트가 지적한 바와 같이 마치 아이히만이 "관청용어(Amtsprache)가 나의 언어입니다."라고 말하는 것과 다르지 않기 때문이다. 그런데 아렌트에 따르면, "관청용어가 그의 언어가 된 것은 상투어가 아니고서는 단 한 구절도 말할 능력이 정말 없었기 때문이다."(Arendt, 2006, p. 105)

아이히만에게 관청용어에 해당하는 것이 오늘날 우리에게는 정치권과 정부에서 말해지는 것만이 아니라 언론이나 미디어를 통해서 보도되고 확대 재생산되어 우리의 일상을 맴도는 상투어들이라고 할 수 있다. 그 용어들, 예를 들어 C 양과 같은 생존자 학생들이 말한 적도, 요구한 적도 없는 '특례입학'은 그야말로 공허한 내용임에도 연일 많은 방송과 신문에서 계속 동일하게 표현되고 상투어가 되어 우리의 일상을 맴돌고 있었다.

그런데 문제는 언론과 대중매체에서의 상투어들이 고스란히 마치 자신의 언어인 양 다시 똑같이 반복하지 않고는 할 말이 없는 공동체 구성원들 각자의 '말하기의 무능력'에 있다. 이와 같은 말하기의 무능력으로 인해 고통의 직접적인 당사자가 아닌 공동체의 구성원들, 즉 대중은 아도르노와 호르크하이머(Max Horkheimer)가 말한 것처럼 "보편적인 것과 특수한 것의 거짓된 동일성"(Adorno & Horkheimer, 1984, p. 141)[8] 속에서 자신이 개인으로서의 고유한 차

---

8) 이러한 맥락에서 아도르노와 호르크하이머는 대중매체를 최초로 '문화산업'이라고 정의한 바 있으며, "문화산업이 개인들로 하여금 자본주의 사회의 총체성 안으로 흡수통

이를 지니고 있는 주체임을 망각하며 살고 있다. 그러면서도 마치 자신들이 각자 주체적 개인으로 살아가고 있는 것처럼 보이지만, 이는 단지 개인으로서의 주체성을 완전히 상실한 "사이비개인성(Peudoindividualität)"(Adorno & Horkheimer, 1984, p. 177)을 지니고 살아가고 있는 데에 불과하다.

② 생각하기의 무능력

세월호로 인한 개인의 고통을 가중시키는 언론과 사회공동체의 '말하기의 무능력'을 더 파고들어가 보면, 단순히 말하기의 무능력에 그치는 것이 아니라 '생각하기의 무능력'이 더 근원적으로 자리잡고 있음을 알 수 있다. 세월호 참사를 둘러싼 진상 규명은 여전히 오리무중이며, 구조 작업에 대한 법적 공방도 여전히 진행 중이다. 광주지법 1심에서 살인죄로 기소된 이준석 선장은 징역 36년, 1등 항해사는 징역 20년, 2등 항해사는 15년이 선고되었다. 그런데 세월호 참사가 사회공동체 안에서 과연 어떻게 규정되는가는 세월호를 바라보는 근본 시각과 그에 대한 태도를 결정하기 때문에 매우 중요한 사안이라고 할 수 있다. 이와 연관하여 우리의 철학적 사유를 필요로 하는 것은 우선적으로 이 참사에 대한 '사고와 사건의 구분'이다. 세월호 참사는 과연 사고일까? 아니면 사건일까?

먼저 세월호 침몰을 '사고(事故)'라고 규정할 경우, 이는 우연적으로 일어난 불행을 의미한다. 예를 들어, 교통사고와 같이 자신의 의

합되게 함으로써 보편과 특수의 거짓 화해를 조장·정당화시키고 있음을 비판한다."
(노성숙, 2002, p. 235)

도와 상관없이 뜻하지 않게 당한 불행을 말한다. 물론 '사건(事件)'도 개인적으로나 사회적으로 뜻밖에 일어난 일일 수 있다. 이에 반해 사건은 사고와 달리 그 발생에서 이미 개인이나 집단의 '의도'가 자리 잡고 있으며, 그것을 수용하는 데에도 좀 더 적극적인 해석과 개입적인 태도가 필요하다. 우리 각자의 삶을 회고해 볼 경우, 때로 자신에게 사고처럼 일어난 일도 있고, 자신의 삶을 바꾸어 놓는 사건을 경험한 경우도 있다. 예를 들어서 지나가다가 우연히 부딪히는 사고를 당해서 상해를 입는 경우가 있는가 하면, 자신의 첫사랑과의 이별은 세상과 타인에 대해 새롭게 눈을 뜨는 강력한 감정을 체험하는 경우이다. 전자는 '사고'라고 할 수 있지만, 후자를 사고라고 할 수는 없으며, 이는 자신의 생애에 중요한 '사건'으로 기억된다. 이를 사회적으로 확대해서 적용해 볼 경우, 예를 들어서 사고에 해당하는 것은 홍수, 지진 등의 자연재해를 들 수 있고, 사건은 개인이나 집단의 의도가 개입되는 인재에 해당한다고 할 수 있다.

앞서 살펴본 정부와 언론에서의 '말하기의 무능력'의 숨은 근거는 사고와 사건을 구분하지 못하는 '생각하기의 무능함'에 있다. 물론 세월호가 침몰한 것은 엄청나게 큰 '사고'이다. 이 사고는 뜻밖에 의도하지 않고 생겨난 불행이다. 그런데 단순히 사고뿐이었을까? 우리는 이미 숱한 언론 보도에서 '세월호 사고'라는 단어를 접한 바 있다. 특히 지난 7월에 한 국회의원은 "저희의 기본 입장은 이것은 교통사고다. 그래서 선주나 선박회사를 상대로 소송해서 판결받으면 그것으로 강제집행을 해야 하는데, 많은 사람이 희생되고 특수한 케이스니까 재판 절차를 간소화하고 국가가 일단 전액을 대납해 주고 나중에 절차를 거쳐 받자는 설계"(주호영, "세월호 ……", 2014)라고 말했다. 문제는 이렇게 세월호를 기본적으로 교통사고로 보게 될 경우, 이를 해결하는 사회적 방식은 여타의 교통사고처럼 '사고-보상'의 구도에 의해 결정된다는 점이다.

그런데 여기서 우리가 한 가지 눈여겨 볼 점은 민변이 제시한 다음의 도표(민주사회를 위한 변호사 모임, 2014, p. 30)이다.

[탑승자의 직군별 생존자와 사망자 수]

	총수	단원고 학생	교사	선박직 승무원	서비스직 승무원	일반 승객
탑승자	476명	325명	14명	15명	14명	108명
구조자	172명	75명	2명	15명	5명	75명
사망·실종	304명	250명	12명	0명	9명	33명
생존율	36%	23%	14%	100%	36%	70%

탑승자의 직군별 생존자와 사망자의 수를 비교해 보면, 문제점은 매우 분명하게, 사고와 사건의 구분도 명확하게 드러난다. 세월호가 '사고'를 당한 것이라고 하더라도, 그 사고에서 생존한 비율의 차이는 과연 어떻게 설명될 수 있는가? 선박직 승무원은 100% 생존율을 보인 반면, 유독 선내에서 안내방송에 따라 구조를 기다렸던 단원고 학생은 23%, 교사는 14%의 생존율을 보인 것은 단지 우연한 '사고'에 불과하다고 할 수 있을까?

세월호에 관련하여 사고와 사건의 구분을 적용해 보자면, "세월호는 선박이 침몰한 '사고'이자 국가가 국민을 구조하지 않는 '사건'

이다."(박민규, 2014, p. 56) 사고와 사건을 구분하는 데에서 중요한 하나의 기준은 '의도'에 있다. 사고에는 직접적인 의도가 없지만, 사고가 사건이 되는 데에는 분명히 의도가 개입된다. 사고가 난 이후에 어떻게 선박직 승무원은 전원 구출된 반면에, 그들을 믿고 구조를 기다린 단원고 학생과 교사들은 가장 적은 생존율을 보였단 말인가? 이러한 사고와 재난에 대처하지 못한 '사건'에 대해 진상을 규명하고 책임을 지는 것이야말로 재발방지를 위한 첩경이 아닐까?

'사고-보상'이라는 구도만으로는 도무지 해결될 수 없는 '사건에 대한 진상규명'이 뒤따르지 않는다면, 세월호 생존자와 유가족의 고통은 계속 가중될 것이다. 따라서 세월호를 '사고'로 간주하고 생존자와 유가족을 치료하고 보상하려는 시도는 실제 세월호로 인해 고통받고 있는 당사자들이 진정으로 무엇을 원하는지를 간과한 처사이다. 여기서 우리는 생존학생인 C 양의 목소리를 다시금 귀여겨들을 필요가 있다.

제 생각엔 진정한 치료는 그 누구도 아닌 우리를 버리고 제일 먼저 안전하게 구출된 선장과 그 외의 선원들, 이 사건과 관련해 잘못한 모든 사람이 우리에게 제일 먼저 사과를 하는 것이라 생각합니다. 그리고 이 세월호 사건이 왜 일어났는지, 우린 바보같이 기다리고만 있었는지, 본질적인 잘못은 누구에게 있는지 알아야 한다고 생각합니다. 사실, 사과를 하고 이유를 알아도 용서할 수 없지만 그래야 곁에 없는 친구들과 유가족분들의 한이 조금이나마 풀릴 것 같습니다. (C 양의 편지)

C 양의 편지에서 C 양 자신이 감내한 구체적인 고통으로부터 언어로 표현하여 호소하고 있는 바는 매우 간명하다. 그녀의 텍스트는 세월호 사건으로 인한 고통의 이유를 알아야겠고, 그 고통의 가해자로부터 사과를 받고자 한다는 것을 매우 명확하게 전달하고 있다. 그런데 한국 사회의 맥락에서 정부와 언론은 왜 이 텍스트의 뜻을 이해하지 못하고, 당사자들의 고통을 애써 외면하고 있는 것일까? C 양과 같은 생존자와 유가족들의 고통을 덜어 주기는커녕 왜 더 가중시키고, 새로운 상처를 계속 내고 있는 것일까?

생존자 학생은 특례입학을 원하는 것도 아니고, 유가족은 시체장사꾼으로서 보상을 원하는 것이 아니었다. 이들은 세월호 '사고'에 대한 보상이 아니라 세월호 '사건'에 대한 이유를 묻고 있는 것이다. 사고라는 규정에는 "베푸는 사람은 자비롭게, 베풂을 받는 사람은 고분고분하게 감사하며" 받아야 하는 "시혜의 에토스"(진은영, 2014, p. 77)가 작동할 수 있는데, 이는 필경 그렇지 않아도 큰 고통을 겪고 있는 생존자와 유가족의 마지막 자존심마저 짓밟을 수 있다는 점에 유념해야 한다. 시혜의 에토스를 집어치우고, 생존자와 유가족을 대한민국 공동체의 시민으로 대등하게 여기고 그들과 공동의 책임을 나눠지는 것이야말로 "억울하게 숨진 희생자들에 대한 최소한의 예우이자 남은 사람들의 책임과 의무이다."(민주사회를 위한 변호사 모임, 2014, p. 31)

우리 모두는 '세월호 사건'을 좀 더 근본적으로 성찰하면서, 숨 가쁘게 '경제성장' 일변도로 달려온 한국 사회를 냉철하게 뒤돌아 보며, 비판하는 중대한 역사적 계기로 삼아야 한다. 세월로 참사는 단

순한 '대형교통사고'가 아니라 그 이전과 이후가 정말로 달라져야
하는 대한민국 전체의 뼈아픈 '역사적 사건'이며, 이 참사를 바라보
는 우리의 가장 기본적인 관점과 태도는 C양이 강변한 대로 그 사건
의 이유, 진상을 밝혀내는 작업에서 시작되어야 한다.

③ 타인의 입장에서 판단하기의 무능력

생존자와 유가족에 대한 이웃들과 공동체의 관심은, 그들이 고통
을 견디어 내는 데에 필수적인 연대감을 형성할 수 있다. 특히 심리
치료나 심리상담 및 철학상담에서 고통받는 개인을 대하는 데에 가
장 기본적인 것은 그 내담자를 중심에 놓고 치료동맹을 맺는 것인
데, 여기서 가장 중요한 것은 '타인의 입장에서 판단하기'의 능력이
라 할 수 있다. 그런데 이번 세월호 트라우마와 관련해서 사회공동
체 안에서의 이웃들이 과도한 관심을 가지고 고정관념이나 고정된
틀로 고통받고 있는 개인들을 가두어 규정하는 것 속에서 우리는 그
들의 트라우마를 더욱 가중시키고 있는 현주소를 발견할 수 있다.

'이웃'이라는 치유공간을 마련하고 안산에서 살고 있는 정혜신은
한 인터뷰에서 "우리가 머릿속에 유족이란 모름지기 이러이러할 것
이라는 틀을 가지고 보면 그 사람들한테는 매우 가혹한 폭력이 돼
요."(정혜신, 진은영, 2015, p. 156)라고 명시적으로 말한다. 예를 들
어, 유가족 중에 한 분이 호프집에서 술 먹고 떠들거나, 우연히 야구
중계를 보면서 환호를 치른다고 비난하거나, 무심결에 웃는다고 해
서 뒤에서 '유족 맞느냐'고 수군거리는 행위는 그들의 상처를 덧내
거나 가중시키는 일이다. 정혜신은 '우리가 보고 있는 모습이 그 사

람의 전부가 아니라는 사실을 아는 것은 굉장히 중요하다'고 말하고, '그 사실만 감지하고 있어도 우리가 누군가한테 그렇게 폭력적인 사람이 되지 않는데, 그걸 인식하지 못하면 본의 아니게 누군가에게 비수가 될 수 있다'고 경고한다. 따라서 그녀는 "안산에서 제가 하고 있는 주된 일 중 하나는 생존학생이나 유가족이 주변 사람들에 의해 이런 2차 트라우마를 겪지 않도록 유가족의 상태를 알리고 이들을 배려하는 방법을 교육하는 것"(정혜신, 진은영, 2015, pp. 156-157)이라고 말했다. 고통받고 있는 당사자들에게 그 어떠한 고정관념이나 고정된 틀 또는 악의성 루머 등을 적용하지 않는 것이야말로 그들의 고통을 가중시키지 않는 것이며, 생존자와 유가족의 고통에 다가서는 '이웃'이 되는 첫걸음이라 할 수 있다.

특히나 종교 지도자나 종교적 신념이 강한 사람들도 생존자와 유가족을 치료하거나 위로한다는 명목으로 그들의 고통에 대해 재차 고정된 틀로 해석하거나 의미 부여를 할 수 있는데, 이 또한 각별히 경계해야 할 일이다. 예를 들어서 이들의 고통을 죄의식과 연관 짓고 죄에 대한 신의 징벌로 해석하거나 또는 신의 구원과 연관하여 인간의 정화와 교육을 위한 수단으로 해석하는 변신론의 입장은 한편으로 그 고통을 견딜 수 있도록 하고 고통에 의미 부여함으로써 그 고통을 견딜 수 있게 만들어 줄 수도 있다. 그러나 이러한 변신론적인 해석은 응보론에 의해 무죄한 이를 처벌하는 잔인한 신의 표상을 전제하고 있을 뿐 아니라 그야말로 '죄없는 희생자'가 오히려 범죄자로 둔갑할 수 있는 위험을 지닌다. 나아가 고통이 정화와 교육의 수단이라는 해석도 아우슈비츠와 같은 거대한 악 앞에서는 그 힘

을 잃게 된다.[9]

　이와 같이 볼 때, 사회공동체의 구성원들이 고통받는 생존자와 유가족들의 입장에서 판단하지 못하고, 단지 외부자적 관점에서 자신의 고정관념, 선입견, 의미부여의 틀을 지니고 다가감으로써 행여 2차, 3차 트라우마를 낳지 않도록 하는 사회공동체의 세심한 노력이 필요하다. 또한 '타인의 입장에서 판단하기'는 타자와 단순히 '친밀성'의 관계를 맺는 것을 의미하는 것이 아니다. 왜냐하면 아렌트가 주장한 바와 같이 근대의 친밀성은 다름 아닌 '세계의 박탈'이자 '무세계성'이기 때문이다. 아렌트에 따르면, "근대에서 친밀성의 발견은 모든 외부세계로부터 도주하여 개인의 내적 주관성 안으로 들어가는 것"(Arendt, 1996, p. 123)을 말하기 때문이다.

　레비나스는 오히려 고통받고 있는 힘없는 타자의 얼굴은 나의 자유 실현을 문제시하며 "친밀성으로 환원할 수 없는 측면"을 지닌다고 보았다. 그럼에도 그 낯선 타자를 수용하고 관계를 맺을 때, "나의 재산과 기득권을 버림으로써 타자와 동등한 사람이 된다. 타자의 얼굴을 받아들임으로써 나는 인간의 보편적 결속과 평등의 차원에 들어간다."(강영안, 2012, p. 36) 고통받는 타자와의 열린 관계에서 타자의 고통이 호소하고 있는 바에 진정으로 귀를 기울일 때, 비로소 그 안에 담긴 비대칭성, 불균등성은 진정한 평등을 이루고 윤리적 관계를 형성할 수 있는 기초를 이루기 때문이다.

---

9) 고통에 대한 변신론적 해석의 발전과정과 그에 대한 비판은 박승찬(2014, pp. 9-25) 참조.

4. 세월호 트라우마를 통해 본 개인의 고통과 사회적 치유

세월호 생존자와 유가족이 겪는 트라우마는 어떻게 치유되어야할까? C 양과 같은 생존자 학생이 겪는 고통은 매우 개별적이고, 그 고통의 강도 역시 매우 주관적이다. 그런데 문제는 이러한 트라우마의 원인이 개인으로부터 유래한 것이 아님에도 불구하고, 앞서 살펴본 바와 같이 '무사유'에 기반한 사회공동체의 관심과 행위는 그 개인의 고통을 오히려 더욱 가중시키고 2차, 3차 트라우마를 계속 만들어 내고 있다는 데에 있다. 그렇다면 어떻게 해야 그러한 고통을 벗어나기 위한 사회적 치유를 해 나갈 수 있을까? 이 절에서는 개인의 고통을 단지 사적으로만 치료할 것이 아니라 사회공동체 안에서 공적으로 함께 치유할 수 있는 가능성을 탐색해 보고, 고통을 치유하는 데에 필요한 철학적 사유는 과연 어떠해야 하는지에 대해 숙고해 보고자 한다.

1) 세월호 트라우마의 치유를 위한 진상규명

세월호 트라우마로 인해 고통을 당하고 있는 생존자와 유가족들이 그 고통에서 벗어나도록 돕는 치유에서 가장 중요한 것은 과연 무엇일까? 우선적으로 손탁(Susan Sontag)의 말대로, "지금 중요한 것은 감성을 회복하는 것이다. 우리는 더 잘 보고, 더 잘 듣고, 더 잘 느끼는 법을 배워야 한다."(Sontag, 2002, p. 34) 이를 위해 우리는 고통 당사자 스스로의 언어로 표현된 요구에 귀 기울이지 않으면 안된다. 생존자 학생인 C 양은 우리나라 정부의 심각성을 다음과 같이 말했다.

　　우리나라는 미친 것 같습니다. 다소 과격한 표현이라 할지라도
이렇게라도 표현해 우리나라의 심각성을 말씀드리고 싶습니다. 얼
마 전까지만 해도 같이 웃고 밥 먹고 껴안던 친구들이, 18년 동안
아끼고 쓰다듬으며 귀하게 키운 자식들이, 한순간에 모두 예고도
없이 다시는 볼 수 없게 되었는데 정부는 우리를 외면하려고만 합
니다. (……) 제발, 제발 부탁드립니다. 어른들만 믿다가 다신 볼 수
없게 된 친구들과 그 친구들의 가족들, 그리고 앞으로 또 이런 일
이 발생하게 되어 또 희생당하게 될 수 있는 사람들. 그 모두를 위
해 특별법제정과 친구들이 왜 벌써 우리 곁을 떠나게 됐는지 그 진
상규명에 대해 알고 싶습니다. 부탁드립니다. 이제 더 이상 정부는
우리 말에 귀 기울이지 않습니다. 그리고 분명 교황님의 말 한 마디
한 마디가 우리나라와 정부를 바꿀 수 있을 것입니다. (C 양의 편지)

　　순식간에 들이닥친 C 양의 고통은 일대일의 상해로 인한 고통이
거나 부주의한 사고로 인한 것이 아니다. 따라서 일대일의 병원치
료나 심리상담만으로는 결코 해결될 수 없는 '진상규명'이라는 사회
적 차원에서의 치유와 해결방안을 필요로 한다. 교황을 향한 그녀
의 호소는 정부와 어른들에 대한 강한 불신으로 인해 한국 사회 밖
의 종교 지도자를 향하고 있지만, 실제로 그 고통의 사회적 치유는
정부와 한국 사회공동체가 스스로 감당해 가야 하는 몫이다.
　　또한 세월호 유가족 중에 단원고 2학년 학부모들의 요구도 C 양

과 유사하며 매우 간명했다.

> 우리 요구는 단순합니다. 가족들이 죽어간 이유를 알고 싶다는
> 것입니다. 왜 위험한 배를 바다에 띄웠는지, 왜 한 명도 구조하지
> 못했는지 알고 싶습니다. 왜 방송은 전원 구조라는 오보를 내고, 해
> 양경찰들이 제대로 구조도 하지 않는데 대대적인 구조작업 중이라
> 거짓 방송 했는지 알고 싶습니다. (……) 가족들은 참사의 진상규명
> 을 위해서 기소권, 수사권이 있는 조사위원회를 만들 수 있는 특별
> 법 제정을 요구하고 있습니다. 특별법은 돈을 달라는 것도, 특혜를
> 달라는 것도 아니고, 부정부패의 원인을, 사랑하는 나의 가족이 죽
> 어간 이유를 밝혀달라는 것입니다. 그렇게 철저히 조사하고 처벌하
> 여 참사의 원인이 된 부정부패가 바로잡혀 다시는 우리처럼 가족과
> 이별하는 아픔을 겪는 이가 없도록 하고 싶은 마음입니다. (세월호
> 유가족, "교황에게 ……", 2014)

생존자 C 양과 유가족들의 요구는 하나같이 '진상규명'이며, 이를
위해 기소권, 수사권이 있는 조사위를 갖춘 특별법을 제정하는 것
이다. 그리하여 이들은 자신과 같은 고통이 다시는 되풀이되지 않
기를 간곡히 바라고 있었다. 그런데 정부는 왜 이들의 고통을 개인
적이고 사적인 차원에서만 다루고자 했을까? 이러한 비판적 맥락에
서 "우리에게 부재한 것은 실존적 관계의 단절이 아니라 사적인 경
험을 공적인 언어로 전환하는 관계의 부재"(엄기호, 2014, p. 26.)라
고 할 수 있다. 따라서 세월호 트라우마를 치유하기 위해서는 단지

일대일의 사적 공간에서 이루어지는 '정상성'에 기반한 심리치료[10]나 '진정성'에 귀 기울이는 인본주의 상담만으로는 충분치 않다고 말할 수 있다.[11] "이제는 정신분석이 개인사를 벗어날 때가 되었다. (……) 지금 우리에게 필요한 것은 '가만히 있으라'는 명령에 저항할 수 있는 이론적 기반이다."(김서영, 2014, p. 179)

안산에서 활동 중인 정혜신도 세월호 트라우마 치유에서 가장 중요한 것은 '진상규명'이라고 힘주어 말했다. 그녀는 세월호 트라우마가 내인성(內因性)이 아닌 외인성(外因性)이므로 그 요인에 대한 사회적 해결이 필요하다고 주장했다.

> 정신과의 수백가지 질환이 자기 생각이나 환경적인 문제들을 생각하면서 치료되지만 외부적인 문제 때문에 삶이 어마어마하게 일그러진 경우에는 그 외부적 요인을 해결하지 않고서는 치유가 시작될 수 없어요(정혜신, 진은영, 2015, p. 165).

그녀는 트라우마를 겪는 사람들이 분노와 무기력증만이 아니라 '억울함'의 감정이 주를 이루며, 이로 인해 자살에 이를 확률도 매우 높다고 경고했다. 그렇다면 어떻게 해야 트라우마의 억울함에서 벗

---

10) 아도르노(Adorno, 1979, pp. 65-66)는 노이로제가 충동의 기세를 꺾어 버림으로써 갈등을 일으키지 않도록 하는 것처럼 상처 입은 사회에서의 정상적인 상태는 갈등에 이르기도 전에 이미 결정을 내려 버리기 때문에 제대로 된 인식에 의한 치유에 이를 수 없다고 비판했다.

11) 2014년 9월 18일 나는 서울대 정신의학과 Psychiatric Grand Round(PGR)에서 '정신의학과 철학의 만남'의 주제에 대한 특강을 했다. 그 이후 종합토론에서 한 정신과 의사는 병리적으로 다룰 수 없는 외상을 입은 세월호 참사로 인한 유가족들의 고통을 치유하는 데에 정신과치료보다 철학상담이 도움이 될 수 있을 것이라고 조언해 주었다.

어날 수 있을까? 더욱이 철저한 '진상규명'을 외면하고 있는 정부에 그 책무를 요구하고만 있을 것이 아니라 치유하는 공동체의 일원으로서 우리 각자가 어떻게 하면 아래로부터 '시민'들이 주체가 되어 '말하고, 생각하고, 타인의 입장에서 판단할 수 있는' 사회적 치유를 확보해 나갈 수 있을지를 고민하지 않을 수 없다.

2) 고통의 다양성을 표현하고 고통의 특수성을 사유하기

(1) 개인이 겪는 고통의 고유성과 다양성을 표현하기

정혜신은 세월호 트라우마가 결국 사회적으로 치유되어야 한다고 주장했는데, 그녀가 제안하고 실천하는 트라우마의 치유는 매우 소박하면서도 실질적이다. 그녀의 제안은 정신과 의사가 행하는 치료가 아니라 구체적인 '이웃'이 되는 것이다. 예를 들어서 유가족에게 "과일을 하나 깎아 드리거나 물을 가져다 드리거나 그분들이 너무 피로해서 있을 때 잠깐 어깨를 주물러 주시거나 하는 소박한 봉사, 진상규명을 위해 그분들이 뛸 때 서명하고 잠시라도 도움을 주는 모든 분은 세월호 트라우마의 근원적인 치유자"(정혜신, 진은영, 2015, p. 165)라고 말했다. 그녀는 나우웬(Henri Nouwen)이 말한 '상처 입은 치유자(wounded healer)'를 최고의 치유자로 꼽았다.

상처를 입어 본 사람이 치유 받아본 경험을 통해서 최고의 치유자가 된다는 거예요. 자기 상처가 어떻게든 치유되는 경험을 한 사람은 사람이 무엇으로 움직이는지를 이미 경험한 사람이에요.

(……) 자기 상처를 인식하고 인정해서 치유받은 경험이 있는 사람
은 누구나 치유자가 될 수 있어요, 그런 사람이 누구한테든 최고의
치유자라 할 수 있습니다. (정혜신, 진은영, 2015, p. 167)

세월호 트라우마를 사회적으로 치유하기 위해서는 가장 먼저 그
상처 입은 자들에게 좀 더 가까이 다가가서 소박한 이웃이 되는 것
도 물론 중요하지만, 공동체의 일원이자 '철학자'로서 이웃이 사회
적 치유를 위해 기여할 수 있는 바는 없는지에 좀 더 천착해 볼 필요
가 있다. 세월호 생존자와 유가족들이 지닌 고통을 어떻게 하면 철
학적 사유의 차원에서 좀 더 잘 이해하며 대화 나눌 수 있을까? 앞
서 비판적으로 고찰한 바와 같이 그 고통을 가중시키는 사회공동체
의 '무사유'에서 벗어나기 위해 과연 어떤 철학적 성찰이 필요할까?

무엇보다 먼저 생존자와 유가족 전체를 하나의 범주로 묶거나, 양
적으로 대할 것이 아니라 고통받는 개인에 대해 좀 더 세심한 관심
을 기울이고, 그 각자가 겪는 고통의 고유성과 차이를 존중하며 이
해하는 데에 총력을 기울이지 않으면 안 될 것이다. 최근 방영된 세
월호 관련 TV 프로그램의 말미에서 딸을 잃은 한 엄마의 눈물 어린
호소에 귀를 기울여 보자!

제 딸은 ○○○이에요. 그 아이는 한 명이에요, 희생자 304명
중의 그냥 일부분이 아니라구요. 그 말씀을 저는 꼭 드리고 싶어
요. ("나는 부모입니다", 2014)

세월호로 인한 고통의 사회적 치유는 그 고통의 담지자를 세월호 생존자나 유가족으로 한정짓고 그들만의 주관적이고 사적인 고통으로 치부해 버리거나, 또는 그 고통을 제3자가 나서서 일반적으로 객관화하여 다루며 공공연한 정상성을 회복하는 데에 있는 것이 아니다. 고통당하는 자들을 모두 한꺼번에 위로하려 드는 사회적 치유는 마치 '모든 것을 녹여 내는 용광로 속으로 빠져 들어가는 사유(Adorno, 1979, p. 116)'를 반복하는 데에 지나지 않는다. 그렇다면 각각의 고통을 용광로로 녹여 버리는 거나 그 고유성을 단순히 주관적이고 사적인 차원으로 치부해 버리지 않기 위해서는 과연 어떻게 해야 할까? 여기서 필요한 철학적 사유는 과연 무엇일까?

무엇보다 먼저 우리는 개별적 고통이 지니는 고유성과 다양성을 적극적으로 표현하도록 격려하고 도우며 이를 함께 성찰하는 사유를 전개해 나가야 한다. 아렌트가 말한 것처럼, "당신이 모든 고통을 이야기로 표현하거나 그들에 관한 이야기를 한다면 모든 고통은 드러날 수 있"(Young-Bruehl, 2007, p. 616)기 때문이다. 아도르노는 한 걸음 더 나아가 고통은 표현될 권리를 지닌다고 주장했다. "계속되는 고통은 마치 고문당하는 자가 울부짖듯이 표현할 권리를 지닌다. 그렇기 때문에 아우슈비츠 이후에 시를 쓸 수 없을 것이라고 한 것은 아마도 잘못이다."(Adorno, 1977a, p. 469) 더욱이 이번 세월호 사건에서 외인성 트라우마로부터 나오는 억울함은 세상으로부터의 고립감과 이유를 알 수 없는 갑갑한 좌절감이 강하게 작동했다. 따라서 그 고통의 억울함은 마치 비명을 지르듯이 각각 표현될 권리가 있다.

이와 같이 개인의 고통을 다양하게 표현하는 행위는 자신이 겪고 있는 깊은 슬픔을 단지 정서적인 차원에서 위로받고 소화하기 위한 데에 그치지 않는다. 개인이 겪는 고통을 다양하게 표현하는 작업은 실제 애도상담의 한 과정에서 상실로 인한 비탄을 '자기-내러티브(self-narrative)'로 구성해내는 데에서도 매우 핵심적인 위치를 차지한다. 왜냐하면 그러한 자기표현을 통해서 애도의 과정은 각 개인이 처한 미시적인 차원에서 분열되고 파괴되어 버린 자기세계와 이웃들의 관계 및 사회적 관계를 회복하는 데에 중요한 역할을 하기 때문이다. 니마이어에 따르면, 각자가 다양하게 자기-내러티브를 구성해 볼 경우, 이는 일상적인 '미시-내러티브들(micro-narratives)'을 정서와 함께 자기이해 속에 통합할 뿐 아니라, 사회적 차원에서의 '하나의 거대-내러티브(a macro-narrative)'로 구성해냄으로써 인지-정서-행동을 구조화할 수 있게 한다(Neimeyer, 2014, p. 2). 그렇다면 이번 세월호로 인해 친구와 자식, 친지를 잃은 많은 사람으로 하여금 다양한 표현을 통해서 '자기-내러티브'를 이끌어 내도록 격려하면서, 어떻게 하면 그 안에 담긴 '미시-내러티브들'과 '하나의 거대-내러티브'의 연관성에 대해 성찰하고 사유하는 작업을 전개할 수 있을까?

(2) 고통의 특수성을 사유하는 어우러짐

세월호 트라우마와 연관하여 우리는 앞서 고통의 고유성과 다양성을 표현할 권리에 주목해 보았다. 이제 어떻게 하면 다양하게 표현된 고통의 고유성을 존중하면서도 개인과 사회공동체가 함께 사유하며 대화해 나갈 것인지에 대해 숙고해 볼 필요가 있다. 세월호 트라우마에 직면한 고통의 당사자들, 즉 생존자와 유가족들이 다양하게 표현한 텍스트들은 이제 "철학으로부터 해석되어야 하며, 제대로 읽혀져야 하고 무한한 고통의 역사가 펼쳐지는 텍스트로"(Horkheimer, 1990, p. 122) 다루어져야 한다. 그렇다면 이러한 텍스트를 해석하고 이해하는 사유는 과연 어떠해야 하는가? 아헨바흐는 "올바른 궤도에 이르는 사유와 통찰, 인식, 계몽은 인간을 변화시키는 힘"(Achenbach, 2010, p. 593)이라고 주장했다. 어떻게 하면 인간을 변화시키는 힘을 지닌 사유, 또한 '말하고, 생각하며, 특히 타인의 입장에서 판단할 수 있는 사유'를 전개해 나갈 것인가?

아도르노에 따르면, 고통당하는 자의 표현 속에는 그 고통을 덮으려 하거나 마치 그 고통을 개인적인 사건으로 치부하려는 '동일성 철학'이 허위라는 점을 명확히 보여 주고, 이를 벗어나고자 하는 '비동일성'의 저항적 몸부림이 들어 있다. "경험된 세계에서 의미 없는 고통의 가장 작은 흔적은, 그 경험에서 고통을 변명하고 싶어 하는, 관념론적 철학 전체의 거짓말을 책망할 수 있다."(Adorno, 1977a, p. 203) 아도르노는 고통이 비록 '비동일성'이라는 부정적인 형태로 표현될지라도 그 표현을 통해서 객관적으로 매개되도록 요구하고 있으며, 그 고통을 표현함과 동시에 그것이 사라지도록 사유하게끔 하는 변증법적 사유의 동인(Motor)을 지닌다고 주장했다.[12]

---

12) "모든 아픔과 모든 부정성, 즉 변증법적인 사유의 동인은―마치 모든 행복이 감각적인 충족을 목표로 하고 있고 그 안에서 그 자신의 객체성을 얻는 것과 같이―다층적으로 매개된, 때때로 알아챌 수 없게 된 육체적인 것의 형태이다."(Adorno, 1977a, p. 202)

그렇다면 앞서 살펴본 C 양이 겪고 있는 고통의 '비동일성', 즉 그녀 자신만의 주관적 고통의 특수성은 어떻게 사회공동체 안에서 객관적으로 매개되며 변증법적으로 사유될 수 있을까? 그녀와 유가족들이 겪고 있는 고통의 눈물 어린 호소에 드러난 객관적이고 "육체적인 계기는 고통이 없어지고 다르게 되어야 한다는 것을 인식에 알린다. '아픔은 말한다: 사라지라고'. 그렇기 때문에 특히 유물론적인 것은 비판적인 것, 즉 사회적으로 변화되는 실천에로 수렴된다."(Adorno, 1977a, p. 203) 아도르노는 고통이 없어지고 삶이 다르게 되기 위해서는 그 개별적 고통의 부정성이 말하고 있는 사회적 비판과 실천으로 이어지지 않으면 안 된다고 강변했다.

그런데 세월호 트라우마로 인해 C 양과 같은 개인이 겪고 있는 고통의 특수성을 아도르노의 변증법적 사유, 즉 사회적 비판과 실천을 통해서 치유하기 위해서 필요한 가장 첫걸음은 과연 무엇일까? 여기서 우리는 고통받는 개인과 이웃 및 공동체 사이에서의 관계, 특히 고통받는 개인을 대하는 이웃과 공동체의 태도에 대해 아도르노의 '어우러짐(Konstellation)'의 개념을 통해서 숙고해 볼 필요가 있다. 이 개념은 아도르노가 벤야민(Walter Benjamin)으로부터 차용한 개념으로, 각각의 별이 모여서 만든 별자리를 말한다. 그런데 우리가 주목할 점은 "별자리와 같이 '어우러짐' 속에서 다양한 요소는 구체적인 시-공간 속에서 함께 만나 하나의 특정한 형상, 즉 새로운 사태를 만든다."(노성숙, 2008, p. 112)라는 데에 있다. 즉, 어우러짐 속에서 각각의 요소가 일반적 원리나 보편성으로 편입되거나 환원되는 것이 아니라 각자가 독립적인 고유한 의미를 지니면서도 함께 모여 새로운 사태를 만들어 낸다는 것이다.[13] 나아가 이 사태는 단지 하나의 인과적인 사건 연관성의 결과가 아니다. 원래는 각각 독립적이고 다양한 요소가 우연적으로 결합되면서 전적으로 다른 하나의 사태를 함께 만들어 냄으로써 새롭게 발생하는 사건, 즉 '생기(生起, Ereignis)'의 성격을 지니기 때문이다.[14]

아도르노의 '어우러짐' 개념은 한편으로 세월호 트라우마를 겪고 있는 고통의 당사자인 생존자 및 유가족들과, 다른 한편으로 한국 사회공동체의 구성원들이 어떻게 공감대와 책임감을 형성할지 고민하는 데에 적용될 수 있다. '어우러짐'은 무엇보다 먼저 공동체의 구성원들로 하여금 C 양과 같은 한 개인의 고통이 더 이상 고립되지 않도록 연대를 형성하는 데에 있어서 이들의 고통을 이전의 다른 유형화들과 동일시하거나 기존의 보편적 원리들로 환원시키는 것에 저항하고 부정하는 사유를 말한다.[15] 또한 '어우러짐'은 "우연성 그 자체의 계기, 즉 합리적으로 추론될 수 없고, 놀라운 것의 계기"(Guzzoni, 2003, p. 49)를 지니며, 고통받는 개인과 그 이웃인 공동체의 타자들 사이에서 새롭게 드러나는 '제3의 것', 마치 새로운 별자리가 탄생하듯이 이전과는 전적으로 다른 새로운 사태를 발생시키

---

13) 아렌트의 "인간의 '복수성(Pluralität)' 안에 내포된 '차이성(Verschiedenheit)' 및 '동등성(Gleichheit)'은 그 자체로 이미 철학적 인간학적 통찰을 내포"(박병준, 2014, p. 13)하고 있는데, 이러한 복수성은 '어우러짐' 속에 잘 드러난다.
14) 구쪼니(Ute Guzzoni)는 아도르노의 '어우러짐'의 개념이 "다양한 요소들이 시간적-공간적으로 함께 만남(ein zeitlich-räumliches Zusammentreffen)"(Guzzoni, 2003, p. 48)이라는 성격을 지닌다고 보았다.
15) 아도르노는 단적으로 '철학은 저항의 힘'이라고 주장했다. 철학의 본질적 이해는 "철학에서 온통 다 끌어내 쏟아 내려는 것, 거기서 그냥 끝을 보고 말지 않도록 하는 것, 경험자료로 끝장나지 않는 것 등을 통한 저항의 힘"(Adorno, 2012, p. 224)인 것이다.

는 데에 주력한다.

그렇다면 여기서 어우러짐이 만들어 낸 새로운 사태의 의미 연관성을 해독하는 작업은 과연 어떻게 진행되어야 할까? 아도르노에게서 어우러짐 속에 등장하는 새로운 사태에 대한 파악은 '인식'이 아닌 '경험'[16]이다. 따라서 어우러짐은 고통당하는 자에 대한 '경험을 추체험(追體驗)'하는 것을 전제로 한다. 그런데 이러한 경험에서는 한편으로 개별적 고통에 고유한 의미가 그 구체적인 상황 속에서 함께 주어진 것, 그 자체 안에 특수하게 놓여 있는 것으로서 간주되며, 또 다른 한편으로 그 경험에 다가가서 함께 새로운 의미연관성의 사태를 만들어 내는 상호적인 사유 활동이 활발하게 전개된다.[17] 아도르노에 따르면, 이러한 실천적인 사유 활동의 경험 가운데 앎에 집중하는 것을 통해서 변화가 시도된다.

어떤 사태가 위치해 있는 '어우러짐'을 알아챈다는 것은, 형성된 것으로서 자체 안에 지니고 있는 그 어우러짐을 해독하는 것이다. (……) 앎은 이미 알고 있던 것을 실현하고 또한 그것에 집중하는

---

16) 헤벌레는 아도르노의 '경험' 개념이 벤야민에게서 유래하고 있다고 주장했다. 그에 따르면, 벤야민은 단순한 정보적인 경험의 지식이 아니라 기억의 '스토리텔링(storytelling)'을 통해서 전달되는 의미연관성의 경험을 중시했다(Heberle, 2006, p. 222).

17) 이러한 실천적 사유활동의 경험이 만들어 낸 구체적인 성과를 예로 들자면, 2014년 8월에 시행된 "안산프로젝트 학교 가는 길"이 있다. 이 프로젝트는 조성룡 건축가, 이원 시인, 함돈균 문학평론가의 공동 주관 아래 진행되었으며, 안산에 거주하는 대학생과 단원고 학생을 포함한 고등학생, 자원봉사자들이 함께 모여 단원고 옆 원고잔 공원 북측에 목조 구조물을 설치했다. 이는 고통을 함께 하되, 단순히 보여 주기식이 아닌 살 만한 공간을 함께 계획하고 만들어 내는 과정을 통해 그 지역공동체와 어우러진 실천적 사유활동의 경험이라 할 수 있다.

것, 그것을 변화시키는 것이다(Adorno, 1977a, pp. 165-166).

이와 같이 어우러짐 속에서 개별적 고통의 특수성을 개인과 공동체의 이웃이 함께 사유할 때, 앞서 논의한 바 있는 고통받는 자들의 다양한 자기-내러티브의 이합집산이 계속되면서 새로운 의미 연관성의 사태가 만들어 질 수 있는 것이다.[18] 나아가 새롭게 등장한 사태는 이미 규정된 보편적 정의(definition)를 통해서 확정되는 것이 아니라 계속되는 사유의 운동(Gedankenbewegung), 즉 사유하는 구체적인 활동에 의해 지속적으로 새로운 해석을 낳게 된다. 아도르노에 따르면, 그와 같이 사유하는 활동 속에서 진리는 "생성되는 어우러짐(werdende Konstellation)"(Adorno, 1977b, p. 604) 그 자체 안에서 발생한다.

아도르노에게서 고통의 특수성을 사유하는 어우러짐은 특히 아렌트가 말하는 '타인의 입장에서 판단하기의 무능력'을 탈피하는 사유를 구체화하는 하나의 형태일 수 있다. 아렌트는 판단이 "항상 '특수자들과 아주 가까이 있는 일들'[예컨대 시사적인 일들]과 관계"하는 것이며, 여기서의 "판단은 '특수한 상황에 대해' 그의 일반성에서가 아니라 '그의 특수성 안에서' 사유할 것을 요구한다."(정화열, 2006, p. 32)고 주장한 바 있다. 또한 아도르노의 '어우러짐'은 개인의 고통

---

18) 세월호와 연관하여 유가족들 각 개인이 겪은 고통의 특수성을 아도르노가 말한 철학적 사유를 통해서 새로운 의미연관성의 내러티브로 구체화한 예로 최근에 발간된 기록물인 『금요일엔 돌아오렴』을 들 수 있다. 이 책에서 416 세월호 참사 시민기록위원회 작가기록단은 열세 명의 유가족을 만나 '어우러짐'의 사유를 통해서, 죽음의 사건에 새겨진 유가족 개인이 겪은 특수한 고통을 상호적인 삶의 내러티브로 재구성해 냈다.

과 사회적 치유를 연관시키며 세월호 트라우마를 극복하기 위한 철학적 치유를 모색하는 데에도 근본적인 태도와 방향성을 제시해 줄 수 있다.

5. 세월호 이후 남겨진 사회공동체의 과제

세월호에 대한 이야기가 잦아들고 있다. 세월호에 대한 엄청난 쇼크, 분노, 미안함을 쉽게 망각한 채 어느새 침묵으로 접어드는 것은 아닌가 우려스러운 형국이다. 한국 사회에서 아직 철학실천, 철학상담 등이 충분한 역할을 하고 있지는 않지만, 이 장에서는 세월호 사건으로 인해 생겨난 개인의 고통을 사회적으로 치유하는 데에 필요한 철학적 성찰과 사유가 무엇인지를 숙고해 보았다. 이 장은 C 양과 같은 세월호 생존자와 유가족의 고통이 한편으로 돌이킬 수 없는 '죽음'으로 인한 상실체험으로서, 어찌할 수 없이 수용해야만 하는 주관적이고 사적인 측면을 지니는 것도 사실이지만, 다른 한편으로 이 고통은 단지 개인이 받아들이는 것만으로 극복될 수 있는 것이 아니라 사회공동체가 함께 풀어내야 할 과제를 지니고 있다는 점에 천착했다.

세월호로 인한 고통을 극복하기 위해서 무엇보다 먼저 사회공동체가 관심을 기울여야 하는 것은 세월호로 인해 직접적으로 고통당하고 있는 개인들, 즉 생존자와 유가족들이다. 세월호 트라우마의 직접적인 당사자인 생존자와 유가족들의 애도는 한편으로 극히 개인적인 차원에서 "죽음의 '사건 이야기'를 자신의 삶의 내러티브 속으로 통합"(Neimeyer, 2014, p. 1)하는 과정을 겪지 않으면 안 된다. 이와 더불어 다른 한편에서 그 고통을 간접적으로 접하고 함께 경험한 이웃과 사회공동체의 구성원들도 그 애도의 과정에 동참해 가야 할 것이다. 특히 트라우마는 갑작스런 사건으로 인한 깊은 비탄에 빠지기 때문에 마음껏 슬퍼하며 그 애도를 완료하기 위해서는 오랜 시간이 걸린다. 공동체가 그 시간을 기다려 주지 못하고, 앞서 살펴본 바와 같이 '말하기, 생각하기, 타인의 입장에서 판단하기'의 무능력을 발휘할 때, 고통받는 개인은 오히려 2차, 3차 트라우마를 겪게 된다는 사실을 반드시 되새겨보아야 한다.

세월호 트라우마로 인한 개별적 고통이 극복되기 위해서는 앞서 살펴본 바와 같이 고통당한 당사자인 세월호 생존자와 유가족들의 요구가 가장 중심에 있어야 하며, 사회적 차원에서의 진상규명이 무엇보다 시급하다. 아울러 개인의 고통을 공명하는 사회공동체가 되기 위해서는 개인의 고통이 지닌 고유성이 맘껏 다양하게 표현되어야 하며, 그 고통의 특수성을 철학적으로 사유하고 판단할 수 있는 구체적인 활동이 뒤따라야 할 것이다. 개별적 고통은 공동체 안에서 표현됨으로써 그 깊은 고립감으로부터 탈피될 수 있으며, 공동체가 함께 사유하는 과정 속에서 그 의미가 재구성되고 연결될 때에야 비로소 치유가 가능해질 것이기 때문이다.

생존자와 유가족들이 각자 겪고 있는 고통은 세월호 침몰 이전의 한국 사회공동체로 하여금 질적으로 전혀 다른 또 하나의 계기, 즉 이전의 사회적 틀로 동일시되거나 일치될 수도 없고, 기존에 통용되어 온 보편성 아래에 포섭될 수도 없는 변증법적 사유의 뼈아픈 계기를 제공했다. 세월호 사건을 경험한 이전 대한민국 사회공동체의 삶과 그 이후의 삶은 전적으로 달라져야 한다. 또한 세월호 참사를 계기로 한국 사회의 병폐를 낱낱이 파헤치고, 그 병폐요인들을 총체적으로 조망하면서 그 연결고리를 끊어 낼 수 있는 냉철한 사회비판과 그 비판점을 시정할 수 있는 진두지휘체제의 마련이 시급하다. 끝으로 바로 그 고통받는 이웃들 한 명, 한 명의 '얼굴의 현현(l'éiphanie du visage)'이 레비나스가 말한 것처럼 우리에게 "상호 간의 윤리적 전망"(강영안, 2012, p. 226)을 열어 주기를 희망해 본다. 그 고통의 구체적인 호소와 개별적 고통의 특수성을 자각하는 '어우러짐'의 사유를 실천해 나감으로써 총체적 난관에 직면한 철학적 치유는 이제 막 압도적인 무력감에서 벗어나, 아주 작은 첫걸음을 떼며 시작되었을 뿐이다.

5·18 트라우마와 치유공동체[1]

1. 사회적 트라우마에 대한 기억과 망각

"기억하기를 원하십니까, 잊기를 원하십니까?" 이 질문을 한 사람은 전 세계의 '진실위원회' 연구자인 헤이너(Priscilla B. Hayner)이고, 이 질문을 받은 사람은 1995년 르완다에서 50만 명이 넘는 대학살이 자행된 지 1년이 지난 후, 그 학살로 친족 17명을 잃은 르완다의 한 정부 관리이다. 그는 해외에 체류 중이어서 가족 중에 유일하게 살아남았으며, 자신이 겪은 사건을 전달하면서 '하루가 지날 때마다 조금씩 더 잊을 수 있다'고 답했다. 조금씩 안정을 찾아가는 그가 망설임 끝에 다음과 같이 덧붙였다. "그런 일이 다시 일어나지 않게 하려면 우리가 그걸 기억해야죠. 하지만 우린 그 일과 연결된 감정

1) 노성숙(2016). 5·18 트라우마와 치유: 개인과 사회공동체의 변증법에 대한 비판적 성찰. 광주가톨릭대학교: 신학전망, 194, 207-254. (초고는 2016년 5월 11일 광주인권평화재단, 광주가톨릭대학교 신학연구소, 천주교광주대교구 정의평화위원회가 공동주최한 5·18 민중항쟁 36주년 기념 학술 심포지움에서 발표된 논문)

들, 정서들은 잊어야 합니다. 잊지 않고는 도저히 살아갈 수가 없으니까요."(Hayner, 2008, p. 25)

눈부시게 찬란한 초록이 깊어가는 생명의 오월, 그날을 다시 맞이하면서 우리 스스로에게 질문해 본다. 우리는 '5·18을 기억하기 원하는가, 잊기 원하는가?' 5·18의 다양한 스펙트럼 속에서도 유독 '트라우마'의 고통과 마주한다는 것에는 '기억과 망각의 변증법'이 자아내는 변주가 고스란히 담겨 있다. 어쩌면 우리가 5·18 트라우마를 기억한다는 것 자체가 트라우마가 아닐까? 그래서 우리는 그 트라우마의 덫에 걸려 있는 것은 아닐까?

> 트라우마에 대한 기억은 그 자체로 트라우마다. 트라우마를 회상하는 일은 고통스럽고 적어도 피해자의 마음을 심란케 하기 때문이다. 상처를 받은 사람은 고통을 되풀이하지 않기 위해 그 기억을 지우려는 경향이 있다. 상처를 준 사람은 그 기억으로부터 해방되고 자신의 죄의식을 덜기 위해 마음 깊숙이 그 기억을 몰아내 버린다. 여기서 우리는 다른 현상들에서와 마찬가지로 희생자와 압제자 사이에 놓인 역설적인 유사성에 주목하게 된다. 좀 더 분명하게 말하자면 양자는 같은 덫에 걸려 있는 것이다. (Levi, 2014, p. 24)

오늘날 5·18 트라우마를 만나는 작업은 우선적으로, 이러한 기억의 덫에 걸린 가해자와 피해자 사이에서 다시 '기억하고 말하며 생각하기' 시작하는 것을 의미한다. 그런데 "5·18을 생각한다는 것은 생각하기 어려운 것, 어쩌면 생각할 수 없는 일을 생각하는 것"(김상봉, 2015, p. 23)이다. 나아가 트라우마를 만나는 것은 "말할 수 없는"(unspeakable)[2] 것을 말해야 하는 역설적 시도이기도 하다. 이처럼 5·18 트라우마를 '기억하고 말하며 생각하는 것'은 이미 불가능해 보이는 모순적 상황에서 시작된다. 그렇다면 기억과 망각의 사이에서, 생각할 수 없는 것과 생각하는 것 사이에서, 말할 수 없는 것과 말하려는 것 사이에서 5·18 트라우마에 놓인 근본적인 모순성을 어떻게 통합해야 할 것이며 또 치유할 수 있을까? 이러한 난제를 해결하려는 시도는 5·18 이후에 이루어진 사회학, 심리학 등의 개별 학문적 성과에서뿐 아니라 사회정치적 제도화나 사회 민주화 운동, 심리치료나 상담적 접근 등에서 각각 지속적으로 진행되어 왔다.

최근 들어 이러한 5·18 '트라우마'를 '외상후 스트레스 장애'라는 진단범주로 이해하고 이를 연구에 활용하거나 치료적으로 접근하려는 시도가 나타나고 있다. 이는 5·18 트라우마를 겪고 있는 개인에 대한 사회적 관심이 생겨났다는 점에서 매우 반가운 일이다. 그런데 5·18 트라우마의 경우, 국가폭력에서 시작된 '사회적 트라우마'라는 점이 핵심을 차지하고 있기 때문에 개인의 고통에 대해 의료적으로 집중하는 PTSD에 의한 접근을 넘어서서 '사회적 맥락'과의 긴밀한 연관성을 비판적으로 성찰하는 것이 불가피하다. 또한 5·18 트라우마는 개인적인 차원에서의 심리치료, 사회적인 차원에

---

2) "대개의 사람들이 잔학행위에 대응하는 방식은 의식에서 이를 몰아내는 것이다. 사회계약을 침해하는 어떤 행위들은 입 밖으로 내기에 너무나 지독할 정도이다. 이것이 바로 '말할 수 없는(unspeakable)'이라는 말의 뜻이다. 그러나 잔학행위는 묻히기를 거부한다. 잔학 행위를 부정하고 싶은 소망만큼이나 강력한 것은 바로 부정은 통하지 않는다는 깨달음이다."(Herman, 2007, p.16)

서의 사회정치적 제도화 및 사회운동 등을 각기 나누어서 전문적 영역으로 환원시키는 것만으로는 그 궁극적 치유가 불가능하며, 오히려 각 영역에서 접근하되 그 영역들 간의 상관관계를 함께 고민하지 않으면 안 된다.

이 장은 5·18 트라우마를 치유하기 위해서 '개인과 사회의 역학관계'를 반드시 성찰해야 한다는 비판적 문제의식에서 출발한다. 그리하여 5·18의 생생한 내러티브를 경청하고 난 뒤, 그 트라우마에 직면하여, 개인과 사회를 연결하고 가로지르며 꿰뚫는 철학적 사유, 곧 개인과 사회에서 발생하는 모순을 명료히 함과 동시에 양자를 개방적으로 함께 성찰하는 사유를 전개해 보고자 한다.[3] 이를 위해서는 한편으로 개인에게 들이닥친 다양한 5·18 트라우마의 구체적이고도 개별적인 내러티브에 한 걸음 더 가까이 다가가 보고, 다른 한편으로 개인이 겪는 5·18 트라우마를 사회공동체와의 변증법적 모순성 속에서 검토하고자 한다. 나아가 5·18 트라우마의 구체적인 고통을 들여다볼 때, 개인과 사회공동체가 함께 '치유'되기 위해서 과연 어떤 노력이 필요한지를 살펴보고자 한다. 특히 이러한 논의과정에서 하버드대 의과대학 정신의학과 교수이자 가정폭력이나 전 세계의 정치적 테러와 연관된 '트라우마' 연구와 치료에서 독보적인 위치를 차지하고 있는 허먼(Judith Herman)의 시각에 주목할 것이다. 그리하여 그녀가 말하는 트라우마의 핵심 증상과 회복의 단계를 5·18 트라우마의 독특성과 치유에 접목시켜서 고찰하고

---

3) 이러한 철학적 사유는 폭넓은 의미에서 '철학실천으로서의 철학상담'의 입장에서 치유가능성을 모색하는 것을 의미한다.

자 한다.

먼저 2절에서는 개인의 다양한 삶의 현장에 덮쳐 온 5·18 트라우마, 그 '말할 수 없었던' 고통의 '생생한' 내러티브를 경청하는 데서 시작할 것이다. 5·18 트라우마는 개인적이고도 사회적인 '역사의 기억'을 다룬다.[4] 그 기억 속에서 구체적인 고통의 '경험을 추체험(追體驗)' 하는 것이야말로 5·18 트라우마로 인한 고통에 접근하는 시발점이 될 것이다. 3절에서는 우선 트라우마에 대한 심리학적 혹은 임상적 접근에 비추어서 5·18 트라우마에 드러난 고통의 양상을 각각 살펴보고자 한다. 최근 트라우마 논의의 핵심인 PTSD에 대해 알아본 뒤, 이와 연관하여 5·18 트라우마의 독특성을 밝혀 볼 것이다. 나아가 5·18 트라우마와 사회공동체의 연관성에 천착하여, 사회공동체가 개인의 고통을 가중시킴으로써 어떻게 집단적으로 2차 트라우마를 재생산하는지에 주목하고자 한다. 또 다른 한편으로 5·18 극복을 위한 사회적 제도화의 역사적 성과를 검토한 뒤, 그것이 왜 5·18 트라우마의 극복에는 제한점을 지니는지도 알아볼 것이다. 4절에서는 5·18 트라우마 치유를 위해 개인과 사회공동체가 어떤 관계를 맺어야 하며 구체적으로 어떤 노력을 기울여야 하는지를 밝혀 볼 것이다. 먼저 트라우마 치유를 위해 '기억'이 지니는 중요성을 알아본 뒤, 그 '기억을 통한 내러티브의 재구성'이 왜 개인과 사회공동체가 함께 치유되기 위해서 필수적인지를 고찰할 것이다. 나아

---

4) 김상봉(2015, pp. 29-30)에 따르면, "우리가 5·18을 하나의 사건으로서 기억할 뿐이라면 이를 통해 역사와 온전히 만날 수는 없"으며, "우리가 5·18의 부름에 응답할 때, 비로소 우리는 그것과 인격적으로 만날 수 있게 되는"데 이는 오로지 "5·18의 고통에 참여할 때"에야 가능하다.

가 트라우마 회복을 위해 '사회적 지지'의 중요성이 무엇인지 살펴본 뒤, 그 구체적인 모델로서 '증언'이 지니고 있는 치유적 의미를 이끌어 내 볼 것이다.

2. 말할 수 없었던 5·18 트라우마:
유가족 개인이 겪은 죽음과 고통의 내러티브

"동일한 사건도 1,000명이 트라우마를 겪으면 1,000가지의 트라우마가 있다"(광주광역시 광주트라우마센터, 2015, p. 8)라는 말처럼 5·18 국가폭력으로 인한 트라우마는 개인과 사회의 다채로운 삶의 현장에서 다양하게 이야기될 수 있으며, 다양한 내러티브로 구성될 수 있다. 5·18 트라우마의 시발점은 단연코 사회적으로 야기된 국가폭력이다. 그런데 이러한 폭력의 가장 직접적인 희생자들은 이미 이 세상에 없는 사망자들이다. 이들은 '희생자의 관점에서(강용주, 2010, p. 112)' 바라볼 때에 5·18로 인해 당해야만 했던 고통의 극단을 경험한 사람들이다. 이들이 겪은 구체적인 개인의 이야기가 침묵 속에 있을 수밖에 없었던 데에는 여러 이유가 있겠지만, 그중에서도 국민을 보호해야 하는 가장 상위 조직인 사회공동체로서의 국가가 오히려 그 폭력의 가해자였다는 사실이 그 핵심을 차지하고 있다. 그 엄청난 죽음의 고통을 가장 가까이서 목도한 유가족, 특히 자식을 잃은 어머니와 아버지가 겪은 트라우마는 과연 어떠했을까?

이 절에서는 사회적으로 가해진 폭력의 트라우마가 개인의 삶의 맥락 속에서 과연 어떻게 구체적으로 경험되는지에 주목하고자 한다. 이를 위해 최근 광주트라우마센터에서 엮어낸 자료를 중심으로, 국가폭력으로 사망한 희생자의 유가족이 전하는 '생생한 삶의 이야기'를 경청하고자 한다. 한편으로 이들이 겪어 낸 고통의 다양성과 특수성에 천착하면서도, 사회적으로 유발된 트라우마가 얼마나 깊숙하게 개인이 처한 삶의 지형을 바꾸어 놓았는지, 또 다른 한편으로 그 트라우마가 개인적 삶을 넘어서서 어떻게 사회적 차원과 연관되는 독특한 양상을 지니고 있는지를 간접적으로 체험해 보고자 한다. 이와 같이 5·18 트라우마의 구체적인 고통의 내러티브를 재구성함으로써 개인과 사회공동체의 변증법적 관계 속에서 철학적으로 사유해 나가야 할 구체적인 계기에 좀 더 가까이 다가가 볼 것이다.

1) 남겨진 자가 기억하는 5·18 죽음의 내러티브

(1) 5·18 최초의 사망자 청각장애인 김경철과 그의 어머니 임근단

2007년 7월 24일 '국방부 과거사진상규명위원회'는 '12·12, 5·17, 5·18 사건 조사결과 보고서'를 발간했다. 이에 따르면, 계엄군의 5·18 시위진압은 제7공수여단 병력이 본격적으로 투입되어 금남로와 충장로 등에 출현한 5월 18일 오후 4시경에 시작되었으며, 서울에 배치되었던 제11공수여단의 광주 투입 결정은 이미 5월 18일 오후 3시 40분에 이루어졌다. 최초 발포 책임자의 문책은 여전히 이루어지지 않고 있는데(광주광역시, 전라남도, 2015, p. 123 참조), 최초 희생자인 김경철이 사망한 것은 5월 19일이다. 청각장애를 가진 그는 "친구들과 점심을 하고 돌아가던 중 금남로에서 공수부대의 눈에 띄어 무차별 구타로 사망했다."(광주광역시, 전라남도, 2015, p. 124) 이 죽음을 그의 어머니 임근단은 다음과 같이 증언했다.

> 우리 아들이 광주에서는 최초의 죽음이었다는 거. 오후 2시 반경
> 에 가톨릭센터 앞에 화니백화점 지을라고 공사 중인디, 그 앞에서
> 나오다가 곤봉으로 맞아 죽었다는 것. 우리 아들은 스물아홉이고
> 나는 마흔 아홉이고. 어린 애를 낳아 놓고 백일잔치 열흘 만에 즈그
> 아빠를 잃어버린 거예요. 즈그 엄마도 좋게 생기고 행복했었는데,
> 그런 꼴을 당하다 본께 우리 집안이 쑥대밭맹이로 돼 버렸는디.(광
> 주광역시 광주트라우마센터, 2015, p. 127)

임근단은 1932년 완도에서 태어났고, 남편이 36세에 병사하자 홀로 5남매를 키웠다. 그의 큰아들 김경철은 어렸을 때 청력을 잃었지만 장애를 잘 극복하고, 양화기술을 배워서 일자리도 찾고, 결혼하여 가정도 이루고 딸을 낳아 행복하게 살고 있었다. 그러던 와중에 그의 딸 백일잔치를 한 지 꼭 열흘 만에 공수부대원들에게 곤봉으로 맞아 사망한 것이다. 임근단에 따르면, "참 갑자기 그런 일을 당하고 한께 그 부모가 자식을 잃는다는 것은……. 다 해도 그 짓은, 자식이 부모 먼저 가서는 안 되는 일이에요(울음). 그렇게 가슴이 아프고 잠을 못 이루고 저녁이면 문을 열어 놓고 혹시나 올랑가 싶고, 그 고통스러운 세월이라는 것은 말로 할 수 없는 거예요."(광주광역시 광주트라우마센터, 2015, p. 128)

아들의 죽음은 그녀의 삶을 송두리째 바꾸어 놓았다. 아들이 죽고 나서 며느리는 손녀를 남겨 두고 홀연히 떠나고 말았으며, 그때부터 자신을 '엄마'라고 부르는 손녀딸 혜정이까지 키우며 고통의 나날을 버텨야 했기 때문이다. 그럼에도 그녀는 유사한 고통을 받고 있던 유가족들과 함께 의지하며 힘을 합쳤다. "우리 아들을 위해 뭔가 해야 될 거 아니냐, 그때 우리가 깨달은 거예요. 우리가 집에서 마음 놓고 있을 때가 아니다, 우리는 싸워야 한다는 것을……."(광주광역시 광주트라우마센터, 2015, p. 130)

그런데 누구도 헤아릴 수 없는 고통스러운 나날을 겪어내며 용기를 내던 그녀에게 광주가 '폭도'의 진원지로 몰리는 것은 더욱 큰 트라우마로 새겨졌다. "고통을 겪어 봐야 힘이 생기고 용기가 생기는 거여. 자기가 안 겪어 보면 몰라. 우리는 이래서는 안 된다, 폭도로 몰리는 우리 광주, 절대 이 피가 헛되어서는 안 된다는 것을 생각했어요."(광주광역시 광주트라우마센터, 2015, p. 131) 이렇게 용기를 내어 자신감 있게 행동을 하면서도, 임근단은 아들이 어릴 적에 떨어지고 나서 치료받던 중에 마이신을 과다복용한 뒤, 뇌신경마비로 청력을 잃게 된 것이 자신의 탓이라며, 오랜 시간 자신을 '죄인'으로 여기며 괴로워했다. "마지막 간 날은 엄마 엄마 부르도 못하고 갔나 싶은께. 그 놈의 잠을 못 이루는 거예요. 애 옷 입히러 갔을 때 보니까 곤봉으로 맞은 태가 아주 온몸에 시퍼렇게, 하얀 몸에가 등짝이고 어디고, 눈으로 볼 수가 없었어요. 그때부터 악몽이, 정신 이상이 밤에 잠을 못 잘 정도예요."(광주광역시 광주트라우마센터, 2015, p. 134) 더욱이 "아무 영문도 모르고 즈그 딸 이름도 못 불러 보고, 엄마도 못 불러 보고, 맞아서 눈을 감은 거이다 생각하면 여기 가슴이 쾅 맥혀븐거여."(광주광역시 광주트라우마센터, 2015, p. 139) 이 엄마의 가슴에 박힌 트라우마를 어떻게 치유할 것인가?

(2) 계엄군의 도청진압작전에서 사망한 문재학과 그의 아버지 문건양

1980년 5월 27일 계엄군의 도청진압작전을 계기로 5·18 광주민중항쟁은 종결되었다. 처음에는 많은 시민의 참여로 광주는 국가폭력에 저항하는 해방구였지만, 계엄군의 대대적인 진압이 예고된 상태에서 '죽음의 공포' 속에 시민들의 결집력은 와해되기 시작했고, 결국 "도청에서의 '결사항전'을 선택한 소수의 사람들은 시민들의 침묵 속에서 죽음을 맞이했다."(광주광역시, 전라남도, 2015, p.117) 그곳에서 죽음을 맞이한 사람 중에 문건양의 아들 문재학이 있다.

문건양은 1936년 전남 영암에서 태어났으며, 1962년 결혼하여 2남 1녀를 두었다. 인정 많고 착실했던 그의 막내아들 문재학은 그 당시 광주상고 1학년이었다.

막내라 더 이뻐라고도 했제만 참말로 착하고 속이 지픈 아들이었제. 그 이야기를 할랑께 또 눈물이 나올라그네. 없이 사는 형편에 우리 두 내외가 말다툼이라도 할라치문 재학이가 와서 우리 맘을 따둑여주고 그랬어. '쪼금만 지달리시오. 내가 졸업하문 은행에 취직해서 돈 많이 벌어서 아부지 어무니 편안하니 살고크롬 해 드릴랑께 쪼금만 참으써요.'라고. 지금 살아 있다문 은행에 취직해서 과장급이겄제. 말썽도 안 부리고 참말로 수말스러운 애기였어. (광주

광역시 광주트라우마센터, 2014, p. 72)

1980년 5월 26일, 계엄군이 들어온다는 말을 전해 듣고 문건양은
아들을 만나러 도청에 갔다. 부모의 온갖 만류에도 문재학은 동산
초등학교 동창이었던 김부열과 양창근의 죽음을 목도한 탓에 귀가
하지 않겠다고 우겼다.

> 그 친구들이 5월 21일, 22일에 죽었어. 양창근의 시신은 도청에,
> 김부열은 상무관에 있었제. 친구들의 죽음을 재학이가 봤어. 도청
> 으로 끌고 온 놈을 본께 즈그 친구더라. 그 친구들 이야기를 함서
> 나 혼자 살겠다고 어찌고 가겠냐고 울먹인께, 나도 동감이 되더라
> 고. 지 혼자 살겠다고 나오문 의리가 없지 않겠냐고 말하는디, 나도
> 더 이상 어찌고 해 볼 도리가 없더랑께. 내 자식만 살려야겠다 그런
> 맘을 묵으문 안 될 거 같아서 일단 가거라 했제.(광주광역시 광주트
> 라우마센터, 2014, pp. 73-74)

결국 문재학은 5월 27일 도청에서 총상으로 사망했다. 새벽 총성
을 듣고 그야말로 뜬눈으로 밤을 지새운 아버지 문건양은 5월 27일
이른 아침부터 도청에 갔다. 그때부터 아들의 시신을 찾기 위한 여
정이 시작되었다.

> 망월동에 내버려져분 것을 모르고 어만 디로만 찾으러 댕겼제.
> ……첨에는 병원만 찾아댕기고 난중에는 감옥소만 찾아댕기고 그

랬어. ……재학이가 애릴 때 다리에서 떨어져 갖고 그때 이마가 조

금 들어갔거든, 그것을 확인해 볼라고 하는디 머리가 이미 조금씩

부패가 돼불었어. 나는 재학이가 죽었다는 걸 절대 믿고잡들 않은

께 어찌케든 그거를 확인해 볼라고 하는디 담임선생이랑 다른 사람

들이 확인할 것 없다고 재학이라고, 맞다고……. 선생님이 '아부지,

내가 알아본께 4·3은 사진이 있다고 한께 가 보시오. 그래서 가 본

께 사진이 나오는디 첫 번째는 티샤츠 입고 있는 사진이 나오고 두

번째는 옷이 다 벗겨져서 총알이 몸을 통과한 사진이 나온께 통곡

을 하고 울었제. (광주광역시 광주트라우마센터, 2014, pp. 75-76)[5]

　　부모가 죽은 아들의 시신을 찾기 위해서 아들의 어릴 적 몸에 난

상처를 확인하며 다닐 때, 마침내 총상의 흔적과 함께 시신으로 돌

아온 아들을 만났을 때, 그리고 반복되어 떠오르는 이 장면들을 마

주하는 트라우마는 과연 얼마나 홀로 감당하기 힘들었을까? "집에

가 혼자 있으문 30년 묵은 일들이 머리에서 테이프가 졸졸졸 돌아

간께 고통시런 맘뿐이여."(광주광역시 광주트라우마센터, 2014, p. 69)

2) 말로 다 표현할 수 없는 5·18 고통의 내러티브

　(1) 21년 동안 행방불명 후 시신으로 돌아온 권호영과 그의 어머니 이근례

　5·18로 사망한 아들의 시신을 21년 동안이나 찾아 헤맨 어머니도

있다. 이근례는 1941년 해남에서 태어나 2남 3녀를 두었고, 대인시

---

5) 여기서의 사진은 독일의 외신기자 힌츠페터(Jürgen Hinzpeter)가 5월 27일 아침 도청
　　앞에서 찍은 것이다.

장에서 생선가게를 했다. 그의 큰아들 권호영은 새벽에 그 전날 다 팔지 못한 생선을 식당에 다니며 배달해 놓고야 학교에 가는 착한 열아홉 학생이었다.

우리 호영이가 키고 크고 인물도 이쁘고 엊다가 내뿔 것이 없는 애기였어. ……언제는 같이 책을 사러 가자 그래서 계림파출소 근 처 책방에 갔는디 내가 돈이 없을깨비 지 맘대로 책을 못 고르대. 근디 주인아줌마가 나를 보고 '누나요?' 근께 '우리 큰 누나여라.' 그 라고 넉살좋게 대답을 해. 그래갖고 서점을 나옴서 내 등을 막 뚜 들김서 웃네. '거 봐 엄마, 그란께 내가 엄마를 데꼬 댕긴당께. 어디 가문 엄마라 안 하고 누나라 하는 것 잔 봐.' 함서. 이 머이매는 생 전 성질도 안 내. 내가 일 끝내고 집에 오문 울 엄마 왔다 그라고 입 을 쪽 맞추고 씨익 웃고 그 빙을 해. 생선다라이 갖다가 지가 시쳐 서 딱 엎어놓고. 애기가 웃겨, 아조 웃긴 애기여, 그 애기는.(광주광 역시 광주트라우마센터, 2014, pp. 34-36)

그는 열아홉 재수생으로 학원에 다니던 중, 1980년 5월 27일 이후 행방불명이 되었다. "도청에서 죽었당께. 우리 애기는. 누가 전해 준 말로는 5월 27일 새복에 호영이가 분명히 도청에 있었다근디, 2층 으로 올라간 담에 안 내려왔대."(광주광역시 광주트라우마센터, 2014, p. 38) 그런데 아들의 시신조차 찾지 못하자, 이근례의 고통은 이루 말할 수 없었다. "그 뒤로 속이 울떡울떡하고 벌떡벌떡하는 기운이 안 떨어지더니 심장병이 생겨 버리더라고."(광주광역시 광주트라우마센터, 2014, p. 38) "나는 세월이 어찌고 간 중도 몰라. 기냥 미쳐 불었어. 어디서 유골 나왔다는 그 소리만 들리문 다 쫓아댕겼어. 밤에도 망월동 묘지에 가서 혼차 울고 있고."(광주광역시 광주트라우마센터, 2014, p. 44)

아들 호영의 신원이 확인된 것은 21년이 지난 2001년 10월이었다. 망월동 구 묘역에 있던 11기의 무명열사묘와 행불자 가족들로부터 DNA가 추출되고 난 뒤, 아들 호영을 포함한 6명의 열사가 이름을 되찾고 국립 5·18 민주묘지로 이장되었다.

> 무명열사의 묘에서 파내갖고 뼈만 줄줄하니 맞촤놨어. 유골을 본께 가심이 먹먹해갖고 '저것이 기까, 아닌디, 아닌디.' 그런 궁리만 나제 눈물이 어디가 있어. 우리 가이내들(딸들)은 모도 울어사코 난리가 났는디 나는 '저거이 기냐, 저거이 우리 호영이냐.' 그 말만 계속 해쌓고 있었어. 근디 다 우리 애기다고 그래. 키도 크고 뼈대로 크고 그런다고, '기요 기요.' 그래싸. 옷 새로 해서 입히고 마포로 이부자리 해서 깔아 주고 온께 그래도 맴이 조까 개풋해지대. (광주광역시 광주트라우마센터, 2014, pp. 45-46)

생선 장사를 하며 알뜰하게 자식을 키우던 평범한 어머니가 자식의 시신을 미친 듯이 찾아다니며 신경안정제를 먹지 않고는 버틸 수 없었던 그 고통의 나날에 새겨진 트라우마는 아마도 어떠한 언어로도 다 표현될 수 없을 것이다.

(2) 고문후유증으로 사망한 조강일과 그의 아버지 조삼남

조삼남은 1939년 함평에서 태어나 1961년 결혼하여 3남매를 두었다. 그의 아들 조강일은 당시 19세로 진흥고 3학년이었는데, 5월 19일 휴교령이 내려지고 귀가하던 중 계엄군의 폭력을 목격하고 동네 친구들과 유인물을 만들었다. "공수부대가 시민들을 곤봉으로 두들겨 패는 것을 봤든갑서. 애가 충격을 받아가지고 동네 친구들 넷이 모여서 유인물을 만들었다고 그래."(광주광역시 광주트라우마센터, 2014, p. 52) 계엄군은 조강일의 친구가 자취하던 마루 밑에서 등사기와 원지를 발견했고, 이후 조강일은 수배자가 되었다. 그는 가족들의 권유로 자수했지만, 고문 후유증으로 1986년 사망했다.

조삼남의 기억에 따르면, "강일이가 숨어 있는 동안 가족들의 고통은 이루 말할 수가 없었어. 날마다 계엄군이 와서 집을 수색해서 책이고 사진이고 가져가고, 고향 면장까지 나서서 자수시키라고 나를 볶았응께."(광주광역시 광주트라우마센터, 2014, p. 53) 결국 자수한 조강일은 서부경찰서에 유치되었고, 상무대로 넘어갔다가 석 달 뒤 모진 고문 끝에 풀려났다. 그는 고문 후유증에 시달리다가 세상을 떠났다. 마지막으로 응급실에서 "살려 달라는 말도 못하고 눈물만 흘리는 아들을 보는디 가슴이 미어지더라고. 어쩔 수 없이 집으로 데리고 왔는데 바로 다음날 저 세상으로 가 불었어."(광주광역시 광주트라우마센터, 2014, p. 54)

아들이 사망한 뒤, 조삼남은 늘 미안함과 죄책감에 시달렸다. "지혜가 부족해서 강일이가 죽은 것이라는 생각에 항시 죄책감이 있어. ……내가 원래 없이 힘들게 살다 보니 남들한테 내 이야기를 해

본 적이 없어. 특히 강일이 이야기는 어느 누구한테도 할 수 없었고 하고 싶지도 않았제. 나 혼자 가슴속에다 묻고 살았제. ……강일이만 생각하면 내가 죄인이다 하는 마음이여."(광주광역시 광주트라우마센터, 2014, p. 55) "지금 생각하문 내 잘못이 큰 것 같애. 마지막에 돈돈 했는데, 꼭 돈이 없어서 죽은 것만 같고."(광주광역시 광주트라우마센터, 2014, p. 56) "지금도 아들을 생각하면 너무도 불쌍하고 미안해. 내가 잘못해서 죽인 것 같고. 그런 마음이 항상 스며 있어서 어떤 때는 사람이 너무 굳어져."(광주광역시 광주트라우마센터, 2014, p. 62) 아들이 수배당하는 시간 동안, 또한 자수를 시키기까지, 그리고 나서 고문 후유증에 시달리는 것을 가장 가까이서 동반하고 모든 노력을 쏟아 부었던 조삼남은 왜 이토록 오랜 시간 동안 아들의 죽음이 꼭 자신의 잘못처럼 느껴지는 죄책감에 시달리며 말 못할 트라우마의 고통을 당해야만 했을까?[6]

3. 5·18 트라우마를 통해 본 개인의 고통과 사회공동체의 변증법

고통을 당하고 그것을 감당해야 하는 자는 구체적인 개인이다. 5·18로 인한 고통의 특수성은 고통의 가해자가 개인 대 개인 단위가 아니라 개인 대 '국가라는 사회공동체'의 형태였다는 데에 있다. "국가가 폭력 그 자체가 되는 순간이 바로 1980년 광주에서 일어났

---

6) 이와 같이 오랜 시간 동안 비애가 계속될 경우, PTSD나 우울로 설명될 수 없는 '지속된 비애(prolonged grief)'의 개념으로 이해해 볼 수 있다.

던 것이다."(조희연, 2009, p. 223) 물론 열흘 동안의 자치에서 드러난 '광주무장항쟁과 해방광주의 실현'은 '절대공동체'에 의한 '하늘나라의 계시(김상봉, 2015, p. 148)'로 간주되기도 하지만, 5월 27일 도청 진압작전 이후에 사망자의 유가족, 부상자, 고문 생존자 등이 겪어 내야 했던 그 엄청난 고통과 트라우마에 대해 '국가 및 지역의 다양한 형태의 사회공동체'가 기울인 노력은 과연 무엇이었는가?

이 절에서는 트라우마를 대하는 소위 전문가 집단이 내놓은 치유책의 일환으로 'PTSD'라는 진단에 담긴 고통의 구체적인 양상을 알아보고 난 뒤, 5·18 '트라우마'가 일면 PTSD 증상을 보이면서도 이를 넘어서는 독특성이 무엇이며 그것은 어디에 근거하고 있는 것인지를 밝혀 보고자 한다. 아울러 5·18 트라우마가 개인과 사회공동체의 긴밀한 연관성 속에서 생겨난 고통이라는 점에 천착하여, 사회공동체가 개인에게 반복적으로 가해하는 형태로 재발생되고 있는 '집단적인 2차 트라우마'의 구체적인 모습에 주목할 것이다. 나아가 5·18 트라우마의 사회적 극복을 위한 제도화가 과연 그 트라우마를 감내해야만 했던 '피해자' 및 '희생자'이자 '생존자'의 관점을 충분히 관철시키고 있는지 좀 더 면밀히 파고들어가 보고자 한다.

1) 5·18 트라우마에 드러난 고통의 양상

(1) PTSD의 핵심 증상

최근 들어 5·18의 고통을 단지 사회적인 문제나 정치적인 제도를 위한 협상의 의제로만 접근하는 것이 아니라 각 개인이 겪는 정신적인 후유증이나 심리적 고통 등으로 접근하려는 시도가 나타나고 있다. 이렇게 5·18로 인해 각 개인들이 직면한 구체적인 고통에 귀 기울이고자 하는 연구와 치료가 생겨나고 있는 것은 매우 반가운 일이다.[7] 그렇다면 과연 개인이 겪는 그 고통을 어떻게 학문적으로 정의하고 정당화하며, 임상이나 치료에서 진단과 처방을 내릴 것인가? 이와 연관하여 정신의학에서 주시하는 고통에 대한 새로운 용어로 '트라우마(trauma)'를 고찰할 필요가 있다. 이 용어는 "고대 그리스어 traumotismos에 그 뿌리를 두고 있는데, 그 의미는 상처를 입히는 행동이나 상처"를 의미하고, 19세기 이후, "정신 병리적 상처라는 뜻으로 그 의미가 확장"되었으며, 최근 들어 "심리적 트라우마티즘은 육체적 이상이 아닌 정신 병리적 변화를 유발하면서 외적인 심리적 요인에 의해 심리체계에 일어나는 심리적 쇼크의 전달과정"(박영주, 2004, p. 222)을 말한다.

오늘날 트라우마에 대한 연구가 활발해지면서 '외상후 스트레스 장애(PTSD)[8]'라는 진단과 치료가 많은 호응을 받고 있다. PTSD란, "극심한 트라우마를 경험한 이후에 트라우마 당시의 상황 재경험, 회피와 [정서적] 마비, 과도한 각성 등의 장애가 1개월 이상 지속"

---

7) 5·18과 트라우마를 연관시킨 최초의 연구는 오수성(1990)의 연구이다. 뒤이은 오수성, 김상훈, 조용범, 최정기의 보고서(오수성 외, 2016)는 5·18 당사자들이 겪는 고통의 다양한 양상에 대해 가장 광범위하게 접근한 바 있다. 이 보고서는 5·18로 인해 생겨난 다양한 삶의 고통(사회경제적, 심리적 측면)을 다층적으로 들여다보기 위해서 심리학, 정신의학, 사회학 등의 학제적 연구의 성격을 띠고 있으며, 연구방법에 있어서도 학제적인 양적 연구만이 아니라 심층면접을 통한 사례분석의 질적 연구를 동시에 진행한 점에서 5·18에 대한 트라우마 연구에 있어서 대표적인 연구라 할 수 있다.
8) 본고의 내용은 주로 '정신장애진단 및 통계편람(DSM)' 4판에 의거하고 있으나, 최근 간행된 5판에 따른 'PTSD'에 대한 진단기준은 권석만(2014, p. 213)의 논의를 참조하였다.

되는 것을 말한다. 여기서 트라우마를 겪는 '파국적 상황(catastropic level)'에 주목할 필요가 있는데, 이는 "'같은 스트레스에도 개인에 따른 저항력에 차이가 있다'는 인간의 개별화에 대한 보편적 상식마저 여지없이 뭉개버릴 만큼 압도적이다. 파국적 수준의 스트레스란 그런 상황에 놓이면 아무리 강인한 체력과 정신력을 지닌 사람이라도 예외 없이 망가질 수밖에 없는 '재앙적 상황'을 일컫는 개념"(강용주, 2010, pp. 116-117)이다.

트라우마 전문가인 허먼은 PTSD의 여러 증상을 세 개의 주요 범주로 구분한다.[9] 첫 번째로, '과각성(hyperarousal)'은 트라우마를 경험한 이후에 광범위하게 지속적으로 나타나는 심리생리적 변화이다. "환자들은 범불안증상과 특정 공포증이 복합되어 고통스러워한다. (……) 그들은 일반적인 상황에서도 높은 수준으로 각성되어 있다. 그들의 신체는 항상 위험에 대해 경계하고 있다. 그들은 트라우마 사건과 관련된 특정 자극에 강렬한 반응을 보이고, 예상치 못한 자극에 대해서도 극도의 놀람 반응을 보인다. (……) 각성의 상승은 깨어 있을 때뿐만 아니라 잠자는 도중에도 지속되어 다양한 유형의 수면장해가 나타난다."(Herman, 2007, pp. 72-73)

두 번째는 트라우마의 위험이 지난 후, 위험이 없는데도 트라우마를 반복적으로 재경험하는 '침투(intrusion)'이다. "트라우마의 순간

---

9) 안현의와 주혜선(2011, p. 880 참조)은 단순 트라우마와 복합 트라우마 유형을 구분한 뒤, PTSD 증상구조를 DSM-IV의 3요인(재경험, 회피 및 정서적 마비, 과각성)의 모형과 경험적으로 타당성이 보고된 4요인(재경험, 회피, 정서적 마비, 과각성)의 상호작용 모형을 비교 연구한 바 있다. 그 결과 후자가 PTSD 증상구조를 설명하는 데 더욱 타당하다는 사실을 도출했다.

은 이상(異狀) 형태의 기억으로 입력되어 깨어 있는 동안은 플래시백(flashback)으로, 잠자는 동안은 트라우마의 악몽으로, 거침없이 의식 안으로 침입한다. 대수롭지 않아 보이는 작은 단서 또한 이러한 기억을 유발시킬 수 있다. 기억은 본래 사건의 생생함과 정서적 강렬함을 동반하여 돌아온다. 생존자는 트라우마가 떠오르게 하는 단서들과 마주치지 않으리라고 결코 확신할 수 없기 때문에, 아무리 일상적이고 안전한 환경이라도 위험하다고 느낄 수 있다."(Herman, 2007, pp. 73-74) 트라우마에 대한 기억은 '언어적인 이야기체와 맥락이 결여되어 있고, 생생한 감각과 심상의 형태로만 입력되어 있다.'(Herman, 2007, pp. 75-76)

세 번째는 트라우마와 연관되는 생각, 느낌, 상황을 광범위하게 지속적으로 회피하고 둔감화시키는 의식의 변형을 보이는 '억제(constriction)'이다. "탈출이 불가능한 위험 상황은 공포와 분노를 일으키기도 하지만, 역설적이게도 공포, 분노, 고통과의 접촉이 사라진 일종의 평정심을 유발하기도 한다. 사건은 계속하여 의식으로 등록되지만, 사건이 지닌 일반적인 의미와는 연결이 끊어져 버린 듯하다. 지각은 둔해지고 왜곡되며, 부분적인 마비나 특정 감각의 상실이 나타난다. (……) 이러한 지각상의 변화는 냉담함, 정서와의 유리(遊離), 그리고 모든 주도권과 분투를 포기하는 심각한 수동성과 결합되어 있다."(Herman, 2007, p. 84) 트라우마를 경험한 사람들 중에 해리가 되지 않을 경우, 술이나 진정제를 통해서 둔감해지려고 시도하는 경우도 많다. 그런데 이러한 의식의 해리성 변형이나 중독은 일시적인 적응에는 긴요할 수 있지만, 일상적인 의식과의 단절로 인해 진정한 치유의 통합과정을 오히려 방해할 수 있다.

허먼은 PTSD가 과각성, 침투, 억제 등의 세 핵심 증상으로 나누어 고찰될 수 있지만, 이러한 세 증상이 모순적으로 서로 동요하면서 일어난다는 점을 강조했다. 따라서 트라우마의 증상은 침투와 억제, 재경험과 기억상실, 과민하고 충동적인 행동과 완전하게 억제된 행동 사이의 모순적인 양극단을 오가며 주기적으로 지속적인 전환을 계속하기 때문에 그 증상의 불안정성과 무력감을 동시에 느끼며 악화되는 경우가 자주 발생한다(Herman, 2007, p. 92).

(2) 5·18 트라우마의 독특성: 만성화되고 집단적인 2차 트라우마

5·18 트라우마를 PTSD의 핵심 증상을 통해서 살펴보는 것은 5·18로 인해 발생한 고통에 대한 연구와 치료에 지대한 영향을 끼쳤다. 특히 5·18 고통에 대해 의료적으로 PTSD라는 진단을 내리는 것은 그 고통을 감내해온 당사자들의 고통에 대해 새로운 사회적인 관심을 이끌어 내는 데에 중요한 역할을 했다. 오수성, 신현균, 조용범의 연구에 따르면, "5·18 피해자들 중 41.6%가 외상후 스트레스 장애(PTSD)로 진단될 수 있는 가능성"을 보였고, '5·18 유공자(부상자·구속자·유족)들만을 대상으로 했을 경우에는 55.8%가 외상후 스트레스 장애로 진단평가가 가능'했다. 특히 5·18 유공자 중 부상자집단의 경우, 외상후 스트레스 총점에 따른 PTSD 진단가능성은 64.6%였고, "하위척도에 따른 진단이 39.5%로 나타나 가장 심한 심리적 후유증에 시달리는 것"으로 드러났다. 부상자 다음 순서로 극심한 PTSD 증상을 겪고 있는 집단은 유족들이었다(오수성, 신현균,

조용범, 2006, pp. 70-71). 특히 일반적으로 성폭력 및 강간 피해 여성의 PTSD 증상 발현률이 60%인 데 반해, 전체 고문 피해자의 70%가 PTSD 증상을 보인 것을 감안한다면(오수성, 신현균, 조용범, 2006, p. 71), 5·18 부상자 중에서도 고문 피해자가 가장 큰 PTSD의 희생자라고 할 수 있다.[10]

이와 같이 볼 때, 최근 PTSD에 관한 논의는 트라우마 연구 및 임상에서 매우 핵심적인 역할을 해 온 것이 사실이다. 그런데 과연 5·18 트라우마를 PTSD라는 질환의 범주와 진단으로 온전히 치유할 수 있을까? PTSD는 물론 전쟁, 대참사, 재난 등의 충격적인 트라우마를 경험한 이후의 후유증을 다루고 있다. 그러나 이 장애의 기준이 단일한 트라우마 사건의 생존자를 중심으로 이루어졌으며, 여기서의 정신 병리학은 의학적 자연주의, 곧 "자연적 질병 독립체들의 실제 변치 않는 외부세계가 존재한다는 확신에 기초"(김명희, 2015, p. 233)해 있다는 점을 비판적으로 주목하지 않을 수 없다.[11]

그런데 이와 같이 개인이 겪는 단일한 트라우마 사건과는 달리, 5·18 트라우마는 한국이라는 사회적 맥락의 의미연관성 속에서 발생된 사건, 곧 '사회적' 트라우마로서의 독특성을 지닌다. 우선적으로 그것은 국가폭력에 의해 만성화된 것이다. 오수성에 따르면, "한

---

10) 고문 피해자의 경우, PTSD만으로 그 증상을 다 설명하지 못하고 있는 것도 사실이다. 따라서 강용주(2010, p. 116)에 의하면, '고문 증후군(torture syndrome)'이라는 용어가 사용되기도 하는데, 이 용어에서는 "정서처리의 미완, 상실과 불행한 생활 사건에 대한 2차적인 우울 반응, 신체화 증상 그리고 가장 중요한 것으로 개인의 의미와 가치체계에 미치는 영향력이라는 네 가지 주제가 강조된다."
11) 나아가 정신 병리학에서 펼쳐지고 있는 '의학적 자연주의'에 대한 비판적 실재론의 최근 논쟁에 대해서는 김명희(2015, p. 233) 참조.

국에서의 국가폭력은 개인의 광폭한 성격이나 돌발행위에서 기인한 것이기보다는, 경찰, 군대, 정보기관 등에 의해 자행된 국가행위"였으며, "전후 30년 이상 지속되었던 독재정권에 의한 것이었기에 더욱 강력"했다. 따라서 "너무나 일상화되고 관행화" 되었고, "국가폭력에 의해 자행된 폭력 피해에 대한 무감각과 무기력한 회피, 무시의 풍토는 사회적 트라우마가 만성화된 수준에까지 이르렀다."(오수성, 2013, p. 7) 또한 국가폭력에 의한 트라우마가 만성화될 경우, "폭력으로 규정되지 않고 법과 질서의 이름으로 합리화되어 우리 사회를 전도된 가치로 지배"하게 되면서 "일반 국민들의 침묵과 방관의 심리가 망각의 사회화로 이어지면서 많은 역사적 희생이 반복"(오수성, 2013, p. 7)하여 나타나게 된다.

이처럼 5·18 관련자들이 겪고 있는 신체적이고 심리적인 트라우마는 일상생활 속에 끊임없이 나타나고 있으며 특히 과잉경계에 대한 피해의식, 무기력과 희망 상실, 심리적 불안을 통해 '만성화'된 형태로 반복되고 있다. 곧 "물리적 상처의 정도에 따라 보상을 받았다고 하지만 '피해의식'이나 '심리적 불안 및 두려움' 등은 여전히 현실인 것이다. 이는 치료 시기를 놓쳐 버린 '외상후 스트레스 장애'의 예후에서도 잘 나타나 있는 것처럼, 5·18 관련 부상자나 구속자들이 현재까지 겪고 있는 트라우마티즘은 만성적이고 폐인이 되어 일할 수 없고, 신체적·정신적 건강을 악화시키며 따라서 사회적·경제적 트라우마티즘으로 이어지고 있었다."(박영주, 2004, p. 230)

두 번째로 5·18 트라우마의 독특성은 국가폭력 피해자나 유족들 개인의 속성을 강조하는 의료적 차원의 PTSD보다는 5·18 이후에 지속적으로 사회적 집단에 의해 고통이 심각해지는 '집단적인 2차 트라우마'라는 점이다. 5·18 트라우마가 "치유되지 못하고 재희생화되고 있는 심리적 고통에 대한 주의와 반성"(박영주, 2004, p. 227)을 기울이고자 할 경우, 우리는 그 트라우마 사건에 전제되어 있는 개인과 공동체를 연결하는 의미세계의 단절과 훼손의 심각성에 주목하지 않으면 안 될 것이다.

허먼에 따르면, "트라우마 사건은 기본적인 인간관계에 대해 의문을 제기한다. 가족, 우정, 사랑, 그리고 공동체에 대한 애착이 깨진다. 다른 사람과의 관계 안에서 형성되고 유지되는 자기 구성이 산산이 부서진다. 인간 경험에 의미를 부여하는 신념 체계의 토대가 침식당한다. (……) 트라우마 사건은 자기라는 심리적 구조뿐만 아니라 개인과 공동체를 연결하는 애착과 의미의 세계에도 주요한 영향을 미친다."(Herman, 2007, p. 97) 5·18 트라우마가 단순히 PTSD라는 진단만으로 단일하게 축소되어 규정될 수 없고, 집단적인 2차 트라우마로 간주되어야 하는 가장 큰 이유는 트라우마를 겪는 개인의 고통이 개인의 성격이나 자기 구조만의 문제가 아니라 사회공동체의 정치적·역사적 맥락과 깊숙이 연관되어 지속적인 고통을 받기 때문이다. 예를 들어, 5·18 최초의 사망자인 김경철의 어머니 임근단은 앞서 고찰한 바와 같이, 아들의 죽음으로 인한 1차 트라우마로 인해 고통받았을 뿐 아니라, 광주가 '폭도'의 진원지로 몰리는 것에서 집단적인 2차 트라우마를 경험한 바 있다.

2) 5·18 트라우마와 사회공동체

(1) 가해하는 사회공동체의 2차 트라우마

최근 들어 5·18 트라우마에 대한 정신의학과 심리학의 관심이 생겨나고, 이에 근거하여 각 개인의 구체적인 트라우마 치료가 시행되고 있다. 이는 5·18로 인한 개별적 고통을 이해하고 이를 존중하기 시작했다는 점에서 한편으로 매우 반길 일이다. 그런데 자칫 개인의 고통을 한국 사회와 동떨어진, 곧 탈맥락화된 심리치료나 물리적 실재에만 주목하는 정신의학적 증상으로만 다루게 될 경우, 이는 개인이 겪은 5·18 고통의 핵심이 한국 사회만의 고유한 역사적이고 정치적인 의미세계와 연관되어 있다는 사실을 간과할 수 있다. 트라우마는 '사건 그 자체'로부터 독자적으로 야기되거나 자연적으로 존재하는 것이 아니다. 오히려 사회에 의해 그 사건의 의미가 구성되는 것이며, 이러한 "사회적으로 부여되고 귀속된 특성"(Alexander, 2007, p. 209)은 사건이 전개됨에 따라 새롭게 부여된다.[12]

5·18 당사자들의 고통은 1980년의 트라우마 사건 그 자체, 곧 남편, 아들의 죽음이나 고문으로 인한 1차 트라우마 때문만이 아니라 오히려 이후에 그 트라우마 사건을 둘러싼 사회적인 의미 규정에 의해 발생하는 2차 트라우마 때문에 더욱 심각해졌다. 예를 들어, 초등학교 동창생인 김부열, 양창근의 죽음을 목도하고 난 뒤 광주도청

---

12) 예를 들어, 정호기, 양야기, 김기곤의 연구는 이러한 사회적 의미 부여를 잘 보여 준다. 정호기, 양야기 김기곤의 연구(2008, pp. 75-105 참조)에서 그들은 5·18과 관련하여 전남대 병원에서 의료공간과 의료인들의 대응에 대해 연구함으로써 사회관계와 상호작용 속에서 과거의 사건 5·18을 기억하고 그 의미를 재구성하였다.

을 사수하고자 남았다가 사망한 문재학이 '폭도'라는 누명을 쓴 것을 두고, 아버지 문건양은 더욱 큰 고통이었다고 회고했다. 그가 투쟁을 계속한 이유는 "우리 아들 폭도 누명 벳길란께. 개죽음 안 맹글란께."(광주광역시 광주트라우마센터, 2014, p. 85)라는 표현에 잘 드러나 있다.[13]

또 다른 예로, 1980년 5월 27일 도청에서 붙잡혀 고문을 받은 바 있는 박천만은 애국가를 부르지 못한다는 이유로 '빨갱이 새끼'라며 더욱 심한 구타를 당한 적이 있다. 이러한 모욕은 한국 사회에 고유한 의미세계의 맥락, 곧 분단국가의 이데올로기에 근거해서만 이해될 수 있다. 또한 40여 일 만에 풀려난 박천만에게 더욱 큰 고통과 상처는 보상을 둘러싼 오해에서 비롯되었다. "물론 다 그러지 않는데, 광주 시민을 보면 5월을 욕하는 사람이 있더라고요. 그럴 땐 진짜 피가 거꾸로 설 때가 있었어요. 보상이 좀 나오면 신문에 대문짝만하게 나오고. 오해를 한 것 같더라고요. 그래 가지고 그때 당시에 우리가 이렇게 싸웠다, 그런 말은 못해요. 할 수가 없어요. 그런 것이 가슴이 아프고."(광주광역시 광주트라우마센터, 2015, p. 44)

5·18 당사자들에게 '보상'을 둘러싼 분열과 오해는 5·18 트라우마의 사회경제적인 차원만이 아니라 개인과 공동체 사이에서 발생하는 의미세계의 단절로 이어지면서 고스란히 2차 트라우마로 새겨졌다.[14] 1980년 5월 당시 전남대 영문과 교수였고 시민수습대책

---

13) 문건양은 광주트라우마센터의 미술치료프로그램에 참여해서 조롱박에 '사랑', '5월 투쟁'을 새겨 넣었다.

14) 헤이너에 따르면, "정치폭력으로 인해 받은 상처는 치유되기 더 어려운데, 기본적으로 경제적·사회적 문제와 뒤엉켜 있기 때문이다."(Hayner, 2008, p. 250) 그런데

위원으로 활동했던 명노근의 부인 안성례는 5·18이 준 고통이 단지 1980년에 국한되는 것이 아니라고 단호히 말했다. 그녀는 진상 규명이 이루어지지 않은 상태에서 '호프만식'[15] 보상이 오월 가족을 분열시켰을 뿐 아니라 오월 가족을 훼손시킨 것을 가장 큰 고통으로 꼽았다. "우리 생명을 앗아간 놈들에게 보상금이라고 3000만원 받고, 광범이(당시 초등학교 6학년) 같은 경우는 지원동에서 목욕 갔다 오다가 죽었는데, 아이들은 보상도 제대로 안 해 주고…… 속 모르는 사람들은 5·18 보상 받아서 아무개 씨는 집 샀다고 하고, 누구는 부자 됐다는 소리를 하는데. 얼마나 분한지 몰라. 그렇다고 우리가 일일이 찾아다니면서 호프만식 보상이 뭔 줄 아냐고 말도 못하겠고……."(광주광역시 광주트라우마센터, 2014, p. 97)

이와 같이 5·18 당사자들의 이야기에 귀 기울여 볼 때, "5·18은 우리들이 의식하지 못하는 와중에도 여전히 살아 움직이고 있는 고통스러운 기억"으로 계속되고 있다. 그 이유는 5·18을 둘러싼 트라우마 논의가 "사회적 폭력이 낳은 결과, 곧 폭력이 자행된 상황, 폭력의 기제, 가해자와 피해자의 관계, 가해자와 피해자의 심리 등에 대한 심층적인 이해가 선행되지 못했"(박영주, 2004, p. 233)다는 점에 있다. 따라서 5·18 트라우마의 고통은 단지 1980년 당시만이 아니라 5·18에 대한 한국 사회 안에서의 사회적인 의미 규정을 통해

5·18 트라우마의 경우, 사회경제적 측면뿐만 아니라 의미세계의 단절로 인한 고립과 모욕감이 2차 트라우마로 이어질 수 있다는 점을 유의할 필요가 있다.

15) '호프만식'은 피해 배상의 기준과 액수를 정할 때 도입되는 이론이다. "독일 경제학자 호프만이 고안했는데, 피해자가 장래에 얻게 될 총수입에서 중간이자를 공제하는 방식이다. 피해자가 사망 또는 부상 당시 월 평균임금을 산출해 취업 가능 기간을 곱하는 방식으로 산정한다."(광주광역시 광주트라우마센터, 2014, p. 96)

2차, 3차 트라우마로 계속 재생산되어 왔음에 주목하지 않으면 안 된다.

(2) 5·18 트라우마 극복을 위한 사회적 제도화의 성과와 제한점

5·18 트라우마는 개인과 사회공동체의 긴밀하고도 복합적인 역학관계 속에서 생겨났으며, 2차 트라우마를 계속 재생산할 수 있기 때문에, 이를 방지하기 위해서는 무엇보다 사회적 차원에서의 적극적인 대처와 노력이 긴요하다. 허먼은 특히 사회공동체의 반응, 곧 '사회적 지지'가 트라우마의 극복과 치유를 위해 매우 핵심적인 역할을 한다고 주장한다. 따라서 "트라우마를 경험한 사람과 공동체 사이의 간격을 메우는 일은 트라우마 사건에 대한 사회적 인정과 특정 형태의 공동체 활동에 의존한다. 사람이 해를 입었다는 사실이 사회적으로 인정되면, 공동체는 반드시 해악에 대한 책임을 분담하고, 상처를 치료하기 위한 행동을 취해야 한다. 인정(cognition)과 배상(restitution)이라는 이 두 가지 반응은 세계에는 질서가 있고 정의가 있다는 생존자의 느낌을 재건하는 데 꼭 필요하다."(Herman, 2007, p. 128)

허먼의 주장에 입각해 볼 때, 5·18 트라우마의 극복을 위해서는 지나온 시간 동안 한국 사회에서의 사회적 지지가 얼마나 이루어졌으며, 사회공동체 차원에서 인정과 배상이 얼마나 이루어졌는지를 되돌아볼 필요가 있다. 따라서 1980년 이후 제도적 차원에서 이루어진 노력들을 간략히 회고하면서 그 의의와 제한점을 짚어보고자 한다.

5·18 트라우마 사건에 대한 사회정치적 극복의 노력은 1980년 이후의 한국 역사와 정치를 집약적으로 볼 수 있는 단면이기도 하다. 1980년 5·18 당시 국내에서는 오히려 실제로 광주에서 무슨 일이 벌어졌는지조차 제대로 알 수 없었다.[16) "지역민과 저항세력이 주장하는 '사실'들은 '유언비어'로 폄하되었으며, 오히려 '체포와 진압의 명분'으로 활용되었다. 특히 정부와 계엄군은 지역민의 저항과 '북괴의 간첩활동'을 동일하게 선전하며, 광주를 전국적 상황과 분리하고, 시위를 진압하는 명분으로 정권을 찬탈하는 전략으로 활용하였다."(광주광역시, 전라남도, 2015, p. 118) 이러한 대립상황에서 대학생들을 중심으로 '사실투쟁'이 전개되었으며, "'사태'로 대표되는 정부의 사실과 '의거'와 '봉기'로 불린 저항세력의 사실 속에서 항쟁 이후의 사람들은 5·18의 진상을 구성해 나가야 했던 것이다."(광주광역시, 전라남도, 2015, p. 119)

5·18 진상규명의 획기적인 전환점은 1988년 7월 국회에 '5·18광주민주화운동진상조사특별위원회'가 마련된 것을 들 수 있다. 이어서 광주 청문회가 열렸으나, 주요 관련자들이 진술을 거부했고, 구체적인 진상규명에는 여지없이 한계가 있었다. 1990년 8월 문민정부는 「광주민주화운동관련자보상등에관한법률」을 통해서 5·18을 제도적으로 해결하려 시도했다. 그런데 이 특별법의 제정도 "광주민주화운동의 학살과 관련된 진상규명 및 법적 처벌은 유보한 채 희

---

16) 당시 독일 공영방송 ARD-NDR 독일 특파원이었던 힌츠페터는 위험을 무릅쓰고 광주로 들어가 생생한 모습을 촬영했다. 그의 영상자료는 전 세계뿐 아니라 국내에서도 역사적 사실을 증언할 수 있는 귀중한 기록물이 되었다(양승혜, 2004, pp. 72-74 참조).

생자들에 대한 보상만을 행함으로써 광주민주화운동의 이슈를 '과거 청산'의 영역에서 배제하려는 과거 청산의 불철저화를 의미"(조희연, 2009, p. 249)했다. 이러한 단순 보상의 차원을 넘어서서 광주학살 책임자 처벌을 위한 노력은 1995년 12월 「5·18민주화운동등에관한특별법」의 제정을 통해서 이루어졌다. 한편으로 이 특별법에 의거하여 1997년 4월 18일 대법원에서 전직 대통령을 포함한 15명의 관련자에 대해 '내란 및 내란 목적살인'에 대한 최종선고가 내려지기도 했다.

그러나 조사과정에서 "진실규명의 핵심이라고 할 수 있는 군부대의 이동과 작전일지 및 진압에 참여 혹은 동원된 계엄군에 관한 자료, 당시 정부와 보안부대 등의 자료들은 공개되지 않았"으며, "5월 21일 전남도청 앞 발포 명령, 지휘권 이원화, 외곽봉쇄 과정에서의 민간인 살상, 실종자 등의 문제 등이 미해결로 남게 되었다."(광주광역시, 전라남도, 2015, p. 122) 노무현정부에 이르러 2005년 국방부 내에 '과거사진상규명위원회'를 설치했으며, "과거 공개되지 않았던 국방부 내부 자료를 수집·검토, 관련된 장병들과의 면담을 통해 5·18 진상규명을 시도"했으며, 그 결과 2007년 7월 24일 '국방부 과거사진상규명위원회'는 "12·12, 5·17, 5·18사건 조사결과 보고서"(광주광역시, 전라남도, 2015, p. 123)를 발간하기에 이르렀다.

제도적인 차원에서 이루어진 5·18 진상규명의 과정은 1980년 이후 진행되어 온 한국 정치의 역사와 매우 밀접하게 맞물려 있다. 특히 국가 차원에서 자행된 사회적 폭력을 두고, 억압의 주체와 저항의 주체 사이에서 끊임없는 논쟁이 벌어져 왔다. 그런데 한 가지 홍미로운 점은 결과적으로 볼 때, 5·18 진상규명의 과정에서 밝혀진 사실이 "1980년 5·18항쟁 시기 사람들의 입을 통해 전해졌던 저항 세력의 '사실'과 별반 다를 게 없다."라는 것이다. 따라서 "그동안의 5·18에 대한 진상규명 작업은 '국가에 의해 사적 논의로 유폐'되었던 5·18항쟁을 공적 논의로 확장시키는 과정"(광주광역시, 전라남도, 2015, p. 126)이었다는 것을 알 수 있다.

그렇다면 이와 같이 광주 문제를 제도적으로 해결해 온 정치적 과정 속에서 5·18 유족 및 부상자들이 개인적으로 혹은 집단적으로 겪어내야 했던 2차 트라우마의 고통은 과연 어떠했을까? 예를 들어, 1993년에 이르러서야 '광주문제 해결을 위한 5원칙', 곧 '진실규명, 책임자처벌, 명예회복, 보상/배상, 기념사업'이 정리되어 천명되었지만, 실제로 이 5원칙은 이미 1980년 5월 "10일간의 항쟁 기간 반복적으로 등장했던 시민들의 요구사항"이었다.[17] 5·18 당사자들에게는 이미 당연한 '사실'이자 '진실'이었던 것들이 제대로 이해되지 못한 채, 자신들에게 계속 가해지는 공동체의 '사회적 편견의 시선' 그리고 국가를 대상으로 지속적으로 투쟁하면서 느껴야 했던 '사회적인 고립'이야말로 5·18에 관한 2차 트라우마의 핵심이 아닐 수 없다. 특히 5·18처럼 국가가 개입된 '사회적' 폭력이 고통의 시발점일 경우, 개인과 사회공동체 사이에서 고통당하는 개인 및 집단은 트라우마 극복을 위한 '사회적 지지'를 자연스럽게 받을 수 있는 것이 아니었으며, 지속적인 저항과 투쟁을 통해서 사회적 '제도화(institutionalization)'를 이루지 않으면 안 되었다. 나아가 자신의 고

---

17) 이에 대한 상세한 정리는 광주광역시, 전라남도(2015, pp. 119-120) 참조.

립을 탈피할 수 있기 위해서 사회공동체 내에서 기존에 통용되지 않았던 의미세계, 곧 부정적이고 저항적 의미세계를 끊임없이 새로이 구축하지 않으면 안 되었다.

그런데 이토록 어렵사리 얻어 낸 저항과 투쟁의 결과로서의 '사회적 제도화'가 과연 5·18 트라우마의 극복을 위한 사회적 지지로 충분했을까? 여기서 우리는 제도화의 양면성에 주목할 필요가 있다. "제도화는 불안한 상태의 인식을 공식화하고 경계를 확장시키는 것으로 보이지만, 강고한 성벽을 둘러치고 스스로를 감금하는 역기능을 발현"(정호기, 2009, p. 455)하기 때문이다. 한편으로 5·18 당사자들과 시민들의 진상규명을 위한 투쟁으로 이루어 낸 '사회적 제도화'의 성과가 사회적 지지로 이어진 것은 사실이다. "신군부를 가해자에서 책임자로 종국에는 범법자로 그 위상을 격하시켰고, 시민은 '피해자'에서 '유공자'로 그 사회적 위상을 격상시켰"기 때문이다. 그러나 다른 한편으로, 이 모든 "국가 주도의 진상규명 작업 속에서 저항의 주체는 정치적 복권이 되는 위치에 있었고. 관련자는 보상을 받는 수동적 대상이었다. 과거 저항세력은 '국가의 신화' 안으로 포섭되고, 5·18 관련자는 '당사자'로, 이후 세대는 민주화의 '수혜자'가 되고 말았다."(광주광역시, 전라남도, 2015, p. 129) 따라서 이와 같이 대상화된 수동적 수혜자가 아니라 적극적인 생존자로서 주체적인 위치를 되찾지 않는다면, 5·18 트라우마의 진정한 극복을 위한 사회적 지지로 간주될 수 없을 것이다. 나아가 트라우마로 고통받는 개인의 차원만이 아니라 한국 사회 전체에서 '광주'라는 집단 및 지역사회의 고립을 탈피할 수 있는 사회적 지지도 5·18 트라우마의

사회적 치유를 위해서 정치적으로 풀어나가야 할 앞으로 의제의 중요한 관점이 되어야 할 것이다. [18]

4. 5·18 트라우마 치유를 위한 개인과 사회공동체의 관계 모색

5·18 트라우마의 만성화되고 집단적인 2차 트라우마로서의 독특성은 개인에 대한 사회공동체의 모순적 역학관계를 해명하지 않으면 안 된다는 사실을 분명하게 말해 준다. 5·18 트라우마는 국가폭력의 형태에서 비롯되었기 때문에 사회공동체가 한편으로는 가해 공동체로서의 면모를 여실히 드러냄으로써 단절과 고립을 가속화시키는 형태의 2차 트라우마를 발생시킬 수도 있고, 또 다른 한편으로는 사회적 지지에 기반한 진정한 의미의 치유공동체로서의 모습을 지닐 수도 있기 때문이다. 앞 절에서 살펴본 바와 같이 5·18 당사자들과 시민들이 투쟁과 저항을 통해 이루어낸 '사회적 제도화'의 성과와 제한점에 비추어 볼 때, 오늘날 우리가 5·18 트라우마의 치유를 위해 당면한 과제의 성패는 과연 사회적 지지를 어떻게 지속적으로 성취해낼 것인가에 달려 있다. 이 절에서는 5·18 트라우마

---

18) 이러한 맥락에서 조희연(2009, p. 255)은 광주 문제의 제도적 해결이 '의도하지 않은 효과'의 두 차원에 주목하고 있다. 우선 첫째로는 '광주 문제의 지역주의적 정치화'인데, 이는 "광주 문제를 민주개혁의 합의적 의제로 수용하기보다는 지역주의에 기반한 정치적 요구로 왜곡하고자 하는 세력들의 주장이 최소한 일부 지역에서 대중적 호소력을 가진 채로 존재하는 상황이 나타나게 된 것이다." 두 번째로 "제도적 해결과정에서 광주 문제가 탈(脫)제도화적 급진성이나 제도를 뛰어넘는 급진적 에토스로 승화될 수 있는 계기가 약화되었다. 광주민주항쟁이 중앙정부와 지방자치단체에 의해 '공식적'으로 의례화되어 기념되는 현상은 '광주항쟁의 의례화'라는 결과를 가져왔다."

에 덧붙여서 2차 트라우마를 계속 만들어내는 가해공동체가 아니라 치유공동체로 거듭나기 위해서 특히 '기억의 해법'이 지니는 의미를 성찰해 보고자 한다. 나아가 5·18 트라우마에 대한 기억을 재구성하는 치유공동체의 가능성을 모색해 보고자 한다.

1) 5·18 트라우마의 기억과 내러티브의 재구성

(1) 트라우마의 치유에서 기억이 지니는 의미

많은 정신의학자와 심리치료자들이 까다롭고 복잡한 트라우마를 치료하기 위해 다양한 방식으로 이론적 명료화를 시도하면서 그 치료절차를 여러 단계로 설명한 바 있다. 한편 허먼은 그러한 다양한 시도가 지니고 있는 치유의 핵심적 단계를 대략 셋으로 정리하여 제시했다. "첫 번째 단계에서 생존자는 안전을 확립한다. 두 번째 단계에서는 기억하고 애도한다. 세 번째 단계에서는 일상과 다시 연결되어 간다."(Herman, 2007, p. 260) 물론 어떠한 회복도 이 세 단계의 일직선적인 경과를 따르지는 않기 때문에 이러한 순서를 강요하는 치유적 접근을 해서는 안 될 것이다. 특히나 트라우마는 동요가 잦고, 트라우마로 인한 고통은 인생의 국면에 따라 좀 더 높은 수준의 통합을 요구하면서 계속 반복해서 드러날 수 있다. 그럼에도 성공적인 치유과정 속에서는 이러한 단계적 회복이 점차 진행되는 것을 확인할 수 있다.

트라우마에 대한 상담과 심리치료의 국면에서 '기억'의 재구성은 트라우마가 초래한 극심한 '공포로 인한 단절'로부터 새로운 '의미세계와의 연결'을 구축해내는 매우 핵심적 고리가 아닐 수 없다.[19] 허먼이 정리한 트라우마 치유의 세 단계 중에서도 '기억과 애도'는 매우 중요한 단계로 꼽힌다. 트라우마가 과연 기억 속에서 어떻게 탐색되고 통합되는지 여부에 따라서 극도의 공포에서 시작된 트라우마로 인한 단절은 새롭게 연결되고 통합될 수 있기 때문이다. 따라서 "해리된 트라우마에서 승인된 기억으로"(Herman, 2007, p. 261)의 치유적 전환을 마련하는 것이 무엇보다 긴요하다.

이와 유사한 맥락에서 오수성은 '기억의 해법'을 주장했다. 국가폭력으로 인한 5·18 트라우마에 대한 해법, "역사에 대한 올바른 해법은 망각의 해법이 아니라 기억의 해법이어야 한다. 인간이 역사를 발전시킬 수 있는 능력은 역사를 기억하고 성찰하여 교훈을 얻는 능력에 달려 있"(오수성, 2013, p. 5)기 때문이다. 그런데 여기서 우리는 자칫 5·18 트라우마의 치유에 있어서 '기억의 해법'이 그 트라우마를 낳은 사회비판적 연관성을 배제한 채 이루어져서는 결코 안 된다는 점을 유념할 필요가 있다. 특히 사회적으로 유발된 폭력으로 인한 트라우마의 경우, 허먼도 지적한 바와 같이 "트라우마가 가지고 있는 사건 자체의 특성은 심리적 해악의 결과를 결정하는 가장 강력한 요인이다. 개인의 성격적 특성은 압도적인 사건 앞에서 그다지 중요한 것이 아니다."(Herman, 2007, p. 106)

이와 같이 볼 때, 개인의 성격적 특성이나 회복요인만을 앞세운

---

19) '추모에서 가장 대표적인 주제는 상실에 대해 기억하고자 하는 것'이며, 최근 세월호 관련 추모행사에서도 "모든 집단에서 가장 빈번하게 드러난 주제는 사건에 대한 '기억'이었다."(문희정, 주혜선, 안현의, 2016, p. 25)

심리적 트라우마에만 주력하는 전문적 의료나 심리치료만으로는 5·18 트라우마 사건 자체의 특성이 그 트라우마를 낳은 핵심요인이라는 점을 놓치기 쉽게 만든다. 그에 반해 5·18 트라우마의 치유는 국가폭력으로 인한 '사회적 트라우마'이자 '2차 트라우마'라는 점에 천착하여, 트라우마를 낳은 사회적 현실에 직면하여 그 사회적 모순성과 폭력성을 '기억'[20]하는 과제를 해결하는 데에 있다. 따라서 5·18 트라우마를 단지 개인적이고 주관적이며 사적인 차원으로 치부하거나 또는 그 고통을 단지 실증적이고 객관적인 심리치료의 실재적인 대상으로만 다루는 데에 그쳐서는 안 될 것이다. 오히려 5·18 트라우마는 '국가폭력'을 자아낸 한국 사회의 구체적인 사회적, 역사적인 맥락에서 그 트라우마가 왜 발생했는지를 지속적으로 밝히고 끊임없이 재해석을 시도해야 하는 '사회적 고통의 텍스트'로 간주되어야 할 것이다.

⑵ 트라우마의 기억을 통한 내러티브의 재구성

트라우마로 인한 고통은 눈에 보이는 실증적 자료로 환원될 수 없는 각 개인이 겪는 내면의 고통이다. 그런데 무엇보다 극심한 '공포' 속에서 생겨난 극단적인 '단절'의 고통인 트라우마의 경험이 '기억'된다고 할지라도, 그것이 과연 언어로 표현될 수 있을까? '삶의 흐름을 재생'하고 '과거와 연결되는 느낌'을 회복하기 위해서 트라우

---

20) 김용해(2013, p. 63)는 이러한 기억을 메츠의 말을 빌려 "위험한 기억(gefährliche Erinnerung)"이라고 명명했다. 그에 따르면, 이 기억은 "한 인간이 하느님의 영원한 왕국의 지평에 참여하여 이에 투신하는 것"을 의미한다.

마 사건이 일어나기 전에 있었던 이야기를 반드시 되찾아야 할 것이다(Herman, 2007, p. 294). 그런데 문제는, 일반 기억은 '이야기하는 행위'처럼 구성되는 반면에 트라우마와 연관된 기억은 언어화되어 있지 않으면서 지루하고 '정적(靜的)'이라는 것이다. (Herman, 2007, p. 292)[21] 이 때문에 스틸 사진이나 무성영화에 비유되기까지 한다. 그렇다면 아직 내러티브로 전환되지 않은 '내러티브 이전(prenarrative)'의 기억들을 어떻게 내러티브로 재구성할 수 있을까?[22]

트라우마 고통의 경험을 언어로 표현함으로써 치유에 이르기 위해 유의할 점은 고통의 언표화가 '고통을 당한 당사자의 언어'를 통해서 이루어져야 한다는 사실이다. "고통을 당하는 사람보다 그 고통을 더 잘 알 수 있는 사람은 없다."(Cassell, 2002, p. 17) 그런데 문제는 고통을 당한 당사자가 자신만의 사적이고 주관적인 고통을 직접적으로 표현하는 데 한계를 느낀다는 것이다. 따라서 트라우마로

---

21) "환자는 가장 힘들었던 순간으로 접근해 갈 때마다 언어를 사용하기가 점점 더 어려워진다는 것을 깨닫는다. (……) 트라우마 기억에 '도상적'이고 시각적인 속성이 있다는 것을 고려할 때, 그림으로 표현하게 되면 '지워지지 않는 심상'에 매우 효과적으로 접근할 수 있다."(Herman, 2007, p. 295) 이러한 맥락에서 볼 때, 광주트라우마센터에서 트라우마에 대한 기억을 예술치유프로그램으로 접근한 것은 매우 적절한 시도라 할 수 있다. 이 프로그램은 2013년 2월 14일부터 4월 18일까지 총 10회에 걸쳐 시행되었으며, 『오월꽃 마음꽃이 피었습니다: 미술치유, 10주간의 기록』이라는 제목의 책으로 발간되었다.

22) 몰리카는 800여 명의 인도차이나 트라우마 환자들의 치료에 근거하여, '트라우마 이야기'들의 중요성을 주장했다. 그런데 이 이야기는 대부분 숨겨져 있을 뿐 아니라, 환자들 스스로도 이야기를 통해서 자신의 주관적인 심리 상태를 전달하는 것을 매우 꺼려하거나 포기한다는 것을 뜻한다. 그러나 치료의 핵심은 무력과 절망의 트라우마 이야기로부터 어떻게 생존과 회복의 이야기로 전환시키는가에 있다(Mollica, 1988, pp. 304-305).

인한 고통은 간접적으로 전달할 수밖에 없다. 그럼에도 "고통을 표현하는 언어는 '작용자의 언어(language of agency)'일 수밖에 없고, 그것은 주로 '마치 ~것 같은'의 구조를 갖는다."(손봉호, 2008, p. 25)

그런데 '기억'의 과정에서 언표될 수 없어 보이는 고통은 역설적이게도, 간접적인 전달방식을 취하더라도 언어로 표현되려는 강한 욕구를 지닌다. "비록 고통 그 자체를 언어로 표현할 수는 없으나 다른 어떤 내면적인 필요나 욕구보다 더 강하게 고통은 언어를 요구한다."(손봉호, 2008, p. 75) 아도르노는 비명을 지르는 것과 마찬가지로, 고통은 그 자체로 표현의 권리를 지닌다고 말했다. 곧 "계속되는 고통은 마치 고문당하는 자가 울부짖듯이 표현할 권리를 지닌다. 그렇기 때문에 아우슈비츠 이후에 시를 쓸 수 없을 것이라고 한 것은 아마도 잘못이다."(Adorno, 1977a, p. 355) 이와 같이 울부짖듯이 말해지는 트라우마의 내러티브 속에서 고통이 단순히 표현될 뿐 아니라 이로써 각 개인은 자신이 겪는 내면의 단절로부터 벗어날 수 있게 된다.

트라우마로부터 회복되기 위해서는 트라우마 사건에 대한 기억을 통해 고통의 내러티브를 재구성하는 작업이 무엇보다 중요하다. 그러한 과정에서 "환자와 치료자는 얼어붙은 심상과 감각의 파편을 천천히 모아서 이야기를 맞추어 간다. 시간과 역사가 흐르는 이야기는 구체적이고 언어적인 방식으로 조직화"(Herman, 2007, p. 294)될 수 있다. 이와 같이 내러티브를 재구성하는 구체적인 치유의 작업에서 한 가지 유의할 점은 각 개인 자신이 겪은 트라우마에 대한 심상과 신체적 감각이 그 내러티브에 구체적으로 담겨있어야 한다는 것이다. 그리하여 트라우마 치료의 최종 목적은 이와 같이 '신체적인 고통과 심상을 포함하고 있는 이야기'를 언어화하여 내러티브로 구성하는 데 있다고 하겠다.[23)]

2) 5·18 트라우마 회복을 위한 개인과 치유공동체의 어우러짐

(1) 트라우마 치유를 위한 사회적 지지와 증언

비명을 지르듯 표현하거나, 간접적으로만 전달될 수 있도록 트라우마 사건에 대한 내러티브를 개인적으로 혹은 개인상담을 통해서 재구성했다고 하더라도, 이것이 사회적인 관계의 실천을 통해서 사회적 지지로 연결되지 않는다면, 5·18과 같은 사회적 트라우마의 진정한 극복은 요원할 것이다. 사회적 트라우마의 경우, 사회공동체와의 단절된 관계를 다시 연결하는 작업은 트라우마의 회복과 치유를 완성하는 단계라 할 수 있다. 허먼은 트라우마 사건에 대한 사회적 지지의 중요성을 다음과 같이 말한다.

> 트라우마 사건은 대인 관계에 손상을 입히므로, 생존자의 사회적 세계를 구성하는 사람들은 트라우마의 결과를 바꿀 수 있는 힘을 가지고 있다. 다른 사람들의 지지는 사건의 영향력을 완화하는 반면, 적대적이거나 부정적인 반응은 손상을 심화시키고 트라우마 증후군을 악화시킨다. 트라우마 사건이 일어난 이후 생존자는 매우 취약하다. 그들의 자기감은 산산이 부서졌다. 자기감이란 그것이

---

23) 허먼(Herman, 2007, p. 296)에 따르면, 브로이어와 프로이트도 "정서가 결여된 회상이 가져오는 효과는 아무것도 없다."라는 점에 주목했다.

처음 세워졌던 방식대로, 다른 사람과의 연결 속에서 다시 세워질 수 있다. (Herman, 2007, p. 113)

트라우마를 치유하기 위해서는 무엇보다 기본적인 안전감을 확보한 뒤에 공포로 인해 단절된 고립감을 극복할 수 있는 친밀감을 회복해야 할 뿐 아니라 '타자와의 연결' 속에서 자신에 대한 정체성을 재정립하지 않으면 안 된다. "자기에 대한 긍정적인 관점을 복구하기 위해서는 공동체와의 연결 속에서 새로운 자율성이 필요할 뿐 아니라, 새로운 자기 존중감 또한 필요하다."(Herman, 2007, p. 121) 트라우마 이전의 단절된 정체성을 회복하는 과정에서 비록 트라우마를 일으킨 사건이 "개인과 공동체를 연결하는 끈을 파괴했지만, 살아남은 사람들은 다른 사람과 연결되어 있다는 느낌으로 존재감, 자기 가치감, 인격을 지켜 낼 수 있음을 배운다. 결속된 집단은 공포와 절망에 대항할 수 있는 가장 강력한 보호책을, 그리고 트라우마 경험에 대한 가장 강력한 해독제를 제공한다."(Herman, 2007, p. 355)

그런데 5·18 트라우마로 인한 고통은 국가라는 사회공동체로부터 '개인'의 단절, 그리고 국가 안에서 '광주'라는 지역사회의 단절을 심화시키는 2차 트라우마로 재생산되고는 했다. 따라서 아무리 국가가 '사회적 제도화'를 통해 피해를 보상한다고 하더라도, 애당초 가해자로서의 국가가 피해자에게 할 수 있는 사회적 지지에는 한계가 있을 수밖에 없다. 그렇다면 개인이 겪는 트라우마를 치유하기 위해서 가해를 담당했던 국가 단위의 공동체가 아닌 다른 규모의 사회공동체와의 연계가 가능하지 않으면 안 된다.

이러한 맥락에서 트라우마로 고통받는 개인과 사회공동체를 연결시켜 주는 사회적 지지의 형태 중에 '증언'은 독특한 위치를 차지한다.[24] 증언은 치유의 의례로서 보편성을 지니고 있다.[25] "증언은 고해와 영성이라는 사적 차원과 정치적이고 법적인 공적 차원을 동시에 가지고 있다. 증언이라는 단어를 사용하면 이 두 차원의 의미가 연결되어, 개인적인 경험에 새롭고 커다란 차원이 열린다." (Herman, 2007, p. 302) 이와 같이 증언을 통해서 사회적 지지로 연결될 때, 트라우마의 기억을 통한 내러티브가 단지 개인적인 차원에서 재구성되는 데에 그치는 것이 아니라 사회공동체와의 연결을 통해서 '치유'로 이어질 수 있는 것이다. 따라서 증언은 트라우마의 고통을 겪는 개인의 사적 차원과 사회공동체를 잇는 사회적 지지의 아주 구체적인 한 모델로 자리 잡을 수 있다.[26]

---

24) 증언 이외에도 많은 사람이 함께 모이는 대규모 추모행사도 중요한 역할을 할 수 있다. 왜냐하면 "사건에 대한 이야기를 나누면서 상실한 대상에 대해 기억을 되새길 수 있게 하고, 사건에 대한 생각과 정서를 나눔으로써 공동체의 연결고리를" 만들 수 있으며, 또한 "재난으로 발생한 문제들의 원인과 해결 방안을 찾고자" 할 수 있기 때문이다(문희정, 주혜선, 안현의, 2016, p. 17).
25) 허먼에 따르면, 잉게르 아거와 조렌 옌슨은 정치적 망명자들과 작업을 통해서 증언이 치유의 의례로서 지니고 있는 보편성에 주목했다(Herman, 2007, p. 302).
26) 광주트라우마센터에서 2013년 9월에 시작된 증언치유프로그램 '마이데이(My Day)'는 허먼이 트라우마의 치유를 위해 제시한 세 단계의 핵심-생존자가 '안정'적 관계 안에서 '기억'을 통해 다시 일상과 '연결'되는 것-을 매우 잘 보여 준다. 여기서의 사회적 지지를 심리학에서 말하는 정보적, 물질적, 정서적, 평가적 지지와 연관시켜 볼 경우, 사회공동체의 이웃들에게 접할 수 없었던 새로운 정보를 제공함으로써 얻을 수 있는 정보적 지지, 생존자에게 정서적 안정감의 지지, 생존자와 이웃들이 함께 새로운 눈으로 트라우마의 고통을 해석하고 평가할 수 있도록 하는 지지를 통합적으로 제공한다고 할 수 있다. 실제로 마이데이가 진행되는 과정 중이나, 마무리 부분에서 생존자와 이 프로그램의 참여자들이 이러한 지지를 서로 나누는 장면이 펼쳐졌다. 이러한 지지가 단순히 상담자와 내담자의 관계에서만이 아니라 증언프로그램을 통해서 생존자와 작은 사회공동체의 이웃들 간에 이루어지고 있다는 점에서 사회적 지지의 출발점이라 할 수 있다.

(2) 생존자의 주체성과 사회공동체의 관계성 회복

증언은 개인과 사회공동체의 단절을 회복시킬 수 있는 '사회적 지지'의 한 모델로서 중요한 의미를 지닐 뿐 아니라 그 안에서 '사회적 치유의 원형'을 발견할 수 있다. 가장 우선적으로, 증언은 기억의 주체가 생존자 자신임을 명시적으로 드러낸다. 허먼에 따르면, 생존자 스스로가 자신의 트라우마를 내러티브로 재구성하고 전달함으로써 파편화된 기억을 전환시켜서 다시금 삶의 이야기로 통합시킬 수 있는 당사자이다. 이와 동시에 그 고통을 당한 피해자인 생존자야말로 결국 과거의 공포를 직면할지 말지에 대한 결정을 내리는 사람이어야 한다(Herman, 2007, p. 292 참조).[27] 사회적 지지를 통해 사회공동체와 관계를 회복하는 과정에서 생존자의 '주체성'은 기억을 통한 트라우마의 극복에서 가장 핵심적 위치를 점유한다.[28]

둘째로 증언은 트라우마의 내러티브를 말로 전하는 생존자로서의 한 개인과 그의 내러티브를 경청하는 사회공동체의 이웃들[29] 간의 '관계성'을 회복하는 과정을 보여 준다.[30] 실제로 증언은 '침묵의 음

---

27) 또한 수잔 브라이슨(Susan Brison)은 증인으로서의 삶이 생존자에게 힘든 일이기도 하지만, "자신이 겪은 일에 증인이 된다는 것은 자신의 과거를 떠나보내는 하나의 방법"(Brison, 2003, p. 228)이라고 주장했다.

28) 나치 생존자 장 아메리(Jean Améry)는 '희생자의 진실성 원칙'을 내세우는데, 자신처럼 "나치에 의해 직접적이고 현실적인 박해와 고통을 겪은 사람들만이" 나치즘의 파국을 충분히 이해할 수 있으며, 희생자의 운명을 공유하지 않는 다른 사람들이 숙고를 통해서 '감정이입하는 것'은 '금지되어' 있다고 주장했다(탁선미, 2015, p. 13 참조).

29) 세월호 참사 이후 안산에 치유공간 '이웃'을 마련한 정혜신은 세월호 트라우마의 근본적인 치유의 전제는 사회적 차원에서 '진상규명'이라고 주장했다. 이와 함께 그가 실천하고 있는 트라우마의 치유는 매우 소박하게도 구체적인 '이웃'이 되어 일상을 복원하는 것이다(정혜신, 진은영, 2015, pp. 91-128).

30) 이는 아도르노가 말하는 '어우러짐(Konstellation)'을 고스란히 예시한다. 아도르노의

모(conspiracy of silence)'를 깨고, 개인과 사회공동체 사이에서 비록 작은 규모이지만 '제대로 말하고 제대로 듣기(강용주, 2010, p. 126)'를 실현한다. 따라서 증언과정은 개인의 주관적 차원과 사회의 공적인 차원이 교차하며 기억의 내러티브를 재구성할 뿐 아니라, 그 내러티브를 통해서 사회공동체와의 단절된 관계를 새롭게 연결시킴으로써 트라우마를 치유하는 데에 실질적으로 기여할 수 있다. 의료나 심리치료에서는 트라우마를 대상화하거나 전문 영역으로 환원시키며, 전문가와 환자 내지 내담자의 관계가 권위적이고 객관적 거리에 기반한다. 이와 달리, 증언은 트라우마 생존자가 주체로 나설 뿐아니라, 말하는 생존자와 그것을 경청하는 '다중적' 이웃들[31]이 상호주체적으로 '어우러짐'의 관계를 맺음으로써 생존자가 겪는 공포스러운 '단절'을 벗어날 수 있는 '사회적 지지'의 기반을 마련한다.

여기서 '어우러짐'은 한편으로 생존자가 자신의 기억을 토대로 솔직하게 증언할 수 있도록 안정적인 관계를 마련하는 데에 필요한 '공감에 기반한 만남'[32]을 의미한다. 또한 다른 한편으로 생존자가 주체성을 지니고 설 수 있도록 미메시스적인 '거리'를 유지하는 것

어우러짐에 대해서는 노성숙(2008, p. 112) 참조. 여기서의 사회공동체의 이웃은 교황 프란치스코가 2013년 7월 8일 람페두사 섬의 미사 강론에서 주목한 바 있는 '착한 사마리아인'과 일맥상통한다. 사마리아인은 '강도들을 만나 모든 것을 빼앗기고 두들겨 맞은 어떤 사람'을 '형제적 책임'으로 돌보았던 반면에, 사제와 레위인은 길 반대쪽으로 지나쳐 가 버리고 말았다(박동호, 2014, p. 87 참조).

31) 조희연은 민중 구성의 '복합성', 그리고 민중의 중요한 정체성으로서의 '저항적 주체성'을 염두에 두고, '다중의 민중화' 혹은 '대중의 민중화'에 주목했다. 이에 대해서는 조희연(2009, pp. 233-242) 참조.

32) 여기서의 공감은 단순히 사적인 친밀성을 의미하지 않는다. 아렌트가 주장한 바와 같이 근대의 친밀성은 다름 아닌 '세계의 박탈'이자 '무세계성'이기 때문이다(Arendt, 1996, 123 참조).

과 동시에 '신뢰의 관계를 새로이 구축'하는 것을 말한다.[33] 이와 같이 하여 계절에 따라 수시로 변하면서도 새로운 별자리가 탄생하듯이, 증언은 트라우마 생존자와 경청하는 사회공동체의 '어우러짐' 속에서 "각각의 요소들이 일반적 원리나 보편성으로 편입되거나 환원되는 것이 아니라 각자가 독립적인 고유한 의미를 지니면서도 함께 모여 새로운 사태를 만들어"(노성숙, 2015, p. 61) 낼 수 있는 치유적 만남의 장이 될 수 있다. 나아가 그 안에서 각각의 트라우마 사건은 고통받는 개인과 사회공동체의 이웃들 사이에서 새로운 의미구성체를 함께 만들어 내는 별자리들처럼, 전적으로 새롭게 드러나는 '제3의 내러티브'로 해체되고 또한 재구성될 수 있을 것이다.[34]

실제로 광주트라우마센터에서 진행한 증언프로그램을 마치고 트라우마 생존자인 박유덕은 "기분이 너무 좋고 내 마음이 강 툭 터진 것 같아요."(광주광역시 광주트라우마센터, 2015, p. 27)라고 자기 개방을 표현함으로써 고립과 단절에서 벗어난 후련함을 토로하기도 했고, 또한 박천만은 소감을 통해, "저는 마음이 흐뭇해요. 그래도 알아주시는구나, 제 말을 믿어주니까 고마워요"(광주광역시 광주트라

---

33) 증언은 아도르노의 '어우러짐'의 개념이 담고 있는 두 가지 핵심적인 요소, 곧 한편으로 요소, "다양한 요소들이 시간적·공간적으로 함께 만남"(Guzzoni, 2003, p. 48), 또 다른 한편으로 "우연성 그 자체의 계기, 곧 합리적으로 추론될 수 없고, 놀라운 것의 계기"(Guzzoni, 2003, p. 49)를 동시에 보여 준다.

34) 이 지점은 최근 심리학연구에서 '외상후 성장(Post-Traumatic Growth: PTG)'이라는 주제와도 일맥상통한다(Tedeschi & Calhoun, 2004, pp. 1-18 참조). 이러한 관심과 더불어서, 스트레스가 매우 큰 사건을 경험한 사람들의 경우, 이들의 '삶의 의미'에 대한 연구도 필요하다. 팍(crystal L. Park)은 생존자가 이미 '만들어진 의미(meaning-made)'와 새롭게 '의미를 만들어 가는 노력(meaning-making efforts)' 사이에서 어떻게 양자의 간극을 줄이며 이전의 사건을 통합해내는지에 대한 모델을 매우 상세히 선보인 바 있다(Park, 2010, pp. 257-301 참조).

우마센터, 2015, p. 57)라고 공감과 지지로 함께 해 준 작은 치유공동체에 대한 고마움을 전했다. 나아가 김춘국은 "항시 부탁드리고 싶은 거는 내 가족, 내 일이 아니라고 무심히 지나가 버리면 그 사람이 나 나나 똑같은 것이에요. 불의를 보고 참지 않고 지적할 수 있는 국민이 되었으면, 그러면 이웃에서 이웃으로 진정한 민주주의가 됩니다. 그날까지 저는 투쟁할 것을 맹세합니다. 감사합니다."(광주광역시 광주트라우마센터, 2015, p. 123)라고 증언을 마치며, 다시금 자신의 신념을 공적으로 표명하기도 했다.

이와 같이 증언프로그램에서 트라우마 생존자들은 트라우마 사건의 기억을 통해서 자신의 트라우마를 내러티브로 재구성하는 주체가 됨으로써 트라우마를 스스로 통합할 수 있는 힘을 가질 수 있게 되었다. 이는 심리치료의 근간에 놓인 기본 전제, 곧 진실을 말할 때 회복의 힘이 생긴다는 믿음을 여실히 보여 준다(Herman, 2007, p. 301). 또한 증언은 '어우러짐'의 관계를 통해서, 한편으로 생존자 스스로 개인적 단절을 벗어나 사회적 관계성을 회복하게 함과 동시에 이를 경청한 이웃들이 사회적 지지를 통해서 함께 변화를 도모할 수 있다는 점에서 트라우마를 회복하는 치유공동체의 구체적인 가능성을 현실적으로 보여 준다.

5. 절대 다시는!

5·18 트라우마가 회복되고 치유되기 위해서는 무엇보다 트라우마 사건이 기억을 통해 새로운 내러티브로 재구성되어야 한다. 그

러나 실제로 그 기억은 트라우마의 재경험이라는 또 다른 고통을 동반하기 때문에 당사자들로 하여금 그 기억을 마주하도록 하는 자체가 이미 어려움을 지닌다. 뿐만 아니라 5·18 트라우마처럼 2차 트라우마로 확대 재생산되는 사회적 트라우마의 경우, 사회공동체가 처한 정치적인 상황에 따라 트라우마 기억에 대한 내러티브를 재구성하고 경청하는 기회를 마련하는 것조차 결코 쉽지 않을 수 있다. 이와 같이 5·18 트라우마에 대한 치유는 현실적으로 매우 분명한 제약과 한계를 지니고 있다. 그러나 앞서 논의한 바 있는 '증언'을 통한 사회적 지지의 한 예로서, 실제로 1994년 르완다의 학살사건 이후에 부족재판을 통해서 서로 용서해 주었던 과정이 역사적으로 존재한다는 사실은 개인과 사회공동체의 치유를 이루어 낼 수 있는 구체적인 대안이 있을 수 있다는 희망을 갖게 한다. 또한 5·18 트라우마의 현상을 드러내고 포착하여, 이를 연구하는 학문적 작업은 트라우마 당사자인 개인이나 사회공동체에 대한 구체적인 개별분석과 다층적인 차원들 간의 상관관계를 더욱 전문적으로 성찰하고 통합하는 요구를 지니는데, 이를 모두 다루지 못한 것은 본고의 한계이자 앞으로 진행되길 바라는 다학제적 과제이기도 하다.

끝으로 본고의 근본 전제를 다시금 짚어 보자. 먼저 5·18 트라우마의 치유가 단순히 트라우마를 제거하려는 데에 있지 않다는 점을 명확히 해야 한다.[35] 또한 트라우마에 대한 기억을 제거할 것이 아

---

35) 실제로 과거 최면치료 및 심리치료의 접근에서 '최면'을 통해서 히스테리 환자들의 트라우마 기억을 지우거나 변형시키려고 한 바 있으며, 미국에서도 참전 군인들의 트라우마 기억을 제거하려는 데에 목적을 두기도 했다. 그러나 최근 들어 트라우마를 전문으로 하는 심리치료에서도 트라우마를 제거하는 것을 주목적으로 하지는 않는다.

니라 오히려 그 고통스러운 기억을 끌어안고 각각의 내러티브로 지속적으로 재구성해야 한다. 그런데 도대체 왜 그러한 고통스러운 작업을 계속 해야 할까? 가장 근본적인 이유는 트라우마를 낳은 바로 그 고통이 반복되지 않기를 원하기 때문이다. 트라우마로 인해 고통받는 사람들은 그 트라우마가 반복되는 것이야말로 가장 끔찍한 공포이기 때문에 절대로 그 고통이 반복되어서는 안 된다고 외친다. 이들의 외침이야말로 가장 절실한 객관적 진리를 담고 있는 것이 아닐까? 그렇다면 트라우마 생존자들이 보편적으로 외치고 있는 '절대 다시는!(Herman, 2007, p. 341 참조)'은 과연 무엇을 향하고 있을까? '절대 다시는' 반복되지 말아야 할 그 고통, 트라우마를 낳은 그 고통의 극단은 무엇인가?

여기서 우리는 트라우마 생존자의 증언을 통해서 생존자 자신의 고통만이 아니라 그들이 증언하고 있는 사망자들의 얼굴을 떠올리지 않을 수 없다. 예를 들어, 청각장애인이면서 5·18 최초의 사망자였던 김경철, 5월 27일 도청 진압작전에서 사망한 문재학, 21년이 지나서야 뼛조각의 시신으로 돌아온 권호영, 고문 후유증으로 뜨거운 눈물을 흘리며 세상을 떠난 조강일 등등. 또한 국가폭력에 의해 죽임을 당한 구체적인 그 얼굴들과 더불어 억울하게 죽은 아들의 '폭도' 누명을 벗기기 위해서 투쟁하며 살아남아야 했던 문건양, 임근단의 '얼굴의 현현(l'éiphanie du visage)'[36]에서 과연 무엇이 '절대

"트라우마 이야기를 되짚는 목적은 트라우마를 통합하는 데 있으며, 트라우마를 내쫓는 엑소시즘에 있지 않다."(Herman, 2007, p. 301)

36) 레비나스에 따르면, 이러한 타자의 얼굴을 받아들임으로써 우리는 '인간의 보편적 결속과 평등의 차원'에 함께 들어가게 된다(강영안, 2012, p. 36).

다시는!' 반복되지 않아야 하는지의 근본 전제를 깨우치게 된다.

사망으로 인해 자신의 고통을 언표화할 수 있는 단 한마디의 증언도 할 수 없을지 모르지만, 말없이 땅에 묻힌 사망자들이야말로 가해하는 공동체로서의 국가폭력이 '죽음'에까지 이를 수 있음을 가장 명확하게 보여 주는 증언자들이라고 할 수 있다. 5·18 트라우마의 치유를 완결하는 작업은 이제 '가라앉은 자'가 아닌 '구조된 자(Levi, 2014)', 그리고 '사라진 자'가 아닌 '남겨진 자',[37] 우리 모두의 몫이라고 할 수 있다. "증언이 없는 것이 아니다. '이편'의 사람들이 그것을 거부하고 있을 뿐이다. 그로테스크한 것은 '이쪽'이다."(서경식, 2015, p. 248 참조)

그렇다면, '절대로 다시는!' 내 가족과 이웃의 죽음, 그야말로 영혼이 깨져 버리는 고통을 없애기 위해 이편의 '구조된 자', '남겨진 자'는 무엇을 해야 할까? 이미 1980년 광주항쟁 기간 동안 시민들에 의해 요구되었고, 1993년 '광주 문제 해결을 위한 5원칙', 곧 '진실규명, 책임자처벌, 명예회복, 보상/배상, 기념사업'에서도 언급되었지만, 여전히 밝혀지지 않은 사항이 바로 '왜?'에 대한 진실규명이다.[38] 5·18 트라우마는 단지 임상적 차원에서의 진단과 치료의 대

---

37) "트라우마 희생자들의 기억의 파편성과 불확실성은, 기억의 계승에는 충분한 거리를 확보한 제3자가 필요하다는 것을 말해 준다. 문제는 이 제3자가 자신의 일상세계에 아직 남아 있는 생존자들의 고통의 흔적을 찾는 일에 어떤 자세로 나서느냐는 점이다."(탁선미, 2015, p. 25)

38) 이성전은 1980년 5월 공수부대에 의해 광주가 죽어간다는 소식을 듣고 시위에 참여했다가 투옥되어 고문을 당한 바 있다. 그는 진상규명에 대한 의문을 다음과 같이 말한다. "특히 뭐이냐면 사람을 몇 명 죽였는가, 그것도 지금 진실이 안 밝혀졌고요. 왜 광주를 지목해서 5·18을 만들어서 학살을 했는가, 그런 진실도 밝혀져야 하고요. 밝혀질 게 겁나 많죠."(광주광역시 광주트라우마센터, 2015, p. 99)

상일 뿐 아니라 개인과 사회공동체 사이에서 왜 그러한 고통이 생겨날 수밖에 없었는지의 원인, 곧 고통에 대한 사회적 차원에서의 '병리학'을 필요로 한다. '5·18 왜?'의 질문을 외면한 채 진행되는 모든 임상적 치료와 상담은 비록 도움이 될지라도 임시방편에 불과할 뿐이다. 따라서 트라우마의 궁극적 치유는 '절대로 다시는!' 국가폭력을 반복하지 않도록 사회공동체가 '5·18 왜?'에 대한 진상규명에 총력을 기울이는 데에 있다. 이를 외면한다면, 사회공동체는 여전히 5·18 트라우마를 겪는 개인의 고통을 외면하는 사회적 해리상태에 머물면서 망각으로 인해 2차, 3차 트라우마를 계속 재생산하는 가해공동체로 남을 것이다. 비록 요원하기는 하지만 개인과 사회공동체가 함께 진정으로 치유되는 그날까지, 5·18 증언자들 각자가 '상처 입은 치유자'가 되어 자신의 트라우마에 대한 기억의 내러티브를 거듭 새롭게 재구성할 수 있도록 우리 각자가 치유공동체의 이웃이 되어 5·18을 '기록하고 말하며 기념'해 가야 할 것이다. "부디 다 같이 슬퍼하자. 그러나 다 같이 바보가 되지는 말자!"(Sontag, 20117, p. 223)

죽음의 수용소에서 살아남아 그 고통을 증언하다 마침내 자살한 레비(Primo Levi)의 경고를 되새겨 본다. "사건은 일어났고 따라서 또 일어날 수 있다."(Levi, 2014, p. 247)

에필로그

− 철학상담을 통해 사람들의 삶으로 가는 도상에서 −

내가 철학상담을 개인적으로 깊숙이 접하게 된 첫 순간으로부터 어언 12년이 흘렀다. 릴케는 고대 아폴론의 토르소를 보고 지은 시의 마지막 구절에서 "너는 네 삶을 바꾸어야 한다(Du mußt dein Leben ändern)"라고 적었다. 바라보는 눈도 말할 입도 없이 몸통만 있는 토르소가 릴케에게 전해 준 말처럼 우리 각자는 어느 순간, 자신의 삶에서 변화를 요구받을 때가 있다. 솔직히 철학상담이 내 삶을 바꾸어 놓을 것이라고는 꿈에도 생각하지 못했다. 철학상담은 내게 철학함을 통해 한국과 독일의 다양한 사람들을 폭넓게 만나도록 했고, 무엇보다 각 개인들의 삶이 지닌 독특한 내면세계의 깊이에 주목하도록 이끌었다. 그러한 삶의 여정에서 나는 한편으로 철학상담의 이론을 구축하기 위해서 철학상담의 정체성을 고민해야 했고, 다른 한편으로는 철학상담이 필요한 실천의 현장에서 만난 다양한 사람들의 삶을 좀 더 깊이 이해하기 위해서 직면해야 했다.

이 책의 1부에서 나는 철학상담이 시작된 배경으로부터 아헨바흐의 '철학실천으로서의 철학상담'을 소개한 뒤, 라하브의 '세계관해석'을 수용하면서도 이를 심화시키고 확장해보았다. 또한 비운의 청소년 O 양의 사례를 중심으로 철학상담에서 고통의 해석학이 지닌 의미를 탐색해 보았다. 나아가 이 책의 2부에서는 한국 사회라는 맥락 속에서 겪는 각 개인의 고통을 사회공동체와의 연관성과 함께 철학상담의 입장에서 이해해 보고자 시도했다. 한국 사회가 최근 지나온 역사의 굴곡에서 특히 세월호와 5·18은 개인의 고통이 사회공동체 속에서 얼마나 더 커질 수 있는지를 여실히 보여 주었다. 세월호나 5·18의 사회적 트라우마가 치유되기 위해서는 무엇보다 구체적인 개인이 겪는 고통의 고유함과 독특함을 존중하는 태도, 그리고 그 고통이 놓여 있는 사회적 맥락에 대한 비판적 이해가 동시에 이루어져야 할 것이다. 앞으로 개인의 고통을 사회공동체와 연관하여 이해하고 치유하려는 노력에 철학상담이 일면 기여할 수 있기를 희구해본다.

끝으로 철학상담을 통해 사람들의 삶으로 가는 도상에서 오히려 내가 내담자라면 어떤 철학상담자를 원할 것인지를 되짚어 보고자 한다. 나 자신도 그랬고, 우리는 때로 삶에서 길을 잃을 때가 있다. 마치 실타래가 엉킨 것처럼 어디로부터 다시 시작해야 할지 모를 때도 있고, 막다른 골목에서 나 혼자만 남겨진 것처럼 느껴질 때도 있다. 뭔가 자신의 삶이 잘못 굴러가고 있다고 생각될 때, 마주 보고 앉아서 그 삶에 대해 솔직한 얘기를 꺼내면서 질문을 던지고 곰곰이 함께 사유할 수 있는 철학상담자가 있다면 그리고 그 삶을 전폭적으로 이해받을 수 있다면, 그 삶의 여정이 더 이상은 외롭지 않고 견딜만 해지면서 새롭게 걸어 나갈 힘도 나지 않을까?

하이데거는 현대의 삶이 '경악'을 머금게 하는 끔찍한 존재망각의 시대에 놓여 있다고 했다. 바로 이 시대에 그 '경악'의 실존적 위기가 오히려 릴케에게 말을 건넨 아폴론의 토르소처럼 삶의 변화를 요구하고 있는 것은 아닐까? 혹시 철학상담이 그 삶의 변화에 물꼬를 틀 수 있는 계기를 마련할 수 있지 않을까? '철학함의 대화'는 어쩌면 철학사의 계통발생을 거슬러 체험할 수 있게 할지도 모른다. 다시 말해 철학상담을 통해서 이르는 길은 핵폭탄 시대에 느끼는 불안 속의 '경악'으로부터 시작하여, 자신의 존재를 확실하게 인식하고자 하는 '회의'를 거슬러서, 자신 앞에 놓인 새로운 존재에 대한 '놀라움'의 세계에 이르게 할 수 있을지도 모를 일이다.

처음에는 섬뜩해 보이던 그저 몸통에 불과했던 토르소가 건넨 삶의 요구에서 시작된 우리의 대화는 새삼 풍요로운 여정으로 이어질 수도 있을 것이다. 하이데거의 제안처럼 자신이 직면한 그 '경악'의 실존적 위기에서 존재에 대한 질문을 제기하고 함께 사색해간다면, 각자의 마음이 열려 서로 존재에 대한 '경외심'을 느끼는 소중한 기회를 가질 수도 있을 것이다. 그 기회를 잡는 문고리는 밖에 있는 것이 아니라 내 안에 있지 않을까? 그 문을 열었을 때의 '놀라움'이 철학함을 통한 대화에서 깊은 존중과 이해로 이어진다면, 그 굴곡진 길이 이제 더 이상 두려움의 연속으로 다가오지 않을 것이며, 그 길에서의 동행은 더할 나위없는 위로와 색다른 대화의 즐거움을 선사하리라 기대해 본다.

참고문헌

416 세월호 참사 시민기록위원회 작가기록단(2015). 금요일엔 돌아오렴. 서울: 창비.

강영안(2012). 타인의 얼굴: 레비나스의 철학. 서울: 문학과지성사.

강용주(2010). 과거청산과 국가폭력 치유센터. 아시아저널, 20, 109-139.

고은 외(2014). 우리 모두가 세월호였다. 서울: 실천문학사.

광주광역시 광주트라우마센터 편(2014). 오월꽃 마음꽃이 피었습니다: 미술치유, 10
주간의 기록. 광주: 도서출판 전라도닷컴.

광주광역시 광주트라우마센터 편(2015). 증언치유프로그램 '마이데이(My Day)' 기록
집 1: 제 이야기를 들어주시겠습니까?. 종로인쇄.

광주광역시, 전라남도(2015). 민주장정 100년, 광주 · 전남지역 사회운동 연구: 5 · 18
민중항쟁. 휴먼컬처아리랑.

권석만(2014). 현대이상심리학. 서울: 학지사.

김명희(2015). 고통의 의료화: 세월호 트라우마 담론에 대한 실재론적 검토. 한
국보건사회학회: 보건과 사회과학, 38, 225-245.

김상봉(2015). 철학의 헌정: 5 · 18을 생각함. 서울: 길.

김서영(2014). 정신분석적 행위, 그 윤리적 필연을 살아내야 할 시간: 저항의 일
상화를 위하여. 눈먼 자들의 국가. 경기: 문학동네.

김석수(2009). 심리치료와 철학상담의 발전적 관계에 대한 모색. 사회와 철학연구
회(편): 사회와 철학, 제17호, 65-96.

김애란, 김행숙, 김연수, 박민규, 진은영, 황정은, 배명훈, 황종연, 김홍중, 전규
한, 김서영, 홍철기(2014). 눈먼 자들의 국가. 경기: 문학동네.

김용해(2013). 광주민중항쟁과 그리스도교 신앙의 변증법적 이해: 5·18 체험의 인간학적 고찰. 광주가톨릭대 출판부: 神學展望, 182, 46-73.

남경희(2007). 소크라테스와 학문의 발견. 한국서양고전학회: 서양고전학연구, 제28집, 47-78.

노성숙(2002). 일상의 미학과 아도르노. 한국철학회: 철학, 제72집, 221-245.

노성숙(2008). 사이렌의 침묵과 노래: 여성주의 문화철학과 오디세이 신화. 서울: 여이연.

노성숙(2009). 철학상담과 여성주의상담. 한국여성연구원: 여성학논집, 26(1), 3-39.

노성숙(2010). 인간다운 삶을 위한 철학적 대화로의 초대: 철학상담의 배경과 발단. 가톨릭대학교 인간학연구소: 인간연구, 19, 197-234.

노성숙(2011). 비극적 삶에 대한 현존재분석과 철학상담: 엘렌 베스트의 사례를 중심으로. 서강대학교 철학연구소: 철학논집, 제26집, 59-92.

노성숙(2012). 현대 상담이론 및 심리치료적 접근의 철학적 배경. 철학연구회: 철학연구, 제99집, 209-243.

노성숙(2014). 삶의 진리를 성찰하는 해석학으로서의 철학상담: 고통받는 한국 청소년을 중심으로. 광주가톨릭신학교신학연구소: 신학전망, 제187호, 88-126.

노성숙(2015). 가해하는 공동체? 치유하는 공동체?: 개인의 고통에 대한 성찰과 치유를 모색하는 철학상담. 철학연구회: 哲學研究, 108, 31-70.

노성숙(2016). '세계관해석'의 심화와 확장으로서의 철학상담: '소크라테스 대화'를 중심으로. 한국하이데거학회/한국해석학회: 현대유럽철학연구 제40집, 1-36.

박동호(2014). 5·18광주민중항쟁과 교회의 길. 광주가톨릭대학교 신학연구소: 神學展望, 185, 52-89.

박민규(2014). 눈먼 자들의 국가. 눈먼 자들의 국가. 경기: 문학동네, 45-65.

박병준(2014). 한나 아렌트의 인간관: 『인간의 조건』에 대한 철학적 인간학적 탐구. 서강대학교 철학연구소: 철학논집, 제38집, 9-38.

박승찬(2003). 학문 간의 연계성: 중세 대학의 학문 분류와 교과과정에 대한 고찰. 한국철학회: 철학, 74, 53-59.

박승찬(2014). 그 자체로 악인 고통 안에서 선이 발견될 수 있는가?. 서강대학교 철학연구소: 가톨릭철학, 제23호, 5-49.

박영주(2004). [5·18연구] 5·18 트라우마티즘'연구의 현황과 전망. 전남대학교 5·18연구소: 민주주의와 인권, 4(2), 219-241.

박영주, 최정기, 정호기(2014). 1960-80년대 민주화운동 참여자의 외상후 스트레스 장애: 광주광역시 거주자를 중심으로. 전남대학교 5·18연구소: 민주주의와 인권, 14(1), 73-108.

박형민(2008). 자살행위에서의 '소통적 자살'의 개념화: 1997년-2006년 유서분석을 통해 드러난 자살행위의 '성찰성'과 '소통지향성. 한국 사회사학회: 사회와 역사, 79, 129-160.

변혜정(2006). 반성폭력운동과 여성주의 상담의 관계에 대한 연구: 상담지원자의 입장에서. 한국여성학회: 한국여성학, 22(3), 229-272.

문희정, 주혜선, 안현의(2016). 재난으로 인한 외상성 상실에 대한 추모 현상 분석: 세월호 사건을 중심으로. Crisisonomy, 12(6), 15-31.

민주사회를 위한 변호사 모임(2014). 415세월호 민변의 기록. 경기: 생각의길.

서경식(2015). 시대의 증언자 쁘리모 레비를 찾아서 (박광현 역). 경기: 창비.

손봉호(2008). 고통받는 인간: 고통문제에 대한 철학적 성찰. 서울: 서울대학교출판부.

송경동(2014). 우리 모두가 세월호였다. 고은 외, 우리 모두가 세월호였다, 89-91.

안현의(2007). 복합외상(complex trauma)의 개념과 경험적 근거. 한국심리학회지: 일반, 26(1), 105-119.

안현의, 주혜선(2011). 단순 및 복합 외상 유형에 따른 PTSD의 증상 구조. 한국심리학회지: 일반, 30(3), 869-887.

양승혜(2004). 최초로 5·18을 세계에 알린 '광주 비디오'의 주인공: 제2회 송건호 언론상 수상자 위르겐 힌츠페터 기자. 신문과 방송. 72-74.

엄기호(2014). 단속사회: 쉴새없이 접속하고 끊임없이 차단한다. 경기: 창비.

여은경(2012). 청소년 자살에 관한 이론 및 연구고찰. 명지대학교 아동가족심리치료센터: 아동가족치료연구, 11, 1-16.

오수성(1990). 광주5월민중항쟁의 심리적 충격. 광주5월민중항쟁 (한국현대사사료연구소 편). 서울: 풀빛.

오수성(2013). 국가폭력과 트라우마. 전남대학교 5 · 18 연구소: 민주주의와 인권, 13(1), 5-12.

오수성, 신현균, 조용범(2006). 5·18 피해자들의 만성 외상후 스트레스와 정신건강. 한국심리학회지: 일반, 25(2), 59-75.

오수성, 김상훈, 조용범, 최정기(2006). 5 · 18 민주유공자 생활실태 및 후유증실태 조사연구 보고서. 5·18기념재단.

이영의(2009). 철학상담과 심리치료의 관계. 범한철학회(편): 범한철학, 제53집, 387-408.

이진남(2009). 철학상담의 한국적 적용을 위한 기초이론연구: 용어 정리와 체계 설정을 위한 제언. 범한철학회(편): 범한철학, 제52집, 331-364.

전규찬(2014). 영원한 재난상태: 세월호 이후의 시간은 없다. 눈먼 자들의 국가.

경기: 문학동네, 149-173.

정혜신, 진은영(2015). 천사들은 우리 옆집에 산다: 사회적 트라우마의 치유를 위하여. 경기: 창비.

정호기, 양야기, 김기곤(2008). 5·18민중항쟁에서의 의료 공간과 의료인의 대응: 전남대학교 병원을 중심으로. 전남대학교 5 · 18 연구소: 민주주의와 인권, 8(2), 75-105.

정호기(2009). '5·18'의 기억과 계승, 그리고 제도화. 5 · 18 민중항쟁에 대한 새로운 성찰적 시선 (조희연, 정호기 편). 파주: 한울아카데미.

정화열(2006). 악의 평범성과 타자 중심적 윤리. H. Arendt, 예루살렘의 아이히만, 25-43.

조재도, 최성수 (편). (2010). 내 무거운 책가방. 서울: 실천문학사.

조희연(2009), '급진 민주주의'의 관점에서 본 광주 5·18. 5 · 18 민중항쟁에 대한 새로운 성찰적 시선, 민주주의와 사회운동 총서 7 (조희연, 정호기 편). 파주: 한울아카데미, 203-285.

진은영(2014). 우리의 연민은 정오의 그림자처럼 짧고, 우리의 수치심은 자정의 그림자처럼 길다. 김애란 외. 눈먼 자들의 국가, 67-84.

탁선미(2015). 사라진 자와 남겨진 자: 『이민자들』을 통해 본 제발트 W. G. Sebald의 애도의 시학. 한국카프카학회: 카프카연구, 34, 75-103.

한병철(2012). 피로사회 (김태환 역). 서울: 문학과지성사.

함경애, 천성문(2014). 청소년의 자살행동 개입 프로그램 개발 및 효과. 한국심리학회: 상담 및 심리치료, 26(3), 573-596.

Achenbach, G. B. (2001). *Lebenskönnerschaft*. Freiburg: Verlag Herder.

Achenbach, G. B. (2010). Beiträge zur Philosophie der Philosophischen Praxis. *Zur Einführung in die Philosophische Praxis: Vorträge, Aufsätze, Gespräche, Essays*. Köln: Verlag für Philosophie Dinter, 221-239.

Achenbach, G. B. (2010). Der Philosoph als Praktiker. *Zur Einführung in die Philosophische Praxis: Vorträge, Aufsätze, Gespräche, Essays*. Köln: Verlag für Philosophie Dinter. 129-136.

Achenbach, G. B. (2010). Die Grundregel Philosophischer Praxis. *Zur Einführung in die Philosophische Praxis: Vorträge, Aufsätze, Gespräche, Essays*. Köln: Verlag für Philosophie Dinter, 77-89.

Achenbach, G. B. (2010). Die erste Sünde wider den Geist ist die Langeweile. *Zur Einführung in die Philosophische Praxis: Vorträge, Aufsätze, Gespräche, Essays.* Köln: Verlag für Philosophie Dinter, 19-30.

Achenbach, G. B. (2010). Gesprächskönnerschaft. *Zur Einführung in die Philosophische Praxis: Vorträge, Aufsätze, Gespräche, Essays.* Köln: Verlag für Philosophie Dinter, 115-126.

Achenbach, G. B. (2010). Grundzüge eines Curriculums für die Philosophische Praxis. *Zur Einführung in die Philosophische Praxis: Vorträge, Aufsätze, Gespräche, Essays.* Köln: Verlag für Philosophie Dinter, 267-283.

Achenbach, G. B. (2010). Kurzgefaßte Beantwortung der Frage: Was ist Philosophische Praxis?. *Zur Einführung der Philosophische Praxis: Vorträge, Aufsätze, Gespräche und Essays*, Köln: für Philosophie Dinter, 15-17.

Achenbach, G. B. (2010). Philosophie als Beruf. *Zur Einführung in die Philosophische Praxis: Vorträge, Aufsätze, Gespräche, Essays.* Köln: Verlag für Philosophie Dinter, 147-159.

Achenbach, G. B. (2010). Philosophische Lebensberatung: Kritik der auxiliaren Vernunft. *Zur Einführung in die Philosophische Praxis: Vorträge, Aufsätze, Gespräche, Essays.* Köln: Verlag für Philosophie Dinter, 31-42.

Achenbach, G. B. (2010). Philosophie nach Tisch-oder: Wer ist Philosoph?. *Zur Einführung in die Philosophische Praxis: Vorträge, Aufsätze, Gespräche, Essays.* Köln: Verlag für Philosophie Dinter, 137-146.

Achenbach, G. B. (2010). Philosophie, Philosophische Praxis und Psychotherapie. *Zur Einführung in die Philosophische Praxis: Vorträge, Aufsätze, Gespräche, Essays.* Köln: Verlag für Philosophie Dinter, 289-303.

Achenbach, G. B. (2010). Vom Aufstieg und Fall des Philosophen: Philosophische Praxis als Chance der Philosophie. *Zur Einführung in die Philosophische Praxis: Vorträge, Aufsätze, Gespräche, Essays.* Köln: Verlag für Philosophie Dinter, 185-186.

Achenbach, G. B. (2010). Warum ich?. *Zur Einführung in die Philosophische*

Praxis: Vorträge, Aufsätze, Gespräche, Essays. Köln: Verlag für Philosophie Dinter, 595-608.

Achenbach, G. B. (2010). Zur Mitte der Philosophischen Praxis. *Zur Einführung in die Philosophische Praxis: Vorträge, Aufsätze, Gespräche, Essays.* Köln: Verlag für Philosophie Dinter, 91-103.

Adorno, T. W. (1977a). *Negative Dialektik. Gesammelte Schriften.* Bd. 6. Frankfurt a. M.: Suhrkamp.

Adorno, T. W. (1977b). Anmerkungen zum philosophischen Denken. *Kulturkritik und Gesellschaft I. Gesammelte Schriften* Bd. 10/2. Frankfurt a. M.: Suhrkamp, 599-607.

Adorno, T. W. (1977c). Wozu noch Philosophie. *Kulturkritik und Gesellschaft I. Gesammelte Schriften* Bd. 10/2. Frankfurt a. M.: Suhrkamp, 459-473.

Adorno, T. W. (1979). *Minima Moralia: Reflexionen aus dem beschädigten Leben. Gesammelte Schriften.* Bd. 4. Frankfurt a. M.: Suhrkamp.

Adorno, T. W. (1998). *Metaphysik.* Frankfurt a. M.: Suhrkamp.

Adorno, T. W. (2012). 부정변증법강의 (이순예 역). 서울: 세창출판사.

Adorno, T. W. & Horkheimer, M. (1984). *Dialektik der Aufklärung. Philosophische Fragmente. Gesammelte Schriften.* Bd. 3. Frankfurt a. M.: Suhrkamp.

Agamben, G. (2008). 호모 사케르: 주권권력과 벌거벗은 생명 (박진우 역). 서울: 새물결.

Alexander, G. C. (2007). 사회적 삶의 의미: 문화사회학 (박선웅 역). 경기: 한울.

Arendt, H. (1996). 인간의 조건 (이진우, 태정호 역). 서울: 한길사.

Arendt, H. (2006). 예루살렘의 아이히만 (김선욱 역). 서울: 한길사.

Binswanger, L. (1964). *Grundformen und Erkenntnis menschlichen Daseins.* München: Ernst Reinhardt.

Boele, D. (1995). The Training of a Philosophical Counselor. Ran Lahav & Maria da Venza Tillmanns(Eds.). *Essays on Philosophical Counseling.* Lanham: University Press of America, 35-47.

Boss, M. (2003). 정신분석과 현존재분석 (이죽내 역). 서울: 하나의학사.

Brison, S. (2003). 이야기 해 그리고 다시 살아나 (고픈 역). 서울: 인향.

Cassell, E. J. (2002). 고통받는 환자와 인간에게서 멀어진 의사를 위하여 (강신익 역). 서울: 들녘.

Coreth, E. (1983). 해석학 (신귀현 역). 서울: 종로서적.

Ellis, A. (1977). The basic clinical theory of rational-emotive therapy. A. Ellis & R. Grieger (Eds.), *Handbook of Rational-Emotive Therapy*. New York: Springer, 13-34.

Frankl, V. E. (2005). 삶의 의미를 찾아서 (이시형 역). 경기: 청아출판사.

Frankl, V. E. (2005). 의미를 향한 소리없는 절규 (오승훈 역). 경기: 청아출판사.

Frankl, V. E. (2005). 죽음의 수용소에서 (이시형 역). 경기: 청아출판사.

Gadamer, H. -G. (1990). *Das Erbe Europas: Beiträge*, Frankfurt am Main: Suhrkamp.

Gadamer, H. -G. (1993). Behandlung und Gespräch. *Über die Verborgenheit der Gesundheit*. Frankfurt am Main: Suhrkamp Verlag, 159-175.

Gadamer, H. -G. (1993). Hermeneutik und Psychiatrie. *Über die Verborgenheit der Gesundheit*. Frankfurt am Main: Suhrkamp Verlag, 201-213.

Gadamer, H. -G. (1993). Leiberfahrung und Objektivierbarkeit. *Über die Verborgenheit der Gesundheit*. Frankfurt am Main: Suhrkamp Verlag, 95-110.

Gadamer, H. -G. (1993). Leben und Seele. *Über die Verborgenheit der Gesundheit*. Frankfurt am Main: Suhrkamp, 176-188

Gadamer, H. -G. (1993). Über die Verborgenheit der Gesundheit. *Über die Verborgenheit der Gesundheit*. Frankfurt am Main: Suhrkamp, 133-148.

Gadamer, H. -G. (2003). *Schmerz: Einschätzungen aus medizinischer, philosophischer und therapeutischer Sicht*. Heidelberg: Universitätsverlag Winter.

Green, B. L., Wilson, J. P., & Lindy, J. D. (1985). Conceptualizing Post-Traumatic Stress Disorder: A Psychosocial Framework. In Figley, C.R. (Eds.). *Trauma and Its Wake vol.1: The Study and Treatment of Post-traumatic Stress Disorder*. Bristol: Brunner, Mazel, 53-72.

Guzzoni, U. (2003). *Sieben Stücke zu Adorno*. Freiburg i. Br.: Verlag Karl Aber.

Hayner, P. B. (2008). 국가폭력과 세계의 진실위원회 (주혜경 역). 서울: 역사비평사.

Heberle, R. (2006). Living with Negative Dialectics: Feminism and the Politics of Suffering. In Heberle R. (Eds.), *Feminst

Interpretations of Theodor Adorno. Pennsylvania: The
Pennsylvania State University Press, 217-231.

Hegel, G. W. F. (1996). *Grundlinien der Philosophie des Rechts*.
Werke in zwanzig Bänden, Bd. 7. Frankfurt a. M.: Suhrkamp.

Heidegger, M. (1992). *Die Grundbegriffe der Metaphysik: Welt-
Endlichkeit-Einsamkeit*. *Gesamtausgabe* Bd. 29/30. Frankfurt a,
M.: Vittorio Klostermann.

Heidegger, M. (2000). 초연한 내맡김. 동일성과 차이 (신상희 역). 서울: 민음사.

Heidegger, M. (2003). *Was ist das-die Philosophie?*. Stuttgart: Klett
Cotta.

Herman, J. L. (2007). 트라우마: 가정폭력에서 정치적 테러까지 (최현정 역). 서울:
플래닛.

Hoogendijk, A. (1995). The Philosopher in the Buseness World as a Vison
Developer. In Ran Lahav & Maria da Venza Tillmanns (Eds.), *Essays
on Philosophical Counseling*. Lanham: University Press of America,
159-170.

Horkheimer, M. (1990). *Zur Kritik der instrumentellen Vernunft*. Frankfurt a.
M.: Fischer.

Kant, I. (1983). *Logik*, In W. Weischedel (Eds.), *Werke in zehn Bänden*,
Bd. 5. Darmstadt: Wissenschaftliche Buchgesellschaft.

Lahav, R. & Tillmanns, M. D. (2013). 철학상담의 이해와 실천 (정재원 역). 서울:
시그마프레스.

Levi, P. (2014). 가라앉은 자와 구조된 자 (이소영 역). 경기: 돌베개.

Lindseth, A. (2005). *Zur Sache der philosophischen Praxis: Philosophieren
in Gesprächen mit ratsuchenden Menschen*. Freiburg im Breisgau:
Karl Alber.

Macho, Th. H. & Heintel, P. (1991). Praxis, Philosophische. In G. Winzany
(Eds.), *Zur Theorie der Philosophischen Praxis*. Essen: Die Blaue
Eule.

Marquard, O. (1989). Philosophische Praxis. *Historisches Wörterbuch der
Philosophie*, Bd. 7. Basel: Schwabe Verlag.

Marx, K. (1983). Thesen über Feuerbach. *Marx-Engels-Werke*. Bd. 3.
Berlin: Dietz Verlag.

May, R. (1983). *The Discovery of Being: Writing in Existential Psychology*.

New York: W. W. Norton & Company.

Mollica, R. F. (1988). The Trauma Story: The Psychiatric Care of Refugee Survivors of Violence and Torture. In F. M. Ochberg (Eds.), *Post-Traumatic Therapy and Victims of Violence*. New York: Brunner/ Mazel, 295-314.

Morris, D. B. (1991). *The Culture of Pain*. Berkely and Los Angeles: University of California Press.

Neimeyer, R. A. (2014년 10월). 애도상담의 기법들: 사별한 이들의 상담을 위한 창의적인 실습들. 2014 연차학술대회 10월 24-25일 애도상담 워크샵 자료집. 서울: 한국상담심리학회.

Nietzsche, F. (1999). *Götzen-Dämmerung*. Kritische Studienausgabe, Bd. 6. Frankfurt a. M.: Suhrkamp.

Palmer, R. E. (1988). 해석학이란 무엇인가 (이한우 역). 서울: 문예출판사.

Park, C. L. (2010). Making Sense of the Meaning Literature: An Integrative Review of Meaning Making and Its Effects on Adjustment to Stressful Life Events. *Psychological Bulletin*. vol. 136, no. 2, 257-301.

Platon (2008). 플라톤의 네 대화편. 에우티프론/소크라테스의 변론/크리톤/파이돈 (박종현 역). 경기: 서광사.

Platon (2010). 향연 (강철웅 역). 서울: 이제이북스.

Raabe, P. B. (2010). 철학상담의 이론과 실제 (김수배 역). 서울: 시그마프레스.

Rogers, C. R. (2007). 칼 로저스의 사람-중심 상담 (오제은 역). 서울: 학지사.

Schuster, S. C. (1999). *Philosophy Practice: An Alternative to Counseling and Psychotherapy*. Westport: Praeger.

Segal, Z. V. (1988). Appraisal of the self-schema construct im cognitive models of depression. *Psychological Bulletin*, *103*(2). 147-162.

Sloterdijk, P. (2004). 인간농장을 위한 규칙 (이진우, 박미애 역). 경기: 한길사.

Sontag, S. (2002). 해석에 반대한다 (이민아 역). 서울: 이후.

Sontag, S. (2011). 타인의 고통 (이재원 역). 서울: 이후.

Tedeschi, R. G. & Calhoun, L. G. (2004). Posttraumatic Growth: Conceptual Foundations and Empirical Evidence. *Psychological Inquiry*, *vol.* 15 Issue 1, 1-18.

Tolstoy, L. (2007). 참회록 (박형규 역). 경기: 범우사.

Warnke, G. (1993). 가다머의 철학적 해석학 (이한우 역). 서울: 사상사.

Weishaar, M. E. (2007). 아론 벡 (권석만 역). 서울: 학지사.

Weissman, A. N. (1979). *The Dysfunctional Attitude Scale: A validation study* (Ph. D. Dissertation). University of Pennsylvania.

Wessler, R. L. (1986). Conceptualizing cognition in the cognitive behavioural therapies. In W. Dryden & W. Golden (Eds.), *Cognitive—Behavioural Approaches to Psychotherapy*. London: Haper and Row, 1-30.

Yalom, I. D. (2007). 실존주의 심리치료 (임경수 역). 서울: 학지사.

Yankura, J., & Dryden, W. (2011). 앨버트 엘리스 (이동귀 역). 서울: 학지사.

Young-Bruehl, E. (2007). 한나 아렌트 전기 (홍원표 역). 경기: 인간사랑.

Zdrenka, M. (1997). *Konzeptionen und Probleme der Philosophischen Praxis*. Köln: Verlag für Philosophie Dinter.

[교황 방한] 단원고 생존학생이 교황에게 쓴 편지…… "썩어빠진 정부를 바꿔주세요". (2014, August, 14). from http://www.vop.co.kr/A00000783792.html

나는 부모입니다. (2014, November, 17 방영). EBS 다큐프라임(가족쇼크 1부). from http://www.ebs.co.kr/tv/show?prodId=348&lectId=10263993

정해숙(2011, July, 13). [길을 찾아서] '6월항쟁' 민주화 바람타고 전교협 출범 / 정해숙. Retrieved October, 2, 2014, from http://www.hani.co.kr/arti/society/schooling/487189.html

세월호 유가족, 교황에게 보내는 편지 공개. (2014, August, 15).from http://www.econovill.com/news/articleView.html?idxno=218543

세월호 유가족 모욕죄로 벌금내고도…… 반성 없는 '일베'. (2014, September, 15). from http://news.heraldcorp.com/view.php?ud=2014091500025 6&md=20140918005935_BL

정혜신(2014, May, 26). 지금은 '사람'이 필요합니다. from http://www.hani.co.kr/arti/opinion/column/639163.html

주호영, "세월호 참사는 교통사고…… 과잉보상 안 돼" 발언 …… 논란 증폭. (2014, July, 25). from http://mbn.mk.co.kr/pages/news/newsView.php?category=mbn00006&news_seq_no=1903698

Zitate. (Retrieved December, 10, 2015) from http://www.freud-museum.at/de/sigmund-und-anna-freud/zitate.html

찾아보기

인명

저자 소개

노성숙(Nho, Soung-Suk)

현재 한국상담대학원대학교 상담학과 교수이다. 이화여자대학교 철학과를 졸업한 뒤, 동 대학원에서 「하이데거에 있어서 진리의 문제」(1988)라는 논문으로 석사학위를 받았고, 독일 프라이부르크 대학교에서 「계몽의 자기비판과 구원: 아도르노와 호르크하이머의 '계몽의 변증법'에 나타난 계몽개념에 대한 연구」(2000)라는 논문으로 박사학위를 취득했다. 2007년부터 2009년까지 현대 철학상담 분야를 창시한 독일의 아헨바흐 박사가 주관하는 독일 GPP협회 철학상담전문가 기본과정과 심화과정을 모두 마친 철학상담전문가이다.

주요 관심 연구 분야는 철학상담의 수용과 활용, 인문학에 기반한 상담학의 정립, 서구 근대적 사유에 대한 비판과 대안적 사유의 모색, 철학상담을 통한 주체성과 관계성의 확립 등이다. 상담학회의 상담전문가와 수련감독자들에게 상담철학과 철학상담 전공분야를 가르치고 있으며, 상담초심자와 상담전문가의 역량강화를 위한 철학상담 워크숍을 제공하고, 일반인의 생애전환기, 특히 청소년기와 중년기에 필요한 철학상담 프로그램을 개발하여 운영하고 있다.

주요 저서로는 『사이렌의 침묵과 노래: 여성주의 문화철학과 오디세이 신화』(2008년 문화관광부 우수학술도서)(여이연, 2008)가 있고, 공저로는 『생각 사이-다: 청소년을 위한 인문상담』(학지사, 2017), 『상담철학과 윤리』(학지사, 2013), 『철학의 멘토, 멘토의 철학』(가톨릭대학교 출판부, 2013), 『왜 철학상담인가』(학이시습, 2012) 등이 있다.

주요 논문으로 「여성주체가 겪는 고통과 치유」(한국여성철학회, 2018), 「외상에 대한 '기억'의 철학상담적 치유가능성의 모색」(한국가톨릭철학회, 2017), 「'세계관해석'의 심화와 확장으로서의 철학상담」(한국현대유럽철학회, 2016), 「5.18트라우마와 치유」(광주가톨릭대학교신학연구소, 2016), 「가해하는 공동체? 치유하는 공동체?」(철학연구회, 2015), 「삶의 진리를 성찰하는 해석학으로서의 철학상담」(광주가톨릭대학교신학연구소, 2014), 「여성내담자중심치료를 위한 철학상담적 인간이해」(한국여성철학회, 2013), 「현대 상담이론 및 심리치료적 접근의 철학적 배경」(철학연구회, 2012), 「비극적 삶에 대한 현존재분석과 철학상담」(서강대학교철학연구소, 2011) 「인간다운 삶을 위한 철학적 대화로의 초대」(가톨릭대학교인간학연구소, 2010), 「철학상담과 여성주의상담」(이화여자대학교한국여성연구원, 2009) 등이 있다.

⟨e-mail: nhos@kcgu.ac.kr⟩

철학상담으로 가는 길

– 고통의 의미를 탐색하는 철학적 대화 –

Philosophical Counseling

2018년 9월 10일 1판 1쇄 인쇄
2018년 9월 20일 1판 1쇄 발행

지은이 • 노성숙
펴낸이 • 김진환
펴낸곳 • (주) **학지사**
　　　　04031 서울특별시 마포구 양화로 15길 20 마인드월드빌딩
대표전화 • 02)330-5114　　　팩스 • 02)324-2345
등록번호 • 제313-2006-000265호

홈페이지 • http://www.hakjisa.co.kr
페이스북 • https://www.facebook.com/hakjisabook

ISBN 978-89-997-1661-4 93180

정가 15,000원

이 도서의 국립중앙도서관 출판시도서목록(CIP)은 서지정보유통지
원시스템 홈페이지(http://seoji.nl.go.kr)와 국가자료공동목록시스템
(http://www.nl.go.kr/kolisnet)에서 이용하실 수 있습니다.
(CIP 제어번호: CIP2018028767)

교육문화출판미디어그룹 **학지사**

심리검사연구소 **인싸이트** www.inpsyt.co.kr
원격교육연수원 **카운피아** www.counpia.com
학술논문서비스 **뉴논문** www.newnonmun.com
간호보건의학출판 **학지사메디컬** www.hakjisamd.co.kr